"十二五"国家重点图书出版规划项目

公共安全应急管理丛书

应急资源配置决策的
理论、方法及应用

刘　南　葛洪磊◎著

科学出版社

北　京

内 容 简 介

本书系统介绍了应急资源配置决策方面的国内外前沿课题与最新研究成果。本书综合运用物流系统理论、区域灾害系统理论、应急管理理论及统计决策理论，分析突发事件演化机理和应急资源配置的分类、特性与系统构成，基于应急资源配置模型现有的研究基础和不足，分别建立了应急资源配置的效率分析模型、效率和公平分析模型两大类模型，系统地解决应急资源配置的各类问题。本书针对每一个模型的特征，设计有效的算法并进行算例分析，对各类应急资源配置优化模型进行比较，为突发事件应急资源配置体系的建立与实施提供理论依据和政策启示。与国内外已出版的同类书籍相比，本书在前期成果的基础上，将进一步完善应急管理理论中资源配置优化决策的学术领域、内容范围、研究范式、实践应用。

本书可作为物流管理、应急管理、公共管理、灾害学、系统工程等专业的研究生教材和本科生选修教材，也可供政府应急管理部门、应急政策规划编制部门、应急处置与救援部门的技术人员参考。

图书在版编目(CIP)数据

应急资源配置决策的理论、方法及应用 / 刘南，葛洪磊著 . —北京：科学出版社，2014.8
（公共安全应急管理丛书）
ISBN 978-7-03-041463-2

Ⅰ. ①应… Ⅱ. ①刘… ②葛… Ⅲ. ①突发事件－物资调度－资源配置－研究 Ⅳ. ①F253.4

中国版本图书馆 CIP 数据核字(2014)第 169240 号

责任编辑：方小丽 / 责任校对：范杰锋
责任印制：霍 兵 / 封面设计：无极书装

科学出版社 出版
北京东黄城根北街 16 号
邮政编码：100717
http://www.sciencep.com

中国科学院印刷厂 印刷
科学出版社发行 各地新华书店经销

*

2015 年 9 月第 一 版 开本：720×1000 1/16
2017 年 12 月第二次印刷 印张：14 1/2
字数：292 000

定价：138.00 元
（如有印装质量问题，我社负责调换）

丛书编委会

主　编

范维澄　教　授　清华大学

郭重庆　教　授　同济大学

副主编

吴启迪　教　授　国家自然科学基金委员会管理科学部

闪淳昌　教授级高工　国家安全生产监督管理总局

编　委（按姓氏拼音排序）

曹河圻　研究员　国家自然科学基金委员会医学科学部

邓云峰　研究员　国家行政学院

杜兰萍　副局长　公安部消防局

高自友　教　授　国家自然科学基金委员会管理科学部

李湖生　研究员　中国安全生产科学研究院

李仰哲　局　长　国家发展和改革委员会经济运行调节局

李一军　教　授　国家自然科学基金委员会管理科学部

刘　克　研究员　国家自然科学基金委员会信息科学部

刘铁民　研究员　中国安全生产科学研究院

刘　奕　副教授　清华大学

陆俊华　副省长　海南省人民政府

孟小峰　教　授　中国人民大学

邱晓刚　教　授　国防科技大学

汪寿阳　研究员　中国科学院数学与系统科学研究院

王飞跃　研究员　中国科学院自动化研究所

王　垒　教　授　北京大学

王岐东　研究员　国家自然科学基金委员会计划局

王　宇　研究员　中国疾病预防控制中心

吴　刚　研究员　国家自然科学基金委员会管理科学部

翁文国　教　授　清华大学

杨列勋　研究员　国家自然科学基金委员会管理科学部

于景元　研究员　中国航天科技集团 710 所

张　辉　教　授　清华大学
张　维　教　授　天津大学
周晓林　教　授　北京大学
邹　铭　副部长　民政部

总　序

　　自美国"9·11事件"以来，国际社会对公共安全与应急管理的重视度迅速提升，各国政府、公众和专家学者都在重新思考如何应对突发事件的问题。当今世界，各种各样的突发事件越来越呈现出频繁发生、程度加剧、复杂复合等特点，给人类的安全和社会的稳定带来更大挑战。美国政府已将单纯的反恐战略提升到针对更广泛的突发事件应急管理的公共安全战略层面，美国国土安全部2002年发布的《国土安全国家战略》中将突发事件应对作为六个关键任务之一。欧盟委员会2006年通过了主题为"更好的世界，安全的欧洲"的欧盟安全战略并制订和实施了"欧洲安全研究计划"。我国的公共安全与应急管理自2003年抗击"非典"后受到从未有过的关注和重视。2005年和2007年，我国相继颁布实施了《国家突发公共事件总体应急预案》和《中华人民共和国突发事件应对法》，并在各个领域颁布了一系列有关公共安全与应急管理的政策性文件。2014年，我国正式成立"中央国家安全委员会"，习近平总书记担任委员会主任。2015年5月29日中共中央政治局就健全公共安全体系进行第二十三次集体学习。中共中央总书记习近平在主持学习时强调，公共安全连着千家万户，确保公共安全事关人民群众生命财产安全，事关改革发展稳定大局。这一系列举措，标志着我国对安全问题的重视程度提升到一个新的战略高度。

　　在科学研究领域，公共安全与应急管理研究的广度和深度迅速拓展，并在世界范围内得到高度重视。美国国家科学基金会（National Science Foundation，NSF）资助的跨学科计划中，有五个与公共安全和应急管理有关，包括：①社会行为动力学；②人与自然耦合系统动力学；③爆炸探测预测前沿方法；④核探测技术；⑤支持国家安全的信息技术。欧盟框架计划第5～7期中均设有公共安全与应急管理的项目研究计划，如第5期（FP5）——人为与自然灾害的安全与应急管理，第6期（FP6）——开放型应急管理系统、面向风险管理的开放型空间数据系统、欧洲应急管理信息体系，第7期（FP7）——把安全作为一个独立领域。我国在《国家中长期科学和技术发展规划纲要（2006—2020年）》中首次把公共安全列为科技发展的11个重点领域之一；《国家自然科学基金"十一五"发展规划》把"社会系统与重大工程系统的危机/灾害控制"纳入优先发展领域；国务院办公厅先后出台了《"十一五"期间国家突发公共事件应急体系建设规划》、《"十二五"期间国家突发事件应急体系建设规划》、《"十二五"期间国家综合防灾减灾规划》和《关于加快应急产业发展的意见》等。在863、973等相关科技计划中也设立了一批公共安全领域的重大项目和优先资助方向。

针对国家公共安全与应急管理的重大需求和前沿基础科学研究的需求，国家自然科学基金委员会于2009年启动了"非常规突发事件应急管理研究"重大研究计划，遵循"有限目标、稳定支持、集成升华、跨越发展"的总体思路，围绕应急管理中的重大战略领域和方向开展创新性研究，通过顶层设计，着力凝练科学目标，积极促进学科交叉，培养创新人才。针对应急管理科学问题的多学科交叉特点，如应急决策研究中的信息融合、传播、分析处理等，以及应急决策和执行中的知识发现、非理性问题、行为偏差等涉及管理科学、信息科学、心理科学等多个学科的研究领域，重大研究计划在项目组织上加强若干关键问题的深入研究和集成，致力于实现应急管理若干重点领域和重要方向的跨域发展，提升我国应急管理基础研究原始创新能力，为我国应急管理实践提供科学支撑。重大研究计划自启动以来，已立项支持各类项目八十余项，稳定支持了一批来自不同学科、具有创新意识、思维活跃并立足于我国公共安全核应急管理领域的优秀科研队伍。百余所高校和科研院所参与了项目研究，培养了一批高水平研究力量，十余位科研人员获得国家自然科学基金"国家杰出青年科学基金"的资助及教育部"长江学者"特聘教授称号。在重大研究计划支持下，百余篇优秀学术论文发表在SCI/SSCI收录的管理、信息、心理领域的顶尖期刊上，在国内外知名出版社出版学术专著数十部，申请专利、软件著作权、制定标准规范等共计几十项。研究成果获得多项国家级和省部级科技奖。依托项目研究成果提出的十余项政策建议得到包括国务院总理等国家领导人的批示和多个政府部门的重视。研究成果直接应用于国家、部门、省市近十个"十二五"应急体系规划的制定。公共安全和应急管理基础研究的成果也直接推动了相关技术的研发，科技部在"十三五"重点专项中设立了公共安全方向，基础研究的相关成果为其提供了坚实的基础。

重大研究计划的启动和持续资助推动了我国公共安全与应急管理的学科建设，推动了"安全科学与工程"一级学科的设立，该一级学科下设有"安全与应急管理"二级学科。2012年公共安全领域的一级学会"(中国)公共安全科学技术学会"正式成立，为公共安全领域的科研和教育提供了更广阔的平台。在重大研究计划执行期间，还组织了多次大型国际学术会议，积极参与国际事务。在世界卫生组织的应急系统规划设计的招标中，我国学者组成的团队在与英、美等国家的技术团队的竞争中胜出，与世卫组织在应急系统的标准、设计等方面开展了密切合作。我国学者在应急平台方面的研究成果还应用于多个国家，取得了良好的国际声誉。各类国际学术活动的开展，极大地提高了我国公共安全与应急管理在国际学术界的声望。

　　为了更广泛地和广大科研人员、应急管理工作者以及关心、关注公共安全与应急管理问题的公众分享重大研究计划的研究成果，在国家自然科学基金委员会管理科学部的支持下，由科学出版社将优秀研究成果以丛书的方式汇集出版，希望能为公共安全与应急管理领域的研究和探索提供更有力的支持，并能广泛应用到实际工作中。

　　为了更好地汇集公共安全与应急管理的最新研究成果，本套丛书将以滚动的方式出版，紧跟研究前沿，力争把不同学科领域的学者在公共安全与应急管理研究上的集体智慧以最高效的方式呈现给读者。

重大研究计划指导专家组

序

刘南教授邀请我为该书写一个序，甚感荣幸！刘教授的邀请或许是因为我最早与一批学者一起建议国家自然科学基金委员会要高度重视对应急管理研究领域的资助，后来有了国家自然科学基金委员会"非常规突发事件应急管理研究"重大研究计划。在应急管理领域，我与刘铁民研究员等主编的《突发性灾害对我国经济影响与应急管理研究：以 2008 年雪灾和地震为例》一书也是国内出版比较早的这个研究领域的学术著作。

在应急管理领域，我们讲的"突发事件"是指突然发生的、造成或者可能造成重大人员伤亡、财产损失、生态环境破坏和严重社会危害，危及公共安全的事件。突发事件包括自然灾害、事故灾难、公共卫生事件和社会安全事件等。我国是世界上自然灾害最严重的国家之一，灾害种类多，地震、洪水、台风等灾害经常发生；除突发性自然灾害外，公共卫生事件、生产事故、交通事故、森林火灾等突发事件也时有发生，给人民的生命和财产造成了巨大损失。目前，突发事件应急管理已经成为管理科学、信息科学、行为科学和安全科学等学科交叉研究的热点领域。在这一背景下，国家自然科学基金委员会于 2009 年正式启动了"非常规突发事件应急管理研究"重大研究计划，有力地推动了我国应急管理科学的研究与发展，促进了我国应急管理决策科学化，提升了政府应急管理能力建设。

应急资源配置系统是应急管理体系的支撑系统，科学有效的应急资源配置决策方案为应对突发事件，提升应急救援、减灾救灾能力提供了物质基础。在应急资源配置系统中，应急物资资源、人力资源、财力资源、信息资源四类资源的配置是相互影响、相互支持、相互制约的：应急物资是其他应急资源的载体；应急人力是其他应急资源配置的决策者和执行者；应急财力是其他应急资源的有力支撑；应急信息则是其他应急资源配置的依据。每一种应急资源的缺乏都会影响其他应急资源的配置效率，从而导致应急管理和处置的失败。因此，在理想状态下，应该将四类应急资源的配置统筹考虑、整合优化。同时，应急资源的筹备、布局、储备与调度等配置环节也是相互影响、相互支持、相互制约的：应急资源的筹备依据是应急资源的整体布局与储备决策；而应急资源的布局与储备决策需要考虑未来的应急资源需求和调度方案；应急资源调度方案则依赖于平时状态的应急资源布局和储备，以及战时状态应急资源的紧急筹备。应急资源每一个配置环节的低效率同样也会导致应急管理和处置的失败。因此，在理想状态下，应该将应急资源的筹备、布局、储备与调度等多个配置环节统筹考虑、动态优化。

与一般的资源配置决策不同，应急资源配置决策需要充分考虑突发事件的特性、演化机理和规律。突发事件具有突发性、紧急性、高度不确定性、影响社会性、扩散性等特征。针对这些特征，应急资源配置决策需要解决以下重要问题：①应急资源配置的快速有效决策问题；②应急资源配置的不确定决策问题；③基于社会准则的应急资源配置决策问题；④动态、复杂应急资源配置决策问题。该书大部分篇幅用于探讨这些应急资源配置决策的前沿问题。

应急资源配置决策的最终目的是降低受灾点受灾人员的生命和财产损失，因此首先关注配置效率。应急资源配置的公平性问题在实践中被置于非常重要的地位，而在理论研究中却往往被忽略。鉴于此，该书考虑不同的路网结构、灾情信息特征分别建立了应急资源配置的效率分析模型、效率和公平分析模型两大类模型，并对其求解结果进行了效率和公平评价。其中，路网结构首先考虑具有单出救点或单受灾点的简单路网，然后扩展到具有多出救点、多受灾点的复杂路网。灾情信息特征则考虑灾情信息的动态变化与实时更新。尽管该书没有按照应急资源配置系统的流程展开，但是建立的各类应急资源配置决策模型可以用于解决应急设施布局、资源储备、资源调度、效果评估、动态调整、信息处理、预案设计等一系列应急资源配置及其相关活动，形成了一个相互关联的系统。

需要特别指出的是，该书基于突发事件的演变规律，分析了应急资源配置决策的不可逆特征，在突发事件灾情信息不断观测和更新的条件下，将贝叶斯统计决策分析与运筹优化决策分析结合起来，建立了具有信息更新特性的应急资源配置决策模型，将统计决策中最优停止问题的求解方法与随机规划求解方法相结合，设计了具有信息更新特征的动态随机算法，同时求解出最优决策时间和最优资源配置方案。这不仅是对应急资源配置决策问题研究的一大贡献，而且打开了将贝叶斯统计决策分析与运筹优化决策分析有机结合起来的一扇大门，还为不可逆决策问题的解决提供了一把钥匙，应用的前景非常广阔。

刘南教授本科期间，其专业为数学，在美国伊利诺伊大学获得经济学博士学位，主要研究领域是交通运输与物流供应链管理，在该领域著名学术刊物上发表了多篇高水平论文。该书总结了他和合作者多年的研究成果，是一部全面、深刻论述应急资源配置决策理论、方法与应用的学术专著。该书也是将统计与运筹决策理论方法应用于实际应急资源配置问题的一个典范，有效地进行了学科交叉和知识体系集成，探索了应急管理理论体系的构建路径，创新了应急决策建模理论与方法，优化了应急决策算法设计。相信该书的出版将会在应急管理领域产生重要影响。

当然，考虑到建模和求解的难度，该书的研究工作重点在应急物资和应急信息两类资源的配置决策方面。随着研究的进一步深入，应急资源配置的决策优化还需要统筹考虑应急物资资源、人力资源、财力资源、信息资源四类资源的筹备、布局、储备与调度等多个配置环节。也希望该书的出版能有效地推动这个重要方向的研究与发展。

第三世界科学院院士、国际系统与控制科学院院士　汪寿阳

前　言

　　我国是世界上自然灾害最严重的国家之一，灾害种类多，地震、洪水、台风等灾害均有发生；分布地域广，我国有 70％以上的城市、50％以上的人口分布在气象、地震、地质和海洋等自然灾害严重的地区；发生频率高，我国受季风气候影响强烈，气象灾害频繁，同时也是世界上大陆地震最多的国家之一，而且森林和草原火灾时有发生；灾害损失严重，1990～2008 年的 19 年间，我国平均每年因各类自然灾害造成约 3 亿人次受灾，倒塌房屋 300 多万间，紧急转移安置人口900 多万人次，直接经济损失 2000 多亿元人民币(中华人民共和国国务院新闻办公室《中国的减灾行动》白皮书，2009 年 5 月)。除突发性自然灾害外，公共卫生事件、生产事故、交通事故、森林火灾等突发事件也时有发生，给人民的生命和财产造成了很大损失。在应对突发事件的过程中，为了降低突发事件的危害，达到优化决策的目的，需要进行科学有效的应急管理，即基于对突发事件的原因、过程及后果的分析，有效集成社会各方面的资源，对突发事件进行有效预警、控制和处理。而应急管理的核心就是要对各种资源进行组织和利用，优化应急资源的配置决策。

　　本书综合运用物流系统理论、区域灾害系统理论、应急管理理论及统计决策理论，分析突发事件演化机理和应急资源配置的分类、特性与系统构成，基于应急资源配置模型现有的研究基础和不足，分别建立了应急资源配置的效率分析模型、效率和公平分析模型两大类模型，系统地解决应急资源配置的各类问题。本书针对每一个模型的特征设计了有效的算法并进行了算例分析，对各类应急资源配置优化模型进行比较，为突发事件应急资源配置体系的建立与实施提供了理论依据和政策启示。

　　本书共分四篇。第一篇为应急资源配置决策理论基础与研究现状，包括第1～3 章，提出了需要解决的应急资源配置问题，分析了应急资源配置系统的结构及其特征，回顾了应急资源配置决策模型的研究基础。第二篇为应急资源配置决策效率分析，包括第 4～7 章，根据不同的路网结构、需求信息特性分别建立了以效率目标为决策准则的应急资源配置模型。第三篇为应急资源配置的效率和公平分析，包括第 8～9 章，根据不同的路网结构、需求信息特性分别建立了以效率目标和公平目标为决策准则的应急资源配置模型，并对其求解结果进行效率和公平评价。第四篇为应急资源配置决策研究展望，包括第 10 章，比较各类模型的特征，分析了其在应急资源配置系统中的作用，并提出了研究展望。同时，在第 4～9 章应急资源配置决策建模部分，对每一个模型先进行情景描述，然后构建模型并设计算法，最后针对地震等突发事件进行案例分析或算例分析，并尽量采用实际数据，以期实现管理科学与实践应用的结合。

与国内外已出版的同类书籍相比，本书在前期成果的基础上，将进一步完善应急管理理论中资源配置优化决策的学术领域、内容范围、研究范式、实践应用。本书的特色表现在以下几方面：①在学术领域上，本书具有跨学科的特征，涉及突发事件演化的灾害机理、应急资源配置优化决策、灾害信息更新等灾害学、管理学、信息科学和统计决策问题，是多学科领域的交叉研究成果。②在内容范围上，本书将应急资源配置作为一个系统进行研究，建立了应急资源配置的效率分析模型、应急资源配置的效率和公平分析模型等（包含 15 个具体模型），系统地解决了应急资源配置中的出救点定位、应急资源储备、应急资源预分配、应急资源分配、运输方式与车辆类型选择、效率与公平评价、决策时机选择等各类现实问题。③在研究范式上，基于区域灾害系统理论，结合突发事件的演变规律，本书将资源的空间特性、决策信息和决策时间三个重要因素一同纳入应急资源配置优化决策的分析框架，求解应急资源配置优化决策模型的最优资源配置量、最优决策时间、系统损失及公平度。④在实践应用上，本书突出了用模型方法解决实际应急问题的能力，主要针对地震等自然灾害进行案例分析或实例（算例）分析，并尽量采用实际数据，以期实现管理科学与实践应用的结合。

本书部分内容是国家自然科学基金面上项目"城市应急物流中不完全扑灭的多商品分配问题研究（项目编号：70771100）"、国家自然科学基金重大研究计划培育项目"基于组群信息刷新的非常规突发事件资源配置优化决策研究（项目编号：90924023）"的研究成果，因此本书凝聚了课题组成员的辛勤劳动，谨此一并致谢！本书主要由浙江大学管理学院刘南教授和浙江大学宁波理工学院葛洪磊博士合作完成。浙江大学管理学院博士研究生詹沙磊、叶永，硕士生唐康，浙江科技学院庞海云博士等参与了本书的编写，本书的部分研究成果来源于他们的学位论文，在此深表谢意！

本书在写作过程中参考借鉴了部分国内外有代表性的研究成果，作者尽可能将其列在参考文献中，在此对这些研究学者表示真挚的感谢！

限于作者的学术水平，书中不足之处恳请读者不吝指正。

作者于浙江杭州

目 录

第一篇

应急资源配置决策理论
基础与研究现状

第一篇

应急资源配置决策理论基础与研究现状

第 1 章

绪　　论

1.1　应急资源配置问题的提出

1.1.1　应急管理的紧迫性

当今世界科学技术高度发达，但自然灾害、事故灾难、公共卫生事件和社会安全事件等突发事件仍然时有发生。这些事件突然发生，造成或者可能造成重大人员伤亡、财产损失、生态环境破坏和严重的社会危害，危及公共安全。《国家突发公共事件总体应急预案》根据突发事件的发生过程、性质和机理，将突发事件主要分为以下四类：①自然灾害，主要包括水旱灾害、气象灾害、地震灾害、地质灾害、海洋灾害、生物灾害和森林草原火灾等。②事故灾难，主要包括工矿商贸等企业的各类安全事故、交通运输事故、公共设施和设备事故、环境污染和生态破坏事件等。③公共卫生事件，主要包括传染病疫情、群体性不明原因疾病、食品安全和职业危害、动物疫情以及其他严重影响公众健康和生命安全的事件。④社会安全事件，主要包括恐怖袭击事件、经济安全事件和涉外突发事件等。各类突发公共事件按照其性质、严重程度、可控性和影响范围等因素，一般分为四级，即Ⅰ级(特别重大)、Ⅱ级(重大)、Ⅲ级(较大)及Ⅳ级(一般)。

1. 全球突发事件频发

全球范围内均遭受到突发事件的威胁。虽然世界范围内的反恐联盟团结一致，但恐怖事件等社会群体事件始终未销声匿迹，却有愈演愈烈的迹象。1995年4月19日，美国俄克拉荷马州一栋政府大楼遭遇炸弹袭击，共169人在事件中遇难；1998年8月7日，"基地"组织用炸弹袭击了美国在肯尼亚首都内罗毕和坦桑尼亚港口城市达累斯萨拉姆的大使馆，共造成253人死亡；2001年9月11日，在美国遭受的"9·11"恐怖袭击事件吸引了全球的视线，牵动着全球人的神经，自杀式炸弹袭击者劫持民航客机撞向世界贸易中心和五角大楼，造成超过 3000 人死亡。

相对恐怖袭击，全球范围内，公共卫生事件更是层出不穷。1997 年，在我国香港发现第一例人感染禽流感病例，自此以后，禽流感引起全世界卫生组织的高度关注。禽流感一直在亚洲地区零星暴发，自 2003 年 12 月开始，禽流感在东南亚和东亚多国——越南、韩国、泰国严重暴发，并造成多名病人丧生，致死率达到 63%；2002 年年末开始的非典型性肺炎肆虐全球，共 35 个国家和地区的近万人感染，其中死亡人数近千人，致死率高达 11%，仅仅对中国造成的直接经济损失就达到 20 亿美元，这场危机直到次年入秋才渐渐平息；2009 年 3 月起，甲型 H1N1 流感病情在墨西哥暴发，并在极其短暂的时间内扩展到全球各国，在全球范围内急速蔓延，截止到 2009 年年末，甲型 H1N1 流感在全球的肆虐共导致至少 12 220 人死亡。

除了相对严峻的恐怖袭击和公共卫生事件形势外，自然灾害更是严重影响着人们的生活。环境问题日益严峻，导致的全球气候变暖和生态问题更是严重影响着人们的生活，也是各种灾害的一大诱因。近年来，我国东南沿海频频遭到台风袭击，每年数十轮台风威胁着人们的安全。在大西洋西岸的美国也难逃厄运，飓风肆虐着沿海地区，2005 年的卡特里娜飓风更是全美国人民的阴影，至今仍然令人谈虎色变，心有余悸。

近两年来，地震灾害及由地震诱发的灾害频发，造成了极大的经济损失。表 1.1 为近年来世界各地暴发的部分有明显震感的大规模地震。

表 1.1　近年来世界各地重大地震列表

时间	地点	级别	伤亡人数	损失
2010 年 4 月	智利康塞普西翁	6.5 级	不详	不详
2010 年 4 月	印度尼西亚苏门答腊岛	7.8 级	不详	不详
2010 年 3 月	土耳其	6.0 级	57 人死亡，100 人受伤	不详
2010 年 3 月	印度尼西亚苏门答腊岛	7.1 级	不详	不详
2010 年 2 月	智利康塞普西翁	8.8 级	795 人死亡，受灾人数 100 多万人	损失达 300 多亿美元
2010 年 1 月	海地	7.3 级	伤亡人数至少 20 万人	损失达 10 亿美元
2010 年 1 月	所罗门群岛	7.2 级	不详	不详
2009 年 11 月	斐济群岛	7.0 级	不详	不详
2009 年 10 月	班达海	7.1 级	不详	不详
2009 年 10 月	瓦努阿图	7.7 级	不详	不详
2009 年 9 月	印度尼西亚苏门答腊岛	7.7 级	不详	不详
2009 年 9 月	美属萨摩亚群岛	8.0 级	不详	不详

续表

时间	地点	级别	伤亡人数	损失
2009 年 9 月	印度尼西亚爪哇岛	7.3 级	不详	不详
2009 年 8 月	印度安达曼群岛	7.5 级	不详	不详
2009 年 8 月	日本本州岛	7.2 级	不详	不详
2009 年 3 月	汤加	7.9 级	不详	不详
2009 年 2 月	新西兰克马德克群岛	7.3 级	不详	不详
2009 年 1 月	日本千岛群岛	7.3 级	不详	不详
2007 年 8 月	秘鲁	8.0 级	510 人遇难，1500 人受伤	两万人无家可归
2007 年 6 月	日本新潟	6.3 级	至少 11 人遇难，700 人受伤	基础设施被毁
2006 年 7 月	印度尼西亚爪哇岛	7.3 级	至少 668 人遇难	不详
2006 年 5 月	印度尼西亚爪哇岛	6.2 级	至少 5782 人遇难	民房严重被毁

资料来源：http://news.163.com/10/0113/09/5ST8139Q0001121M.html

　　2004 年 12 月发生的印度尼西亚海啸，导致数十万人遇难，为近两百年来伤亡最为惨重的大灾难，仅印度尼西亚一国就有 20 多万人遇难，10 多万人失踪。灾难波及东南亚和南亚多个国家，泰国、斯里兰卡、印度、缅甸、马来西亚、马尔代夫均遭受不同程度损失，甚至非洲东海岸也受到海啸影响，索马里、肯尼亚、坦桑尼亚均有人因为海啸丧生，这场海啸造成直接经济损失 1000 亿美元。2005 年 8 月，5 级飓风卡特里娜在美国佛罗里达登陆，而后再次在新奥尔良登陆，风力达到 233 千米/小时，最高时速达到 288 千米/小时。登陆 12 小时后，风力才逐步减小，减弱为强烈热带风暴，美国受灾面积与整个英国国土面积相当，死亡人数大约 1800 人，直接经济损失高达 812 亿美元。进入 2008 年后，全球地震灾害频发，受灾人数众多，经济损失巨大。2010 年 2 月 27 日，在智利康塞普西翁发生里氏 8.8 级特大地震，造成至少 795 人遇难，受灾人数达 100 多万人，直接经济损失达到 300 多亿美元，而后又在 4 月发生了里氏 6.5 级地震，对地震救援活动和灾区重建工作造成了很大影响。无独有偶，在 2010 年 1 月 12 号，发生在海地的里氏 7.3 级特大地震，死亡人数高达 22.25 万人，受灾人数更是难以估计，造成的直接经济损失达到 10 亿美元，而因为地震引发的传染病等公共卫生事件仍然威胁着海地的人民，直到地震发生近一年后，每天还有不计其数的人感染上霍乱，死亡人数还在不断攀升。

2. 我国突发事件频发

　　2003 年席卷全球的非典型性肺炎给我国造成了极大的影响，内地累积病例达 5327 例，死亡 349 人；香港感染人数达 1755 例，死亡 300 人；台湾感染人数 665 例，死亡人数达到 180 人。据保守估计，非典型性肺炎所造成的经济损失达到 4000 亿元人民币。2009 年，甲型 H1N1 流感在全球肆虐，我国也未能幸免。据中国疾病预防控制中心公布的数据，截至 2010 年 1 月 10 日，我国内地甲型

H1N1 流感确诊病例 124 764 例，其中死亡人数达到 744 人。全国各地除海南外，所有省份都报告了甲型 H1N1 流感的死亡病例。

中国幅员辽阔，地理气候条件复杂，自然灾害种类多且发生频繁，除现代火山活动导致的灾害外，几乎所有的自然灾害，如水灾、旱灾、地震、台风、冰雹、雪灾、山体滑坡、泥石流、病虫害、森林火灾等，每年都有发生。自然灾害表现出种类多、区域性特征明显、季节性和阶段性特征突出、灾害共生性和伴生性显著等特点。2006 年，我国各类自然灾害共造成 3186 人死亡，因灾害导致的直接经济损失达到 2528.1 亿元，且具有受灾种类多、发生时间早、强度大、发生频率高、持续时间长、经济损失严重等特点。根据《2008 年民政事业发展统计公报》，2008 年，我国自然灾害频发，特别是两场历史罕见的巨灾，给经济社会发展造成了重大影响。2008 年 1 月 10 日，重大雪灾在我国南方暴发。严重的受灾地区有广西北部、广东北部、贵州、湖南、湖北、浙江西部、江苏部分地区、河南南部、江西、安徽南部。截至 2008 年 2 月 12 日，这次雪灾造成全国 21 个省受到不同程度的灾害，因雪灾导致的死亡人数达到 107 人，因雪灾失踪 8 人，紧急转移安置 151.2 万人。当时正值春运期间，因雪灾累积救助铁路公路滞留人员达到 192.7 万人，全国受灾人口达到 1 亿人；全国各地农作物全面受灾，受灾面积达到 1.77 亿亩（1 亩≈666.7 平方米），其中 2530 亩绝收；森林植被不同程度地受损，受损植被面积近 2.6 亿亩；倒塌房屋 35.4 万间；由雪灾导致的直接经济损失达到 1111 亿元。同年 5 月 12 日的汶川大地震更是牵动着全世界的心，大地颤抖、满目疮痍，是新中国成立以来破坏性最大、波及面最广的特大地震，共有 69 227 人在这场浩劫中遇难，17 923 人失踪，374 176 人受伤，直接经济损失高达 8451 亿元。

近年来，我国自然灾害种类多、发生时间早、强度大、发生频率高、持续时间长、经济损失严重。表 1.2 和表 1.3 分别列出了近年来我国发生的地震和其他自然灾害，并且国家政府为此付出了大量的精力和财力。

表 1.2　近年来我国重大地震列表

时间	地点	级别	伤亡人数	损失
2010 年 4 月	青海玉树	7.1 级	2698 人遇难，270 人失踪，受灾人数达 20 多万人	1.5 万户民房倒塌，直接经济损失达 3 亿元
2009 年 12 月	台湾花莲	6.8 级	1 人遇难，12 人受伤	不详
2009 年 7 月	云南姚安	6.0 级	1 人遇难，328 人受伤	不详
2008 年 10 月	西藏当雄	6.6 级	9 人遇难，19 人受伤	房屋倒塌 147 间
2008 年 5 月	四川汶川	8.0 级	69 227 人遇难，17 923 人失踪	不详
2007 年 6 月	云南普洱	6.4 级	3 人死亡，562 人受伤，100 万人受灾	直接经济损失 25 亿元

续表

时间	地点	级别	伤亡人数	损失
2006 年 8 月	云南盐津	5.1 级	1 人遇难，31 人受伤，32 万人受灾	大批房屋及基础设施受破坏
2006 年 7 月	云南盐津	5.1 级	22 人遇难，100 多人受伤	铁路补给中断
2005 年 11 月	江西九江	5.7 级	13 人遇难，8000 余人受伤	1.8 万间房屋倒塌
2005 年 7 月	黑龙江	5.1 级	1 人遇难，12 人受伤	1136 间房屋受到不同程度损害
2004 年 8 月	云南鲁甸	5.6 级	至少 4 人遇难，594 人受伤	不详
1976 年 7 月	河北唐山	7.8 级	24.3 万人遇难，44 万人受伤	656 136 间民用建筑倒塌或严重破坏，直接经济损失达 30 多亿元

资料来源：http://zhidao.baidu.com/question/79669356.html

表 1.3　近年来我国其他重大自然灾害列表

时间	地点	灾难种类	伤亡人数	损失
2010 年 8 月	甘肃舟曲	特大泥石流	1434 人遇难，331 人失踪，4496 户受灾	20 945 间房屋受灾，1503 户民房倒塌，估计直接经济损失达 4 亿元
2010 年春	西南五省	特大旱灾	200 万人受灾	直接经济损失 350 亿元
2008 年春	我国南方 18 省市	雪灾	107 人遇难，1790 万人受灾	直接经济损失 1111 亿元
2006 年 8 月	闽浙一带	17 级台风	458 人遇难，百万人受灾	直接经济损失 194 亿元

资料来源：http://zhidao.baidu.com/question/79056701.html

　　应急管理能够针对可能发生的突发事件制订应急预案，同时也能对突发事件发生后做出及时的反应和决策，把突发事件所造成的负面影响和损失降到最低程度。无论在我国还是世界范围内，近年来各种突发事件均频频发生，因此应急管理对于我国和世界其他国家都有很重大的意义，而且就突发事件发生的频度和其严重性来看，对应急管理的需求十分紧迫，已经到了箭在弦上，不得不发的程度。

1.1.2　国内外应急管理的现状

1. 美国应急管理现状

　　美国应急管理工作起步较早，经过多年的发展完善，现在已经形成了比较先进和成熟的应急管理机制。美国于 1979 年成立了国家应急管理署（Federal Emergency Management Agency，FEMA），专门负责应急管理工作，在应对重大自然灾害和事故方面起到了重要作用。"9·11"事件之后，2003 年美国在 FEMA 的基础上成了国土安全部（Department of Homeland Security，DHS），重点加强了防恐反恐方面的职能，形成涵盖各类突发事件的应急管理体系（陈涛，

2009)。2004 年，美国发布了国家突发事件管理系统（National Incident Manage-ment System，NIMS）和国家应急预案（National Response Plan，NRP）。NIMS是一个应急管理方法的模板性文件，适用于全国各级政府的应急管理；NRP 则是描述应急机制、指导如何应急的文件。2008 年 1 月，为更符合和体现其指导性目的，鼓励促进其他具体应急预案的完善，美国又将 NRP 改进为国家应急框架（National Response Framework，NRF）。同年 12 月，对 NIMS 也进行了相应的修订完善。

在 NIMS 中，标准的应急指挥体系（Incident Command System，ICS）是一个重要组成部分。ICS 是一个实施应急指挥的工具，具有标准化、弹性化的结构，即不论事件大小、事件类型，还是事前计划、事发应对都可以普遍适用。起初，ICS 的思想源于美国军方指挥方法，在 19 世纪 70 年代后由加利福尼亚州一些应急组织进行了改良，然后在实践中不断完善，并成为美国应急管理中采用的标准指挥体系。

美国应急队伍包括应急管理队（Incident Management Team，IMT）和应急救援队（如消防队、城市搜救队和医疗队等），并根据突发事件的复杂性分为五级，具备不同的应急能力。美国应急管理的核心理念是"专业应急"，即应急管理中各个角色必须具备相应的专业能力，而政府的领导层主要进行政策、策略以及涉及全局的重大决策。应急管理队要求具有全面、综合的应急能力，可以妥善处置各类突发事件。政府对应急管理队的各个职位、各个级别都设定了相应的培训要求和考核、资格认定机制。美国应急管理规定，第三级及以上的突发事件应急管理需要相应的应急管理队进行指挥。因此，政府专门建立应急管理队，并按照 ICS组织结构设置其中的职位，发生突发事件时部署到各级应急指挥岗位。

2. 加拿大应急管理现状

从 20 世纪 60～70 年代着手建立应急管理机构，经过长时间的探索和考验，加拿大已形成了一套相对完善并行之有效的应急系统（张维平，2006）。加拿大有完善的紧急事件管理（应急救援）法律体系。在联邦范围内，《联邦政府紧急事件法案》和《联邦政府紧急救援手册》对应急管理事务做出了明确规定；各级政府还根据实际情况，制定了各自的减灾管理法规。通过立法的形式，建立专门机构，健全各类法规，培训救援队伍，划拨必要经费，以此来保证应急减灾工作的正常开展。加拿大的应急事务管理体制分为联邦、省和市镇（社区）三级，实行分级管理。在联邦一级，专门设置了紧急事务办公室，隶属于国防部。省和市镇两级管理机构的设置因地制宜，单独或合并视情况而定。例如，安大略省专门设立了省紧急情况管理署，与督察、消防一起隶属于省公共安全与保卫部。各级应急事务机构负责紧急事件的处理，负责减灾管理和救灾指挥协调工作，监督并检查各部门的应急方案，组织训练并实施救援。

加拿大还组建了专门的应急救援人员队伍，他们属于国家公务员编制。救援人员专业划分很细，涉及消防救援、水(冰)上救援、建筑物倒塌救援、狭窄空间救援、高空救援及生化救援等。各级政府投入巨资，购置了先进的救灾设备和救援人员防护装备，保证在危急时能及时进行援助。各类专业救援人员除实际救援训练外，还必须学习相关的理论课程并通过考试。每类救援人员的资格都有严格的规定，如生化救援人员要同时获取水(冰)上救援、狭窄空间救援、高空救援及生化救援四种资格证书，而且每年训练时间要在 1150 小时以上。此外，加拿大还建立了一支庞大的志愿者队伍，在应急事件的处理中发挥着重要的基础性作用。例如，安大略省共有 525 支消防队，其中 69% 的消防队全部由志愿者组成。

3. 中国应急管理现状

自新中国成立以来，中国政府为应对各类突发事件付出了大量的精力和财力。例如，2002 年共成功预报地质灾害 703 次，避免人员伤亡 19 120 人，避免直接经济损失 2.36 亿元；2006 年 1 月颁布《国家自然灾害救助应急预案》；2006 年 11 月，民政部、财政部下拨 1.66 亿元特大自然灾害救济补助费，用于帮助解决第 5 号台风"格美"、第 6 号台风"派比安"和洪涝灾害给辽宁、福建、江西、湖南、广东、广西、海南等省造成的生活困难；2008 年全年，中国各类自然灾害造成死亡和失踪 88 928 人，紧急转移安置 2682.2 万人(次)，倒塌房屋 1097.8 万间，损坏房屋 2628.7 万间，因灾直接经济损失 13 547.5 亿元，民政部共投入救灾资金 303.8 亿元，救济灾民 8000 万人次，恢复重建民房 572.7 万间。

突发事件带来的巨大损失和应急管理的重要性引起了政府部门的关注。根据 2009 年 5 月国务院新闻办公室发表的《中国的减灾行动》政府白皮书，中国政府坚持以人为本，始终把保护公众的生命财产安全放在第一位，把减灾纳入经济和社会发展规划，作为实现可持续发展的重要保障，主要表现在以下几个方面。

(1)中国注重减灾的法制建设，颁布实施了一系列减灾法律、法规，逐步把减灾工作纳入法制化轨道。20 世纪 80 年代以来，中国相继颁布了《中华人民共和国突发事件应对法》、《中华人民共和国水土保持法》、《中华人民共和国防震减灾法》等 30 多部防灾减灾或与防灾减灾密切相关的法律、法规。

(2)多年来，中国政府坚持把减灾纳入国家和地方可持续发展战略。1994 年 3 月，中国政府颁布《中国 21 世纪议程》，从国家层面明确减灾与生态环境保护的关系，把提高对自然灾害的管理水平、加强防灾减灾体系建设以及减少人为因素诱发和加重自然灾害作为议程的重要内容。1998 年 4 月，国家颁布《中华人民共和国减灾规划(1998～2010 年)》，第一次以专项规划的形式提出了国家减灾的指导方针、发展目标、主要任务和具体措施。2006 年 10 月，中国政府颁布《国家"十一五"科学技术发展规划》，把建立国家公共安全应急技术体系、提升国家应对公共安全灾害事故与突发公共事件能力作为未来发展的重点任务之一。2007

年 8 月，中国政府颁布《国家综合减灾"十一五"规划》，明确提出"十一五"期间
(2006～2010 年)及中长期国家综合减灾战略目标，即建立比较完善的减灾工作
管理体制和运行机制，灾害监测预警、防灾备灾、应急处置、灾害救助、恢复重
建能力大幅提升，公民减灾意识显著增强、减灾技能显著提高，人员伤亡和自然
灾害造成的直接经济损失明显减少。

　　(3)在长期的减灾救灾实践中，中国建立了符合国情、具有中国特色的减灾
救灾工作机制。中央政府构建了灾害应急响应机制、灾害信息发布机制、救灾应
急物资储备机制、灾情预警会商和信息共享机制、重大灾害抢险救灾联动协调机
制和灾害应急社会动员机制。目前，全国设立了 10 个中央级生活类救灾物资储
备仓库，并不断建设完善中央级救灾物资、防汛物资、森林防火物资等物资储备
库。部分省、市、县建立了地方救灾物资储备仓库，抗灾救灾物资储备体系初步
形成。通过与生产厂家签订救灾物资紧急购销协议、建立救灾物资生产厂家名录
等方式，进一步完善应急救灾物资保障机制。

　　中国政府为减灾事业付出了巨大努力，应急管理工作近年来取得可喜的发展
和进步，并经受了考验。但与一些发达国家相比，中国的应急管理工作还存在一
些亟待加强的薄弱环节：应急管理综合协调机制尚不健全；应急管理综合性法
律、法规和相关配套政策不够完善；灾害监测体系还有待健全；防灾减灾基础设
施建设亟待加强；社会公众减灾意识仍需提高，应急资源保障体系仍然不完善。

1.1.3　应急管理的研究现状

　　很多发达国家研究部门都启动了对突发事件管理与决策的研究(陈晓田，
2008)。2002 年美国国家研究委员会(National Research Council，USA)启动了题
为"科技在反恐中的作用"(The Role of Science and Technology in Countering
Terrorism)的研究项目，列举了七个方面的技术挑战，即系统分析与建模、集成
数据管理、传感器网络、机器人技术、数据获取系统与监控、生物计量、人类与
组织行为，并特别关注技术研发项目的协调和集成。2005 年美国国土安全部启
动了题为"国土安全数据科技：信息管理与知识发现"(Data Science Technology
for Homeland Security：Information Management and Knowledge Discovery)的
研究项目，针对美国国土安全部科学与技术项目对数据科学的需求进行了阐述，
强调了在应急管理中的数据分析、传播、可视化和共享等科学问题。美国国家科
学基金会(National Science Foundation，USA)目前资助的跨学科计划中，有五
个与公共安全的应急管理相关：Human and Social Dynamics(HSD)，Dynamics
of Coupled Natural and Human System (CNH)，Information Technology
Research for National Priorities(ITR)，Domestics Nuclear Detection Office/Na-
tional Science Foundation Academic Research Initiative (ARI)，Explosives and

Related Threats：Frontiers in Prediction and Detection（EXP）。欧盟框架计划（Framework Program，FP5-6)均有公共安全的应急管理项目，FP5：Safety and Emergency Management Systems for Man-made and Natural Hazards，FP6：Open Advanced Systems for Disaster and Emergency Management(IST)，FP6：Open Architecture & Spatial Data Infrastructure for Risk Management。

中国的研究部门也非常重视应急管理项目的研究与资助。《国家中长期科学和技术发展规划纲要》将公共安全列为 11 个重点领域之一，涉及国家公共安全应急信息平台、重大生产事故预警与救援、突发公共事件防范与快速处置和重大自然灾害预测与防御等多个方面。国家自然科学基金委员会将"人类与社会系统的危机/灾害控制"作为"十一五"交叉学科尤先领域。2006 年国务院应急管理办公室组织了"十一五"国家科技支撑计划重大项目"国家应急平台体系关键技术研究与应用示范"，涉及突发事件预警与智能决策支持、应急信息发布平台、应急平台通信系统、移动应急系统技术，以及国家、地方、部委应急平台系统等多个方面。国家自然科学基金委员会于 2009 年启动了"非常规突发事件应急管理研究"重大研究计划，研究非常规突发事件的信息处理与演化规律建模、非常规突发事件的应急决策理论以及紧急状态下个体和群体的心理反应与行为规律，并利用三个集成升华平台集成相关研究成果。该重大研究计划拟在非常规突发事件的特殊约束条件下，通过对相关多学科的观测、实验和理论创新与综合集成，形成对非常规突发事件应急管理的核心环节——监测预警与应对决策——的客观规律的深刻科学认识，并提供科学方法，构建"情景-应对"型非常规突发事件应急管理的理论体系①。

目前，很多应急管理决策方面的研究成果已经在国内外期刊上发表。国际期刊包括 *Transportation Research*、*European Journal of Operational Research*、*Disasters*、*Safety Science*、*Annals of Operations Research*、*Journal of Operational Research Society* 以及 *Computers & Operations Research*。国内期刊包括《管理科学学报》、《系统工程理论与实践》、《管理工程学报》及《中国管理科学》等核心期刊。应急管理决策研究已经成为当前管理、信息、生命和灾害等学科交叉研究的热点领域。

1.1.4　应急资源配置及其重要性

应急资源配置是应急管理体系的重要组成部分，是指为应对自然灾害、事故灾难、公共卫生事件、社会安全事件等突发事件而对应急物资、救援人员、应急资金、灾情信息等应急资源进行配置的一系列活动。应急资源配置活动具有突发

---

① 国家自然科学基金重大研究计划"非常规突发事件应急管理研究"2009 年度项目指南。

性、不确定性、非常规性及弱经济性等特点。在人口集聚地区，一旦发生突发性公共事件，急需大量的应急资源以降低突发性公共事件带来的人员生命与财产损失，若应急资源调配不当则影响社会机能恢复，势必造成巨大的损失。应急资源的有效配置为应对非常规突发事件，提升应急救援、减灾救灾能力提供了物质基础。

根据四川省人民政府新闻办公室举行的汶川特大地震灾害新闻发布会，在2008年5月12日汶川地震发生一周内，四川省财政厅共收到抗震救灾专项资金27.33亿元，其中，中央财政下达救灾专项资金17.73亿元；省、市财政共向灾区调拨救灾资金30.77亿元，其中，省级财政调拨18.95亿元，市(州)财政调拨11.82亿元；已组织帐篷10万顶、棉被21.7万床、被褥和棉衣24.2万套、食品和饮用水4143车、粮食3.83万吨、药品834.8万盒(瓶、支、袋)、医疗器械242 954件(台、支、卷)紧急地运往灾区；俄罗斯、美国、日本、韩国、法国、意大利、新加坡、菲律宾、巴基斯坦、印度等12个国家和中国澳门特别行政区，共捐赠428.36吨物资和300顶帐篷、500条毛毯、1000个塑料垫、50台血液透析机，正紧急运送灾区；来自四川省内外的5.36万余人参与了抗震救灾志愿者行动，已派13 041人次赶赴灾区实施疾病防控。而截至2008年6月17日，四川省财政厅共收到抗震救灾专项资金92.1亿元，省、市财政共向灾区调拨救灾应急资金81.77亿元；已下拨帐篷94.40万顶、彩条布2909.11万平方米、帆布682.52万平方米、油毡18万平方米、方便食品42 990吨、饮用水44 672吨、粮油12.05万吨、肉类2789吨、棉被(絮)241.37万床、衣物114.05万件、成品油25.14万吨；援建活动板房累计建成166 281套，材料运抵现场待建110 624套；累计抢救复苏危重病人10 466人次、开展手术37 576台次、巡诊服务49.86万人次、组织心理干预专业人员及志愿者对灾区伤病员和群众进行心理疏导23.2万人次。

根据民政部统计，在2010年4月14日玉树地震发生的一周时间里，青海省财政厅累计接收捐赠款3.1982亿元，青海省民政厅、省慈善总会、省红十字会、省外事办累计接收捐赠款物6.3472亿元，地方财政累计投入6.2649亿元；共向玉树地震灾区调运棉帐篷49 480顶、棉大衣164 700件、棉被198 970床、野战食品100 000份、方便食品和矿泉水1813.5吨、大米920吨、面粉3680吨、食用油16吨、机械设备629台、消毒剂10吨、喷雾器217台、防护服4200件、消毒液机50台、课桌椅1000套、黑板讲台75个、书包文具1000套、吸粪车3台、垃圾运输车2台、垃圾箱100个、活动板房400套、折叠床20 000张、简易厕所650套、应急灯200盏、行军床50床、毛毯50条；解放军和武警部队共出动官兵12 798人参加抗震救灾行动，派出13支医疗救援队、2个方舱医院。此外，民政部国家减灾中心及时启动空间与重大灾害国际宪章机制，充分利用相关国家提供的灾区卫星遥感资料和通过环境与减灾小卫星星座获取的数据，采用相关模型，利用卫星和航空遥感手段对灾害损失情况做出总体判断，为评估工作提供强有力的技术支撑。

从汶川地震和玉树地震的应急资源配置情况可以发现，应急资源的有效配置保证了抗震救灾过程中及时实施各项救助、安置措施，全力抢救伤员和安置受灾群众，努力恢复灾区生产，使抗震救灾工作取得了重大胜利。

应急资源配置系统与一般资源配置系统在系统目标、系统构成、设施特性、方案规划、权衡算法效率与优化结果、配送模式等方面存在显著差异（Tzeng et al.，2007），如表 1.4 所示。因此，如何结合应急资源配置的特性和要求，建立更加合理的应急资源配置决策模型，系统地得到科学的应急资源配置决策方案是一个重要的研究课题。

表 1.4　应急资源配置系统与一般资源配置系统的区别

系统特征	一般资源配置系统	应急资源配置系统
系统目标	利润最大化或成本最小化	兼顾公平与效率
系统构成	厂方、配送中心、客户	物资汇集点、转运站、物资需求点
设施特性	常设性	临时性
方案规划	分为长期、中期、短期	具有紧迫性，在最短时间内做出不坏的决策
权衡算法效率与优化结果	侧重结果的优化	强调算法的效率
配送模式	往返式、巡回式	往返式

资料来源：Tzeng 等（2007）

突发事件具有突发性、紧急性、高度不确定性、影响社会性、扩散性等特征（王宏伟，2010）。针对这些特征，应急资源配置决策需要解决以下重要问题。

（1）应急资源配置的快速有效决策问题。突发事件的突发性和紧急性决定了应急资源配置决策者要在高度压力下快速做出有效决策。为了实现快速决策，一方面要在决策目标中考虑应急响应时间；另一方面要开发快速有效的算法，实现模型的快速求解，将理论模型转化为实际的应急资源配置方案。同时，为了实现有效决策，需要考虑决策模型的合理性、选择合理的决策时间。因此，应急资源配置的快速有效决策需要考虑快速决策和有效决策的关系。当快速决策和有效决策相互协调时，快速决策和有效决策是统一的；而当快速决策和有效决策相互冲突时，需要权衡快速决策和有效决策的利弊。

（2）应急资源配置的不确定决策问题。突发事件具有高度不确定性，即在突发公共事件的开端，经常无法用常规性规则进行判断，信息严重不充分、不及时、不全面，并且其后的衍生和可能涉及的影响没有经验性知识可供指导，一切似乎都在瞬息万变。这就要求决策者考虑一个或多个灾情信息的不确定性，如随机性、模糊性等，建立应急资源配置决策的不确定规划模型，进而考虑不确定灾情信息动态更新情况下的应急资源配置问题。

（3）基于社会准则的应急资源配置决策问题。突发公共事件对一个社会系统的基本价值和行为准则架构产生严重威胁，其影响和涉及的主体具有社群性。这就要求应急资源配置决策考虑道德准则，特别是公平问题，建立应急资源配置的公平模型。应急资源配置的社会性要求在应急资源配置中兼顾效率与公平，权衡效率与公平之间的关系。

　　（4）动态、复杂应急资源配置决策问题。突发事件的扩散性表现在两个方面：一是突发事件往往会突破地域限制，向更广范围的地理空间扩张；二是突发事件会引起次生灾害，形成一个灾害的链条。突发事件的空间扩散性要求应急资源配置决策模型考虑应急资源配置的路网结构及其复杂性，而突发事件演化的扩散性要求建立动态的应急资源配置模型。

1.2　本书的内容与结构

1.2.1　本书的主要内容

　　本书首先给出应急资源配置决策的理论基础，归纳其研究现状，比较其研究方法；其次，在此基础上分别建立了应急资源配置的效率分析模型、效率和公平分析模型两大类模型，系统地解决应急资源配置的各类问题；最后，对应急资源配置决策研究进行展望，提出未来的研究方向。全书共有四篇，分10章，具体内容如下。

　　第一篇为应急资源配置决策理论基础与研究现状，包括第1~3章，提出了需要解决的应急资源配置问题，分析了应急资源配置系统的结构及其特征，回顾了应急资源配置决策模型的研究基础。其中，第1章为绪论，从突发事件的危害出发，分析了应急管理的紧迫性和应急资源配置的重要性，提出了需要解决的应急资源配置决策问题，给出了本书的主要内容和结构框架。第2章为应急资源配置系统分析，给出了应急管理体系的定义、特征、结构和运行流程，并在此基础上给出了应急资源的定义、分类及其特性，分析应急资源配置的定义、分类，并进一步分析了应急资源配置系统的结构和功能。第3章为应急资源配置决策模型回顾，首先归纳了资源配置决策模型的类型和应用领域，并在此基础上回顾了应急资源配置决策的四类模型，即出救点选址/选择决策模型、应急资源分配决策模型、应急资源定位-分配模型、应急资源定位-路径模型。

　　第二篇为应急资源配置决策效率分析，包括第4~7章，根据不同的路网结构、需求信息特性分别建立了以效率目标为决策准则的应急资源配置模型。其中，第4章为简单路网单周期应急资源分配的贝叶斯序贯决策模型，基于应急响应阶段应急资源分配决策的不可逆特征，在突发事件灾情信息不断观测和更新的条件下，建立了简单路网单决策周期应急资源配置的贝叶斯序贯决策模型。第5

章为简单路网多周期应急资源分配的贝叶斯序贯决策模型，根据突发事件的灾情演化规律，将第 4 章简单路网单周期应急资源分配的贝叶斯序贯决策模型扩展为多周期模型。第 6 章为复杂路网应急资源分配决策模型，在第 4 章和第 5 章简单路网应急资源分配模型的基础上，进一步根据应急资源配置路网的复杂性特征，建立了两个应急资源的分配决策模型：第一个模型考虑具有三级节点的应急资源分配复杂路网，第二个模型考虑具有多种运输方式和多类运输工具的应急资源分配复杂网络。第 7 章为基于动态需求的应急资源分配决策模型，基于受灾人员等承灾体成活率的变化特征建立了应急资源动态需求函数，并根据配送时间对应急资源需求的动态影响，结合第 4~6 章的相关研究，分别建立了简单路网应急资源分配决策的三个模型和复杂路网应急资源分配决策的两个模型，系统地解决了具有动态需求函数的应急资源分配决策问题。

第三篇为应急资源配置的效率和公平分析，包括第 8~9 章，根据不同的路网结构、需求信息特性分别建立了以效率目标和公平目标为决策准则的应急资源配置模型，并对其求解以进行效率和公平评价。第 8 章为简单路网应急资源分配决策的效率-公平模型，建立了一组相关但又存在差异的简单路网应急资源分配模型，对应急资源分配方案的效率和公平进行了综合评价与比较，对不同应急资源分配模型的关系进行了分析。第 9 章为复杂路网应急资源定位-分配决策的随机规划模型，通过随机规划建模方法，对第 8 章的模型从路网结构、决策目标、信息特征、决策问题等方面进行扩展，分别建立了基于模糊目标规划的应急资源定位-分配随机规划模型和基于灾情信息更新的应急资源定位-分配随机规划模型，进行出救点选址决策、应急资源储备决策和突发事件发生后应急资源的预分配决策。

第四篇为应急资源配置决策研究展望，包括第 10 章应急资源配置决策模型比较分析与研究展望。本章对第 4~9 章建立的各类应急资源配置决策模型进行了比较，并分析了各个模型在应急资源配置系统中的地位和作用，最后给出了进一步研究的方向。

1.2.2 本书的框架结构

本书按照提出问题、分析问题、解决问题、评价提升的思路展开。第 1 章是提出问题，即提出需要解决的应急资源配置问题；第 2~3 章是分析问题，分析应急资源配置系统及其特征，回顾应急资源配置决策研究现状；第 4~9 章是解决问题，基于不同的情景设置，分别建立了应急资源配置的效率分析模型、效率和公平分析模型两大类模型，提出了应急资源配置决策方案；第 10 章是评价提升，对各类模型和解决方案进行了比较分析，并提出了研究展望。同时，在第 4~9 章应急资源配置决策建模部分，每一个模型先进行情景描述，然后构建模型并设计算法，最后针对地震等突发事件给出模型应用示例分析，并尽量采用实际数据，以期实现管理科学与实践应用的结合。

本书的框架结构图如图 1.1 所示。

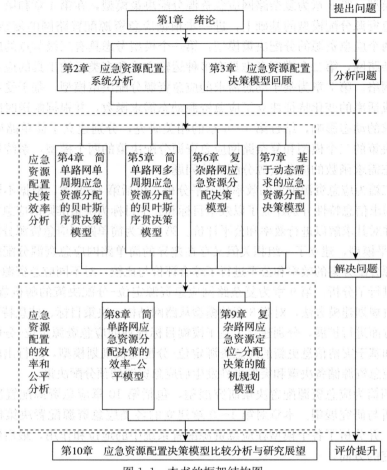

图 1.1　本书的框架结构图

第 2 章

应急资源配置系统分析

2.1 应急管理体系

2.1.1 应急管理

应急管理是为了预防与应对自然灾害、事故灾难、公共卫生事件和社会安全事件，将政府、企业和第三部门的力量有效组合起来而进行的减缓、准备、响应与恢复活动(王宏伟，2010)。应急管理强调以下三个方面：应急管理的对象是各种突发事件；应急管理包括对突发事件的减缓、准备、响应与恢复行为；应急管理的本质是协调与整合。美国的联邦应急管理署则认为，应急管理是一种全过程的管理，无论应对任何一种风险和灾害，都要经过减缓、准备、响应与恢复四个阶段，这四个阶段的主要活动如表 2.1 所示。

表 2.1 应急管理四个阶段的主要活动

阶段	主要活动
减缓	建筑法规、建筑使用管理、立法、公众教育、公共信息、保险、奖惩、土地使用管理
准备	应急响应计划、预警系统、疏散计划、应急沟通、互助协议、公众教育、公众信息、资源储备、训练项目、检验性演练、避难场所
响应	预案执行、紧急状态宣布、预警消息、公共信息、注册与跟踪、通知上级机构、激活协调中心、疏散、动员资源、分配救灾物资、损失评估、搜救、提供医疗支持、实施公共卫生措施、迅速提供救助
恢复	恢复基本服务、咨询项目、临时住房、金融支持或帮助、分配恢复物资、公众信息、长期医疗支持、满足公众诉求、恢复公共财产、经济影响研究、评估发展计划、开始重建任务

资料来源：王宏伟(2010)

从研究层面来看，突发公共事件应急管理包括五大核心科学问题，即应急管理体系的复杂性科学问题、应急心理与行为的科学问题、突发公共事件的信息获取及分析的科学问题、多因素风险评估和多尺度预测预警的科学问题、复杂条件下应急决策的科学问题(范维澄,2007)。2008 年启动的国家自然科学基金重大研究计划"非常规突发事件应急管理研究"围绕以下三个核心科学问题开展研究:非常规突发事件的信息处理与演化规律建模、非常规突发事件的应急决策理论、紧急状态下个体和群体的心理与行为反应规律(韩智勇等,2009)。

与传统的决策相比,应急决策问题具有以下特性(Dai et al. , 1994):①决策问题的重要属性都是不确定的,如突发事件的形式、本质、规模、何时何地发生等。②决策环境快速变化并且不可控。③决策必须在短时间内做出,决策信息不完全或不精确。④在很多情况下,只能追求一两个最重要的目标,并且使用满意标准。⑤决策情景的有效性与其可执行性紧密相关,潜在的风险不可避免。

2.1.2 应急管理体系的定义与特征

应急管理体系是一个由政府和其他各类社会组织共同构成的一个应对突发事件的整合网络。它包括法律法规、体制机构(包括公共和私人的部门)、机制与规则、能力与技术、环境与文化(薛澜,2010)。应急管理体系是一个多层次、多部门、多功能,且动态变化的复杂系统。系统内众多要素在物质、信息和能量的流通与交换过程中,通过相互作用、相互影响、相互依赖和相互制约,构成多重反馈,从而组成了具有一定结构和功能特点的复合系统(齐二石和王嵩,2008)。系统结构在横向上受社会和经济的影响,纵向上受内部组织运作和外部宏观环境的影响。社会面、经济面、内部组织运作、外部宏观环境构成了应急管理体系的边界。

应急管理体系具有以下特点(唐珺珺,2006):①系统与外部环境关系复杂。作为突发事件的总体应对系统,应急管理体系与国家、省、市甚至全球的其他系统都存在着能量、物质、信息的交换。其具体表现为物资、人员、信息的流动,政策的调整,城市与城市、国家之间的互助等,具有极为复杂、不确定、动态连续的环境状态。②系统的结构层次众多,子系统种类繁多。例如,波士顿市根据不同的应急职能,将整个应急响应系统划分为交通子系统、通信子系统、公共工程子系统、消防子系统、情报和调度子系统、后勤资源子系统、健康和医疗子系统、搜救子系统等 16 个子系统。而这些子系统又有各自的子系统和组件,它们之间存在着相互联系,构成了多层次的庞大网络系统。③系统的子系统之间有各种方式的通信。由于系统中的多级子系统肩负不同功能、执行不同角色,它们之间通过多种交互模式进行通信。例如,应急响应系统各子系统之间通过有线公用电话交换网(public switched telephone network,PSTN)、卫星、网络、个人数字助理(personal digital assistant,PDA)、数字 800 兆集群无绳电话等进行信息的交换和决策的传达。

2.1.3　应急管理体系的结构

应急管理体系的目标是统一指挥、分工协作、预防为主、平战结合、及时灵活、科学有效地处置突发事件。为了有效实现这个目标，应急管理体系应具有全面性、层次性、可重构性、高可靠性、集成性、可演练性。其可以从不同的角度划分应急管理体系的结构。例如，齐二石和王嵩（2008）认为，应急管理体系包括目标系统、保障系统、运作系统、激励系统和约束系统等子系统；唐珺珺（2006）认为，应急管理体系包括安全预警系统、危机状态跟踪系统、危机应急处理系统、危机影响评估及理赔系统等子系统；张黎勇（2009）认为，应急管理体系包括组织指挥系统、应急运行系统、预案管理系统和应急保障系统等子系统。

不同国家的应急管理体系也存在差异。例如，美国的应急管理体系主要是由指挥和管理、准备、资源管理、通信和信息管理、支撑技术以及系统管理和维护六大要素组成。而中国目前则形成了以"一案三制"为代表的第二代应急管理体系（薛澜，2010）。其中，"一案"是指国家以及地区层面设置的各类预案，国家层面上有 1 部国家总体预案、26 部专项预案、87 部部门预案，地方和企事业分别有地方应急预案、企事业应急预案。据不完全统计，全国已有 240 多万部预案。"三制"就是指法制、体制和机制。法制方面，中国已有相关法律 35 部、行政法规 36 部、部门规章 55 部。体制方面，2003 年之后，中国在中央层面上成立了应急管理办公室，在不同的省和地方，也成立了相应的应急管理办公室。这些机构包括应急管理委员会、应急管理办公室、专家组等。机制方面，中国也建立了预测预警、信息报告、应急响应、应急处置、恢复重建、调查评估等针对不同环节的运行机制，有效地提升了整个体系的效率。

根据突发事件发生发展的情况，可以将应急管理体系的运行状态分为三种，即平时状态、警戒状态和战时状态（计雷等，2006）。平时状态是指没有发生突发事件，而且没有预兆要发生突发事件的状态。在平时状态，应急管理体系需要进行保障准备工作，包括制订应急预案，并针对预案进行演练，组织实施培训以提高安全保障度，协调各种资源进行日常的防范处理准备等。警戒状态是指预警系统预测到某种突发事件发生的可能性升至警戒点以上。进入警戒状态后，应急管理体系一方面要启动一些保护性程序，以防止一些可以避免的突发事件；另一方面要进行各项应急准备。战时状态是指突发事件暴发，根据对已发生突发事件的性质及严重程度等的判断，确定实施方案，并根据这一方案进行应急处置，一直到事件后处理的全过程。战时状态的结束以整个事件的最终评估报告完成为标志。应急管理体系进入战时状态时，应立即启动相应的评估和决策系统，尽快做出决策，调整并启动相应的应急预案，根据预案的要求调集各种资源，协调各个部门进行事件的处置。

一般来说，一个完整的应急管理体系应由指挥调度系统、资源保障系统、处置实施系统、信息管理系统和决策辅助系统五大子系统构成(计雷等，2006)，如图 2.1 所示。

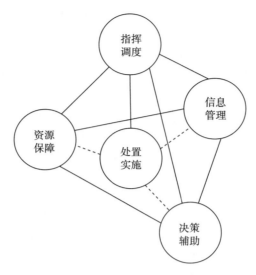

图 2.1　应急管理体系框架图

其中，指挥调度系统是应急管理体系的"大脑"，是系统中的最高决策机构；其他四个是支持系统，它们分别对指挥调度系统提供不同功能的支持，以保证指挥调度系统做出及时准确的决策。同时，它们之间也存在相互支持、相互合作的关系。应急管理体系中各系统的主要功能分别如下。

(1)指挥调度系统。指挥调度系统是突发事件应急管理体系的核心和中枢，其主要任务是根据预案启动突发事件的处理过程，不断调整对事件的判断，从而对事件的处理做出可执行性的决策，并负责应急管理的统一指挥，给各支持系统下达命令，提出要求。指挥调度系统在平时状态下的主要功能包括：组织、培训和演练；制定或完善相关制度；信息汇总分析；判定事件性质及其征兆；批复请求，组织协调；组织安全检查；组织事故调查；对人、财、物储备的适时监督、配置和协调。在警戒状态下的主要功能包括：预防性措施的制定、组织、检查和演练；信息的汇总分析和研究判断；对操作请求批复；组织协调；组织事故调查。在战时状态下的主要功能包括：判定事件性质；确定应对方案；跟踪和评估；动态调整预案；对操作请求批复；响应下级机构技术支援和资源调配的请求；组织协调；组织事故调查；与内、外部的沟通。

(2)处置实施系统。处置实施系统是应急管理体系直观的表征，是对指挥调度系统形成的预案和指令进行具体贯彻和实施的系统。处置实施系统负责执行"指挥调度系统"下达的命令，保障迅速启动预案，并对突发的情况迅速采取相应的处理方案，及时反馈执行结果，完成各种应急抢险任务。处置实施系统在平时状态下的主要功能包括：体系日常运行；维护和更新改造；执行培训和演练计划。在警戒状态下的主要功能包括：检查、消除隐患；根据指挥调度系统要求配置资源；加强自身监测和信息反馈。在战时状态下的主要功能包括：启动预案；信息反馈；调整预案；临时资源调配；突发事件后处理。

（3）资源保障系统。资源保障系统是应急管理体系的支撑系统，主要包括物资资源管理和人力资源管理两部分。物资资源保障是对突发事件的处置提供具体物资，并对整个体系的运行提供物质基础帮助的系统。物资资源保障系统主要负责资源状况和支持度的评估，战略性及稀缺资源的最低保有值评估和配置，优化资源配置（资源的合理布局与动态调配），完成资源的综合利用、整合和共享等。人力资源保障系统对整个应急管理体系提供智力支持和组织保证，是保证体系正常运转的系统。该系统可以再度细分为组织机构子系统和人力资源子系统。应急管理人才大致可以分为高级决策型人才、执行指挥型人才、具体操作型人才、监督指导型人才、信息技术型人才等。

（4）信息管理系统。信息管理系统是应急管理体系的信息中心，是应急管理结构体系中各个系统相互衔接的重要通道，负责应急信息的实时共享，为其他系统提供信息支持，从而提高系统内外面对突发事件的反应速度，加强系统的整体性和联动性。主要工作有信息的采集、处理、储存、传输、更新和维护等。

（5）决策辅助系统。决策辅助系统在"信息管理系统"传递的信息基础上，对应急管理中的决策问题提出建议或方案，为"指挥调度系统"提供决策支持。决策辅助系统为整个体系提供方法支持和决策建议。它在安全保障的机制机理研究、事件和机构的分类分级方法和研究以及安全保障度评价方法研究的基础上，实现预案库管理，提出安全培训和演练方案，形成资源优化配置方案，同时进行评估和预警分析，为突发事件的处置提供决策资料和决策建议，对突发事件进行事后评价等。

可见，应急资源保障系统是应急管理体系的重要组成部分，对保障其他子系统的正常运作起着关键作用。应急资源的配置是应急资源保障系统的核心，科学合理的应急资源配置能对突发事件的处置起到事半功倍的作用。

2.1.4　应急管理体系的运行流程

突发事件应急管理体系的运行流程可以分为五个步骤，从预警、识别、培训、实施到后处理（计雷等，2006），如图 2.2 所示。当没有突发事件发生时，应急管理体系处于平时运行状态，主要工作是处理一些基本的管理任务，并适时监控相应的指标，当某些指标超过警戒值时，要发出预警信号，并根据预警的不同程度改变体系运行状态，进入战时状态。决策辅助系统根据对事态类型与级别的判断，选择相应级别的预案，指挥调度系统会结合实际情况提出处理方案，处置实施系统则根据命令采取相应的措施，把突发事件消灭在萌芽状态。如果事态不能控制，继续恶化，则突发事件级别会继续提高，应急管理体系的运行状态也会提高到相应的级别状态，执行"指挥调度"的机构级别也会相应提高。同时，如果负责处置实施的机构自身拥有的资源不能满足需要，执行"资源保障"的机构就要征调其他组织的资源，直至突发事件处置完毕。

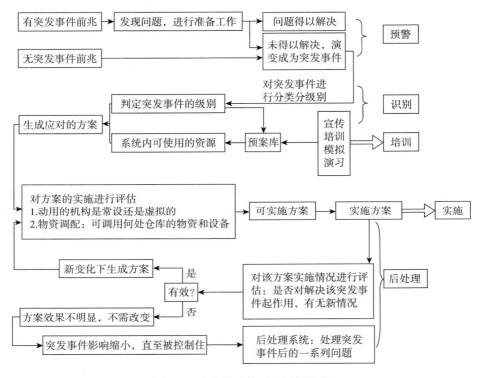

图 2.2　应急管理体系的运行流程

2.2　应急资源及其特性

应急资源是指在突发事件即将发生前用于控制突发事件发生，或突发事件发生后用于疏散、抢险、抢救等应急救援的人力、物力、财力、信息等各类资源。其中，人力包括救援人员、医护人员等；物力包括各类物质形态的应急资源；财力包括各类拨款、捐款等；信息包括各类灾情信息。应急物资是应急资源中重要的组成部分，也是应急资源配置的核心对象。

2.2.1　应急物资资源

应急物资资源指的是各种应对突发事件的基础设施、技术装备、应急救援物资等以物质实体形态存在的资源，是各种管理方案落实到实处的物质基础，同时也是信息资源的物质载体和灾害应急管理的物质保障。

1. 根据物资用途分类

国家发展和改革委员会（以下简称国家发改委）公布的《应急物资分类及产品目录》根据用途将应急物资分为 13 类，包括防护用品、生命救助、生命支持、救援运载、临时食宿、污染清理、动力燃料、工程设备、工程材料、器材工具、照明设备、通信广播、交通工具。每一类又包括许多具体的物资，如表 2.2 所示。

表 2.2　应急物资按用途分类

应急物资类型	具体物资形式
防护用品类	卫生防疫设备、化学放射污染设备、消防设备、爆炸设备、防护通用设备
生命救助类	处理外伤设备、高空坠落设备、水灾设备、掩埋设备、生命救助通用设备
生命支持类	窒息设备、呼吸中毒设备、食物中毒设备、输液设备、输氧设备、急救药品、防疫药品
救援运载类	交通运输设备、空投设备、桥梁设备、水上设备、空中设备
临时食宿类	饮食设备、饮用水设备、住宿及卫生设备
污染清理类	防疫设备、垃圾清理设备、污染清理设备（如杀菌灯、消毒杀菌药水、凝油剂）
动力燃料类	发电设备、配电设备、燃料用品、动力燃料、通用燃料
工程设备类	岩土设备、水土设备、通风设备、起重设备、机械设备、牵引设备、消防设备
工程材料类	防水防雨抢修材料、临时建筑构筑物材料、防洪材料
器材工具类	起重工具、破碎紧固工具、消防工具、声光报警工具、观察工具、通用工具
照明设备类	工作照明设备、场地照明设备
通信广播类	无线通信设备、广播设备
交通工具类	桥梁、陆地、水上、空中等各类交通工具

在所有 13 类应急物资中，民政部《救灾物资回收管理暂行办法》根据物资的可回收性，规定了 6 类可回收重复利用的应急物资，包括生活类、救援类、医疗类、通信类、供电类、其他物资，具体如表 2.3 所示。

表 2.3　可回收重复利用应急物资的分类

应急物资类型	具体物资形式
生活类物资	帐篷、活动板房、移动厕所、净水设备、照明设备等
救援类物资	挖掘机、运输车、装载机、吊车、拖车、推土机等大型机械设备和运输工具，以及铁锹、镐、撬棍、千斤顶等小型救援工具等
医疗类物资	常用医疗器械、高值医疗器械、监测器械、消毒器械，以及救护车和药品等
通信类物资	应急通信设备和卫星电话等

应急物资类型	具体物资形式
供电类物资	大型发电车和发电机等
其他物资	—

2. 其他分类方式

此外，还可以从其他不同角度对应急物资进行分类。例如，按照应急物资的优先级将应急物资分为四大类，即生命救助物资、工程保障物资、工程建设物资、灾后重建物资，这四类物资的优先级依次降低（张旭凤，2007）。按应急物资的使用范围分为通用类和专用类；按应急物资使用的紧急情况分为一般级、严重级和紧急级等（姜玉宏等，2007）。

还可以使用应急物资的重要性、应急物资的筹集周期、应急物资的时效性、应急物资预计需求量大小、应急物资筹集成本、应急物资的稀缺性等多重评价指标，对应急物资进行综合分类（郭子雪和张强，2009；乔红波，2009；夏萍和刘凯，2010）。

与普通物资相比，应急物资具有以下特点（姜玉宏等，2007）：①不确定性。由于灾情发生的时间、强度和影响范围具有不可预测性，这就决定了应急物资的数量、发放范围、运输方式等不能确定。②不可替代性。应急物资的用途非常特殊，是在特定环境下启用的特殊物资，都不能用其他物资代替，如疫情发生后使用的疫苗及战场救护用的血液等。③时效性。应急物资要发挥其本身的使用价值就必须在一定的时间内送达需求者手中，才能发挥其效用和价值。超过时限就失去了应急的意义，也就不再称为"应急物资"了。④滞后性。应急物资的启用是在灾情发生后，根据灾害的强度、波及范围而使用，时间上滞后于灾情的发生。

2.2.2　应急人力资源

应急人力资源是指参加应急管理活动的人力资源及其储备。人是各种资源中最宝贵的，一切其他资源都是在人的作用下流动的。人力资源主观能动性的发挥是决定物资、信息、财力等资源的效用与效能的关键因素，因此必须重视应急管理中人力资源的重要性。应急人力资源包括以下几类（计雷等，2006；张学栋，2004）。

（1）高级决策型人才。这类人才是应急管理中最高层次的人才，即高级管理人才。一般需要具备以下四种能力：一是对宏观事态的全面把握能力；二是对事态发展趋势有超常的预测能力；三是有临危不惧、处乱不惊的心理素质；四是熟悉事件的发生、发展、影响及化解方法，能在事态发展的不同阶段做出相应决策的能力。

（2）执行指挥型人才。这类人才是前线指挥官，即中层管理人员，要求其具备领悟力、贯彻力、协同能力，专业背景强、果断决策，能领悟决策层的精神，并能将其很好地贯彻下去，根据事态发展迅速而果断地制订出可操作性强的行动计划。

（3）具体操作型人才。这类人才是公共部门中现场处理突发事件的专业技术人才，即行动实施人员，如消防员、警察、医护人员等。这类操作型人才要具有快速反应能力、很强的协同性和整合现场各种资源的能力。《国家突发公共事件总体应急预案》提出，公安（消防）、医疗卫生、地震救援、海上搜救、矿山救护、森林消防、防洪抢险、核与辐射、环境监控、危险化学品事故救援、铁路事故、民航事故、基础信息网络和重要信息系统事故处置，以及水、电、油、气等工程抢险救援队伍是应急救援的专业队伍和骨干力量。以我国地震应急队伍资源（地震灾害紧急救援队）为例，其主要人员构成如表 2.4 所示。

表 2.4　地震灾害应急救援队伍

应急队伍	先期处置队伍	第一职员梯队	第二职员梯队
人员抢救队伍	社区志愿队伍	地方救援队 国家地震救援队 当地驻军部队	邻省地震救援队
工程抢险队伍	当地抢险队伍	行业专业抢险队伍	邻省抢险队伍
次生灾害特种救援队伍	消防部队	行业特种救援队伍	邻省特种救援队伍
医疗救护队	当地的急救医疗队伍	当地医院的后备医疗队	附近军队医疗队
地震现场应急队伍	省地震局现场应急队伍	中国地震局现场 应急救援队伍	邻省地震局现场应急队伍
建筑物安全鉴定队伍	省地震局和建设厅 建筑物安全鉴定队伍	中国地震局及住房和 城乡建设部建筑物 安全鉴定队伍	邻省地震局及住房和 城乡建设厅建筑物 安全鉴定队伍

资料来源：《国家地震应急预案》

（4）监督指导型人才。应急管理中，需要有人专门对整个事件的处理过程进行记录和跟踪报告，加强处理的透明度并对事件起因、处理、损失和善后进行评估。这类监督型人才要求具备很强的专业背景、动态跟踪能力、整体评估能力和政策把握能力。

（5）信息技术型人才。这种人才肩负应急管理的预警工作，其任务是及时、准确、全面地搜集信息，而且要不停地更新和反馈。信息型人才的核心素质是灵敏性、选择性和责任心。

《国务院办公厅关于加强基层应急队伍建设的意见》提出，基层应急队伍是我国应急体系的重要组成部分，是防范和应对突发事件的重要力量。要全面建设综合性应急救援队伍，加强防汛抗旱，森林草原消防，气象灾害、地质灾害、矿山、危险化学品，公用事业保障，卫生，重大动物疫情等各专业应急救援队伍建设。

2.2.3　应急财力资源

应急财力资源包括用于公共危机应急管理的政府专项应急资金、捐赠资金和商业保险、补贴、专向拨款等以货币或存款等形式存在的资源(何鲜利,2009)。充足的财力能够保证社会拥有雄厚的救灾装备、足够的救灾物资、完善的通信系统、充实的科研力量等。财力资源是物质资源发挥效能的有益补充,同时也是人力资源和信息资源的重要保障。根据国外经验和我国市场经济的发展情况,可用于灾害管理的资金来源主要有四类,即财政资金、保险资金、银行信贷资金和捐赠资金(冯俏彬,2010)。

(1)财政资金。财政资金的特点是公共性和强制性,其来源和使用都要求基于某种公共目的,实践中更强调相关政策的统一性和公平性。灾害一旦发生,救人,抢救重要物资,抢通道路和通信设施,恢复供水、供电等应急活动的紧迫性往往容不得政府另行筹资,此时政府资金往往作为主力甚至是唯一的资金率先进入救灾。针对公共突发事件,我国预算管理中有专门处理这类事件的财政支出项目。在预算管理中,政府拨款可分为预算拨款、专项拨款和总预备费三类。总预备费是财政应对公共危机事件最常用的手段,一般按照预算支出 $1\%\sim3\%$ 的比例提取(崔军和孟九峰,2009)。非常规突发事件发生后,政府不仅要动用大量中央预算中的"预备费",各级财政部门还会安排大量的"专项基金"和各类经费支出。同时,各项税收减免措施也纷纷出台,这些隐性的财政支出与中央和地方的各项财政拨款一起,在危机应对机制中发挥着主要的财力保障作用。汶川大地震发生后,财政部迅速启动财政一级应急预案,按照"急事急办、特事特办"的原则,及时拨付抗震救灾资金。截至 2008 年 9 月 1 日 12 时,各级财政部门共投入抗震救灾资金 671.69 亿元。其中,中央财政投入 598.15 亿元(用于应急抢险救灾资金 274.95 亿元,灾后恢复重建资金 323.2 亿元);地方财政投入 73.54 亿元。这些资金分别用于应急抢险救灾阶段的自然灾害生活补助应急金、防汛补助、水库加固及堰塞湖治理、综合财力补助、基础设施修复、物品棉被等物资的购进、中央储备粮和储备油调拨资金等项目,以及恢复重建阶段的倒塌毁损民房恢复重建、公共服务设施恢复重建、工商企业恢复生产和重建、农林业恢复生产和重建、基础设施恢复重建等项目(郭俊华和程琼,2009)。

目前,我国财政应急预案体系基本形成。按照"一案三制"建设的有关要求,财政部于 2004 年制订的《突发事件财政应急保障预案》规定了应急管理中财政部门的具体职责及工作程序。第一,根据突发公共事件的影响程度,采取不同的财政收支政策以及快速拨付资金方式进行支持。第二,确立了按照现行事权、财权划分的原则,分级负担,属于中央政府事权的,经费由中央财政负担;属于地方政府事权的,经费由地方财政负担。第三,按照"特事特办、急事急办"的原则,及时拨付处置突发公共事件的资金，专款专用，禁止挪用截留。

（2）保险资金。保险资金是对未来可能发生风险的一种预提或准备，其基本特点是事前性和分散性。企业、家庭或个人根据自己面对的风险种类与程度，以分散灵活的方式向保险公司购买保险，一旦保险风险发生，保险公司按合同约定承担相应的赔偿责任。因此，就应急资金整个体系而言，保险资金的事前性可完美对应防灾减灾这一环节，一方面将可能发生的风险转移到灾害发生之前；另一方面将灾害发生后所产生的资金责任分散到企业、家庭和个人；有利于在更大范围内增强风险管理意识，提高灾后救济与恢复的水平。从发达市场经济国家的情况看，以民房损失为例，保险资金的赔付往往占到整个因灾损失的 20%～50%。

（3）银行信贷资金。银行信贷资金的基本特点是营利性和安全性，一般认为难以在应急管理中发挥作用。但是，从"5·12"汶川地震灾后重建的情况看，将近 3000 亿元的商业性信贷资金投向了基础设施（含公用设施）重建、大型骨干企业恢复重建和民房重建等领域。由此看来，只要配置得当，银行信贷资金也能在某些地区、某些项目上发挥重大作用。

（4）捐赠资金。捐赠资金的特点是自愿性、公益性和多元化，体现的是人道与爱心。捐赠资金多是由形形色色的、主旨各异的非政府组织具体负责实施的，因此，它虽然不是灾害管理的主力资金，但分散、灵活、小型、多样的特点却使其可遍布灾害管理从事前、事中到事后的各个环节，并在那些财政资金统一政策之下关照不到的地方与人群中发挥作用，从而与主力资金相互补充，相得益彰，共赴危难。

2.2.4　应急信息资源

应急信息资源是灾害应急救援中相关信息及其传播的途径、媒介、载体的总称，如灾害情报、电视、网络、报纸、广播等都是信息资源（何鲜利，2009）。及时、准确的灾害预报信息可以提高政府和全社会减灾工作和活动的效率，安定人心，减少灾害给人民生命和财产造成的巨大损失。信息资源具有双向性，一方面，政府要借助收集到的信息资源了解群众的现状与需求，进而借助信息资源驱动人、财、物等资源的配置和流动来满足灾区需求；另一方面，政府要依靠真实客观的信息资源直接影响群众、调动群众。突发事件情境下信息资源是否及时、客观、准确，直接关系到突发事件应急管理的效率，因此，信息资源是影响突发事件管理成效的关键性因素。要准确地防范处理突发事件，最为重要的就是要对各种信息进行系统扫描，收集信息，分析影响并最终控制突发事件发展。

灾情信息是最重要的应急信息资源。灾情信息包括狭义的灾情信息和广义的灾情信息。广义的灾情信息可以从孕灾环境、致灾因子、承灾体和防灾减灾四个方面进行测量。孕灾环境信息包括孕育产生灾害的流体、固体自然环境及生物环境、语言、民族、种族、经济及政治制度等人文环境。致灾因子信息包括灾害强度、频率、持续时间、区域范围、起始速度、空间扩散、时间间隔(重现期)、分类等。承灾体信息包括受灾人口、直接经济损失、间接经济损失、资源破坏、社会经济影响等(史培军,1996,2002,2005)。其中,直接经济损失是灾害对各类承灾体的直接破坏,主要表现为人员伤亡、农作物受损或绝收、建筑物损害或倒塌、基础设施受损或瘫痪,以及对各类资源的破坏等。直接经济损失的灾情指标主要包括人口的受灾、伤亡和安置数量,受损农作物面积,受损建筑物个数和面积,受损机构个数,受损设施/设备数量,受损资源面积及其经济损失等。间接经济损失是指由于灾害的直接破坏而产生的间接的经济损失,如停工停产带来的损失,一般救灾投入也计入间接经济损失。社会经济影响主要是指灾害对区域社会经济发展的深远影响,如对社会结构重组、宏观经济发展、就业、教育等方面的评估。防灾减灾信息则包括基础空间数据、灾害发生的位置及范围数据、灾害属性数据、社会经济数据、基础设施环境数据、救灾物资数据、历史案例等(石丽红等,2007)。而狭义的灾情信息仅指承灾体信息。

灾情数据按照不同的分类标准有不同的类别体系,而各个类别体系之间又相互穿插,相互关联(刘浩等,2011)。从时态性考虑灾情数据可分为静态数据和动态数据;按空间属性可分为空间数据与非空间数据;从实际应用角度可分为地理支撑数据与灾情相关信息数据;在数据源上有卫星遥感数据、航摄的影像数据、全球定位系统(global positioning system,GPS)地面跟踪数据、移动终端设备(PDA等)获取的位置信息数据、实时监测数据及不同时态的灾情属性信息数据等;从比例尺上可分为1:400万、1:100万、1:25万、1:5万、1:1万及更大比例尺数据;从数据种类上可分为地理影像数据、地理矢量数据、地理高程数据、三维模型数据、监控数据、灾情产品数据、灾情公文数据、地名数据及属性数据等;从数据格式上可分为JPG、Tiff、Word、PDF、BMP、txt、AVI、xls、X、shp、3ds等。

灾情信息具有动态性、多源性、不完全性、冲突性和复杂性等特征,具体如下。

(1)动态性。一些灾害持续较长的时间,其在时间和空间上也会发生动态变化,灾情信息也随之演变。例如,台风或飓风形成后,一般会移出源地并经过发展、成熟、减弱和消亡的演变过程。台风的路径突变、强度突变、移速突变和登陆后暴雨突变等问题会使得台风的演变非常复杂,灾情信息多变。

很多原生灾害还会引发灾害链,从而造成灾害在时间、空间和方式上的演变,灾情信息也就具有了动态性。所谓原生灾害是指由动力活动或环境异常变化直接形成的自然灾害;次生灾害是由原生灾害引起的“连带性”或“延续性”灾害;灾害链则是指原生灾害及其引起的一种或多种次生灾害所形成的灾害系列。在中国东南沿海地区,台风-风暴潮-暴雨-崩塌-滑坡-泥石流地质灾害链较为常见。

在地震高发区，地震引起的海啸、崩塌、滑坡、堰塞湖、洪水等灾害链也比较常见(如 2011 年 3 月 11 日下午，日本发生特大地震，由地震引发的海啸高达 10 米，同时造成核电站核泄漏，灾情不断发生演变)。

即使突发事件持续时间比较短，也没有引发次生灾害，突发事件的应急处置与救援、事后恢复与重建往往也要持续很长一段时间。青海玉树"4·14"地震发生后，抢险救灾、应急救援阶段到 2010 年 5 月 1 日才基本结束，进入进一步安置受灾群众、恢复正常秩序、加快恢复重建的新阶段。在应急处置与救援过程中，各类灾害损失和防灾减灾信息也在不断更新。

(2)多源性。灾情信息在数据源上有卫星遥感数据、航摄的影像数据、GPS 地面跟踪数据、移动终端设备(PDA 等)获取的位置信息数据、实时监测数据及不同时态的灾情属性信息数据等。2008 年汶川地震发生后，国家减灾中心利用不同方式获取各类灾情信息，包括基础地理数据、灾前灾后遥感影像数据、地震烈度数据和媒体报道灾情信息等(国家减灾委员会-科学技术部抗震救灾专家组，2008)。

(3)不完全性。突发事件发生后，由于事件的突发性和紧急性，灾情信息难以立刻得到全面、准确的掌握。地震等自然灾害还会造成通信中断或不畅，使得灾情信息无法正确传递和汇总。这些都造成在应急管理决策中使用的灾情信息是不完全的。例如，2008 年汶川地震给重灾区的通信基础设施造成了毁灭性的破坏，特别是对通信光缆的破坏，不仅造成重灾区汶川、北川、茂县等地的固定电话对外联系完全中断，还使得大批的移动通信基站退出服务。在地震发生后的前两天，这些重灾区成为通信的孤岛，里面的准确灾情无法及时传递出来，给抗震救灾的指挥调度造成了极大的被动(郭凤延，2008)。

(4)冲突性。由于灾情信息的多源性，而不同消息源的信息发布具有利益倾向性，这就造成灾情信息存在一定的矛盾冲突(王晶红和胡小锋，2010)。例如，对于 2010 年玉树地震后的道路通畅情况，人民网于 4 月 15 日 17 点发布信息"中国交通运输部表示主要道路全部通畅"，18 点又发布消息，"公安部提示 214 国道拥堵，建议社会车辆改道"。4 月 17 日的记者目击中表述，"15 日 20 点，从西宁出发，在 214 国道上历经 21 个小时，16 日 17 时才抵达玉树灾区"。灾情信息间的不一致会引起受众的误解，引起对灾情的误判。

(5)复杂性。灾情数据按照不同的分类标准就有不同的类别体系，而各个类别体系之间又相互穿插，相互关联(刘浩等，2011)，这就造成灾情信息非常复杂。我国虽已建成一批灾害数据库范例，但数据来源的可靠性与广泛性、收录数据标准界定、数据管理范式(包括灾害特征类、字段名称、对应数据类型等规范)的确定、典型的关系数据库结构应用以及与国际同类数据库互访与接轨中存在明显的不协调(刘耀龙等，2008)，缺乏统一的标准，这对于形成结构清晰的灾情信息体系是不利的。

2.3　应急资源配置

2.3.1　应急资源配置的定义与分类

应急资源配置是一类特殊的资源配置问题。资源配置问题是指将有限的资源配置到一些竞争主体或活动中，以最优化某些目标(Luss，1999)。基于资源分配问题的定义，可以认为，应急资源配置是指在突发事件情况下，将有限的应急资源配置到一些竞争性的受灾人员、受灾点或救援活动中，以最优化某些目标。

按照突发事件是否发生分类，应急资源配置可以分为事前的应急资源配置和事后的应急资源配置。

按照应急管理的阶段分类，应急资源配置可以分为减缓阶段的应急资源配置、准备阶段的应急资源配置、响应阶段的应急资源配置和恢复阶段的应急资源配置。

按照应急管理体系的运行状态分类，应急资源配置可以分为平时状态下的应急资源配置、警戒状态下的应急资源配置和战时状态下的应急资源配置。

按照应急资源的种类分类，应急资源配置可以分为应急物资资源配置、应急人力资源配置、应急财力资源配置和应急信息资源配置。下面按照这一分类分别展开进行说明。

2.3.2　应急物资资源配置

根据表 2.1 应急管理四个阶段的主要活动，可以得到应急管理四个阶段中的主要应急物资资源配置活动如表 2.5 所示。应急物资资源配置主要包括物资的筹措与采购、物资的布局、物资的调度等内容。应急物资的筹措是应急资源配置的基础和首要环节，筹措工作的优劣直接关系到物资保障水平和应急管理目标的实现与否。应急物资筹措方式主要包括动用平时储备、直接强制征用、市场紧急采购、组织突击研发和生产、组织社会捐赠、争取国际援助等(王丰等，2007)。应急物资的采购是指在抗灾抢险、战时动员等紧急状态下，为完成紧急任务而进行的采购活动。应急物资采购量一般相当大，时间上要求高，往往要求政府与企业建立长期合作关系。对于一般性的自然灾害，其需求的目录相对稳定，可对供应商进行筛选，而在紧急状态下可以先征用，后补偿。

表 2.5　应急管理四个阶段中的主要应急物资资源配置活动

阶段	物资资源配置活动
减缓	无
准备	资源储备、避难场所
响应	疏散、动员资源、分配救灾物资、搜救、提供医疗支持、实施公共卫生措施、迅速提供救助
恢复	恢复基本服务、临时住房、分配恢复物资、长期医疗支持、恢复公共财产、开始重建任务

应急物资资源的布局和调度问题是应急物资资源配置的两个关键问题(计雷等，2006)。应急物资资源的布局问题包括选址(location)和分配(allocation)两个部分，其力图解决的问题就是应急物资资源(如救护车、医疗机构、消防点、警车等资源)的地址应当选择在何处，每一个地址上应当配置多少资源，才会在应急管理中使得资源的供应量达到最优。一般来说，选址问题和配置问题是不能截然分开的，尤其是选址问题，必须考虑到将来的资源分配。当然，如果针对地址已经确定的问题，资源配置就可以作为一个单独的问题来讨论了。应急物资资源调度问题是指当突发事件发生后，有关部门根据指挥调度系统的指令，根据现阶段救助资源的需求情况，确定调度的资源数量，制定资源的运输路线，以及根据突发事件的变化情况，多阶段地跟踪调度资源。按照应急物资配置解决的具体问题分类，应急物资配置可以分为应急物资选址问题、应急物资分配问题(location-allocation problem，LAP)、应急物资定位-分配问题、应急物资定位-路径问题(location-routing problem，LRP)等。

由于应急物资资源具有的不确定性、不可替代性、时效性、滞后性等特点，应急物资资源配置也具有了与一般资源配置问题不同的特点(陈达强，2010)，主要包括以下几个方面。

1. 复杂性

复杂性主要通过应急物资分配的资源需求特点所体现，具体表现在以下方面。

(1)应急物资种类多。在应急活动中，为保障受灾地区民众生活及应急救援活动的开展，应急物资包括防护用品、生命救助、生命支持、救援运载等 13 类。

(2)需求结构复杂。所谓物资的需求结构主要是指所需要的各类物资之间的结构比例关系，通常用一个相对的指标来刻画这种关系(乔红波，2009；郑哲文等，2009)。突发事件的类型以及应急救援活动的不同阶段，通常决定着物资的结构需求，不同类型的突发事件需要不同种类的物资需求组合。需求结构的复杂性使得应急救灾运作更加复杂。在汶川地震中，随着抗震救灾重点的转移，审计部门发现，救灾捐赠物资出现了结构性"过剩"和短缺并存的状况，甚至于出现一些捐赠物资与灾区实际需求脱节的情况。例如，甘肃省接受的"锁阳固精丸"等非抗震抢险救治急需的保健品，至救灾结束仍闲置未用；四川省北川县、彭州市商务局和陕西省宝鸡市民政局接受的 17 350 顶旅行用等类型帐篷，因空间小不适用而积压。此外，在应急物流活动中，许多意料之外的变数，如天气变化、次生灾害等可能会导致额外的物流需求，如在汶川地震应急物流行动中，可能会暴发大范围的疫情，需求结构发生根本性变化：由最初的对帐篷、救生器材、衣物、食物等物资的需求，变成对医疗药品等物资的需求，甚至于原有的用于伤病救治的医疗药品因主体需求的改变，在种类、数量上的比例关系也将发生变化。

（3）物资需求数量大。以 2008 年"5·12"汶川地震为例，截至 2008 年 6 月 4 日下午 5：00，四川省已下拨救灾帐篷 63.02 万顶，彩条布 2506.96 万平方米，油毡 12.6 万平方米，方便食品 42 864 吨，粮油 8.55 万吨，棉被（絮）240.91 万床，成品油 19.87 万吨[①]。由此可见，在大规模自然灾害发生后，应急保障物资需求量之大。而从灾后救援工作存在的主要问题来看，其中一个就是由于需求量大，使得多种物资缺乏，导致灾区群众的基本生活无法保障，同时缺乏大型救灾接卸设备，使得救援工作难以开展，导致灾害损失无法得到有效控制。

（4）需求数量与时间不确定。在灾害发生后，由于通信线路的破损、交通路线的阻断、信息职能机构功能丧失等原因，以及受灾面过大、灾情信息无法全面判断、灾害演变规律难以把握等原因，灾区往往无法及时将物资需求相关信息完整、正确地报送外部。此外，由于突发事件的类型不同以及应急救援活动阶段的不同，各种需求具体时间无法正确预测。例如，汶川地震后，伤亡人数和破坏每天都在发生不同的变化，与此同时，由于通信障碍及救援人员灾区信息搜集的滞后性，对于各类物资的需求数量与需求时间无法有一个明确的把握。

从以上对物资需求的分析可以看出，如果把物资的种类、结构、数量及其需求在时间和数量等方面的不确定性进行综合考虑，对作为应急响应方案制订重要依据的物资需求进行分析是相当复杂的。

2. 及时性

当突发事件发生时，人们总是期望应急物资能够尽快从分散的各地运送到事故地点，于是，应急响应时间最短自然成为应急管理的重要目标，也是首先应该要考虑并加以解决的问题。对我国地震时人员伤亡的统计表明，如果地震灾区被埋压人员在震后 10 小时内被抢救出来并得到及时救治，其生存率很高，而 48 小时后生存率明显下降，72 小时后生存率很小（聂高众等，2001）。这充分说明了在地震之后及时开展应急救援活动的重要性。物资分配决策基本目标是追求时间效益最大化，在最短的时间成本上实现应急物资的供给，满足受灾群体的物资需求。应急物流若不能及时响应，则会给整个应急活动带来巨大的损失。例如，2009 年肯尼亚莫洛地区的油罐车起火，因事故发生地点没有消防部门而从纳库鲁市赶来的消防人

---

①　汶川特大地震灾害第二十一场新闻发布会，2008-06-04。

员一个多小时后才赶到现场，由于救援的不及时及救援力量的不足，近百人死亡。

3. 有效性

由于应急物资配置的复杂性，且加之事前无法准确预测灾害持续时间、强度、范围以及造成的危害程度等参数，决策带有极大的不确定性，故物资配置决策应及时有效地向需求主体提供正确品种、足够数量的应急物资。这里的"及时有效"还要求决策必须考虑物资要在其功能时效和需求时间内送达需求点，以期发挥应急物资的效用和价值。例如，在汶川地震中，早期的救灾物资中，都是以食品和水为主，基本没有防水布和帐篷。这种不合理物资供给结构导致的应急物资决策非高效性，致使出现部分灾民为自救而产生哄抢帐篷现象。

4. 可靠性

灾害事件的突发性、灾情信息的高度缺失性及灾害发展的不可预知性等特点，使得应急物资分配决策极易受系统变化的影响。一旦前期决策失效，重新决策所带来的延误成本是不容忽视的。因此，决策方案必须具备高度可靠性和柔性。

5. 协调性

在物资分配过程中会涉及不同的利益集团，其对应急响应的需求水平和目标存在差异，协调各方面的利益，考虑各集团（如供应主体与需求主体）的需求，是成功应急物资配置决策所必需的。以应急响应时间和应急物资供给量为例，在灾害暴发的短时间内，政府更关心如何在第一时间做出应急决策以稳定局面，但是，大量物资的调集、灾害情况及需求信息的统计往往需要较长时间的努力；而作为应急需求主体的受灾群体则更需要对基本物资如饮用水、食品等最需要物资的最低限度满足。因此，决策方案必须具备高度的系统协调性。

另外，应急活动作为一种人道主义行为，在其实施过程中除了考虑响应效率之外，应急物资配给和调度应考虑不同受灾对象（如地理分布、收入差距等导致的城乡和贫富差异）的公平问题才能实现系统最优，这对当前我国所进行的和谐社会建设具有重要意义。

6. 社会性

应急物资的筹集过程往往是全社会乃至全球范围内的动员，其分配过程也需要社会力量予以支援。例如，在汶川地震中，随着抗震救灾工作的开展，出现了物流运输物资紧缺的情况，各大慈善公益组织机构接受的大量救灾物资无法及时向灾区输送，救灾工作在运输过程和最终落实救援上极其滞后于社会各界的捐助速度，救灾急需拥有大量运输工具、专业经验和成熟运输网络的运输力量。中华慈善总会和世界物流发展促进组织审时度势，在灾情发生后积极发起成立"中国慈善与公益物流领导小组"，希望号召各方物流力量共同开展公益慈善物流，迅速建成全国的抗震救灾物流保障大网络和专业平台，供各大慈善公益组织机构共同调度使用，以及时地输送物资，挽救生命和开展灾后重建。

7. 成本性

应急物资分配的成本主要体现在两个方面：一方面是提供应急物资的活动是有成本的，即关于系统运作层面的成本(该成本与商贸物流类似，主要涉及物流运作过程中产生的诸如人工费、燃料动力费、设备维护保养成本等)，而且成本相当巨大，往往与参与的设施类型、车辆多寡、物资量大小等相关；另一方面是由于决策方面的因素导致应急物资在供给的时间、量、种类方面的缺失，或由于过高关注第一方面的成本而导致应急物资供给不足，由此带来社会经济系统方面的损失，如经济层面上的灾区受灾群体的灭失损失(如财产的损失、人员伤亡等)、社会层面政府公众支持度的变动(如公众对政府的信心丧失、对政府政策的认同与追随等)以及国际社会层面的认可(物资筹措是否及时快速反应、物资分配是否顾及社会公平等)等几个方面。

2.3.3　应急人力资源配置

所有的应急管理活动都是由应急人力资源来直接或间接完成的，但在应急管理四个阶段中比较独立的人力资源配置活动如表 2.6 所示。与应急物资资源不同，应急人力资源的配置更加关注人才规划、选拔与招募、培训、绩效评估与激励、流动管理、机关人员配备、救援人员调配等人力资源管理的各个环节。配置的重点包括：提高前瞻性和预见性，改进应急管理人才资源规划水平；在招募专职应急管理型人才的同时，还应建立合格的兼职应急管理队伍，重点选拔高层次应急管理人才；以能力培养为核心，培训应急管理专业人才，宣传普及应急管理知识和技能；针对应急管理工作特点，建立有效的应急管理人才激励保障机制；建立应急管理人才交流机制，提高人才开发和利用效率等(唐华茂，2010)。

表 2.6　应急管理四个阶段中的人力资源配置活动

阶段	人力资源配置活动
减缓	公众教育、奖惩
准备	公众教育、资源储备、训练项目、检验性演练
响应	疏散、动员资源、搜救、提供医疗支持、实施公共卫生措施、迅速提供救助
恢复	恢复基本服务、咨询项目、长期医疗支持、满足公众诉求

2.3.4　应急财力资源配置

所有的应急管理活动都离不开财力资源的支持，应急管理四个阶段中比较独立的财力资源配置活动如表 2.7 所示。应急财力资源的配置主要涉及应急资金的来源、资金的使用决策、资金的下拨渠道等问题(潘墨涛，2009；郭俊华和程琼，2009)。应急资金来源的优化主要涉及财政资金、保险资金、银行信贷资金和捐赠资金的数量与比例结构。资金的使用决策涉及危机时刻的应急资金该不该使用，向哪里使用以及使用多少，怎么使用，这些都关系到应对危机的力度和成败。应急资金下拨渠道决策涉及下拨的渠道、环节、程序和效率，如使用"面对面"拨付方式还是"点对点"拨付方式。

表 2.7　应急管理四个阶段中的财力资源配置活动

阶段	财力资源配置活动
减缓	保险、奖惩
准备	互助协议、资源储备
响应	动员资源、损失评估、迅速提供救助
恢复	金融支持或帮助

2.3.5　应急信息资源配置

所有的应急管理活动都离不开信息资源的支持，应急管理四个阶段中比较独立的信息资源配置活动如表 2.8 所示。应急信息资源配置的主要内容包括应急信息采集、应急信息处理、应急信息传输和应急数据库建设。

表 2.8　应急管理四个阶段中的信息资源配置活动

阶段	信息资源配置活动
减缓	公众教育、公共信息
准备	应急响应计划、预警系统、疏散计划、应急沟通、互助协议、公众教育、公众信息
响应	紧急状态宣布、预警消息、公共信息、注册与跟踪、通知上级机构、激活协调中心、损失评估
恢复	咨询项目、公众信息、满足公众诉求、经济影响研究、评估发展计划

1. 应急信息采集

获取应急信息的步骤主要包括：确定评估目的和任务；选择寻找信息源、采集信息；信息准确性、可用性分析和加工；选用合适的评估方法；修正推断结果、得出评估结论(邓凌凌，2005)。应急信息的评估和信息采集方法可分为三大类、共六种方法(袁艺，2010)。第一类包括基于历史灾情统计资料的评估方法和基于承灾体易损性的评估方法；第二类包括现场抽样调查统计方法、遥感图像或航片识别方法及基层统计上报方法；第三类为经济学方法。第一类中的两种方法都是确定致灾因子强度和承灾体损失率(易损性)之间关系的方法，区别在于，一个是基于历史的灾情统计资料；一个是基于承灾体与致灾因子相互作用的机理模型；前者往往是后者的模型验证。用这两种方法确定承灾体的易损性特征后，就可以模拟某一致灾因子超越概率水平下或某一特定灾害场景下，某一地区可能的受灾情况，因此，这两种方法一般用于灾前预评估和灾中快速评估。第二类是在灾害发生后，直接获取灾害破坏和损失情况的三种方法，现场抽样调查统计方法和基层统计上报方法均属于地面人工采集数据的方法，前者通过抽样调查数据推导出灾情总体情况，一般适用于灾中快速掌握灾情；后者由灾区最小单元（家庭户、企事业单位等）逐级上报汇总得到总体的灾情情况，一般适用于灾后对灾情的全面综合评估。而遥感图像或航片识别方法更多地用于灾害影响范围和典型区域的灾情数据提取，主要适用于灾中灾情快速评估。由于这三种方法重点是直接获取损失数据，故更注重评估承灾体因灾害引起的各种破坏形式。第三类经济学方法，是在掌握灾害直接破坏情况的前提下，货币化衡量灾害损失的一种手段。利用经济损失来标定灾情的大小也是国际上通行的办法。因此，经济学方法主要用于灾后全面评估灾情。

随着新方法和新技术的不断引入，灾情评估的实践与应用也已趋于成熟（袁艺，2010）。在美国，自20世纪90年代以来，联邦紧急事务所联合科研机构共同研制了一套自然灾害损失评估系统——HAZUS系统，主要包括对地震、洪水和飓风等灾害的评估，形成了一套较为成熟的灾情评估技术方法体系。在澳大利亚，紧急事务部门和气象部门共同开发了一套灾害评估工具对直接经济损失和间接经济损失进行评估。在日本，中央政府的行政机构会评估灾害损失，包括河流、道路、林业和渔业设施、教育设施、卫生及福利设施和其他公共设施等，私人智囊团及当地政府也开展相关评估。2003年10月，日本中央防灾委员会组织成立灾害教训技术调查组，该组织将灾害损失状况、当局应急、对人们生活条件和社会经济的影响等信息进行分类归档，以供分析研究（姚国章，2009）。在意大利，民防部建立了地震应急系统，形成了灾害发生后的三个阶段的快速评估：第一阶段就是在发震后数分钟内利用地震模拟与应急管理信息系统进行评估；第二阶段是在震后10分钟到2小时内的动态评估；第三阶段是人员到达地震现场的调查评估（李永强等，2006）。世界气象组织（World Meteorological Organization，WMO）和全球水伙伴（Global Water Partnership，GWP）共同开发了一套洪水损失评估工具，包括快速评估（1周内）、早期恢复评估（1～3周）和后期综合评估（3～6个月）三个阶段。

以汶川地震灾情信息的获取与应用为例，2008年汶川地震发生后，国家减灾中心紧急启动《应对突发性自然灾害响应工作规程》、空间与重大灾害国际宪章和国内卫星遥感数据共享机制，利用不同阶段获取的各类信息，包括基础地理数据、灾前灾后遥感影像数据、地震烈度数据和媒体报道灾情信息等，结合灾害应急响应不同阶段的需求，24小时不间断开展受灾人口、房屋倒损、道路损毁、堰塞湖及次生灾害的监测与评估工作，为国家减灾救灾决策提供技术支持。根据汶川地震救灾工作需要，灾情评估分为三个阶段，即灾害快速评判、灾情遥感应急监测与评估、灾区范围灾情综合评估，获得了大量的、动态的灾情数据（国家减灾委员会-科学技术部抗震救灾专家组，2008）。

2. 应急信息处理

灾情信息具有动态性、多源性、不完全性、冲突性和复杂性等特征，需要在对灾情信息进行处理和分析后，才能在应急决策中应用。应急信息处理包括：对采集的信息数据进行相应的技术处理，如分类和统计，以方便信息数据的查询和归档；对采集的信息数据进行技术分析和编辑；对采集到的信息数据进行分类储存，为建立数据库奠定基础；将有用的在线信息按照统一格式转换到信息管理系统等。

突发事件的特征决定了对开源灾情信息处理的特殊要求与主要方法，如分布仿真事件时序管理方法等（何婧等，2011）。对突发事件网络数据分析的方法主要分为时空分析和事件演化分析，具体包括时空扫描统计、时空可视化方法、时空插值方法、时空传播模型、数据驱动算法、复杂网络分析、智能体仿真模拟算法等。处理开源信息的方法与技术较为广泛，如设计互联网开源信息收集与处理技术的总体框架、基于标准差和平均差确定多指标决策权系数的方法、基于用户兴趣度的信息过滤与分类搜集信息的方法、基于推荐系统应用的开源海量数据挖掘平台构建等。非常规突发事件在线信息处理的发展将主要集中在危机情报导航上。但是，关于危机情报导航的研究，目前尚十分缺乏，主要集中在网络信息传播建模、传播网络结构分析和网络关系分析上。

3. 应急信息传输

根据信息的秘密级别和紧急程度，选择合适的信息传输方式，如表 2.9 所示（计雷等，2006）。及时传达指挥调度系统的工作部署，提高系统内应急反应速度。及时对系统内、外的信息进行发布，增强系统内的互动性和系统外的联动性。在战时或警戒状态时各相关单位应根据指挥调度系统的要求，坚持执行对上级部门的"零报告制度"和"重大事件即时报告制度"。采用标准化的传输方式保证信息传输的高效、灵活、准确，根据系统应急情况的需要，有关信息通过广播、电视等公众媒体向社会公布，保证信息系统的完备和信息传递渠道的畅通，促进实时信息交流能力的提高。

表 2.9　信息传输手段比较表

方式	特点			
	实时性	保密性	应用范围	稳定性
面对面	差	好	广	好
邮寄	差	较差	广	一般
电话	好	一般	广	好

方式	特点			
	实时性	保密性	应用范围	稳定性
电视会议	好	好	系统内	好
传真	一般	一般	一般	一般
保密传真	较差	好	较少	好
公文交换	较差	好	广	好
密码电报	好	好	一般	好
监测网	好	好	系统内相关部门	好
互联网	好	较差	广	好

4. 应急数据库建设

以面向问题的解决为原则，利用采集来的多方位、多角度的信息建立相应的数据库。数据库可以分为基础数据库、实时数据库等。基础数据库将为各系统的运行管理工作提供各类决策辅助的基础数据，同时为过程化、科学化和标准化管理提供有力的信息支持；实时数据库针对某一特定事件设立，因为事件的发生具有不确定性，在无法录入基础数据库时，可单设一数据库进行管理。目前，国内外已建成了 40 多个灾害数据库（刘耀龙等，2008）。以记录数据的地域尺度分类的国内外灾害数据库如表 2.10 所示。

表 2.10　按记录数据的地域尺度分类的国内外灾害数据库

地域尺度	数据库名称	维护机构	网址
国际级 (International/ Global)	The Disaster Database Project	美国加利福尼亚州里齐蒙得大学继续教育学院	http://learning.richmond.edu/disaster/index.cfm
	Technological Disasters: UNEP/APELL	联合国环境规划署 APELL 计划	http://www.unepie.org/pc/apell/disasters/lists/disaster-cat.html
	Natural Disaster Reference Database	中国台北淡江大学资讯与图书馆学系	http://ndrd.gsfc.nasa.gov/
	CE-DAT	流行病学灾害研究中心	http://130.104.189.1/Cedat/search/advsearch.php
	Natural Hazards Data Tsunami: Earthquakes, Tsunamis, Volcanoes and Wildfire	美国国家海洋与大气管理局-国家地球物理数据中心	http://www.ngdc.noaa.gov/seg/hazard/tsudb.shtml
	Earthquake: USGS Database	美国地质调查局	http://earthquake.usgs.gov/
	AirDisaster.Com Accident Data	AirDisaster.Com(空难网)	http://www.airdisaster.com/cgi-bin/database.cgi

续表

地域尺度	数据库名称	维护机构	网址
国家及 国际级 (National and International)	EM-DAT	世界卫生组织 和比利时政府	http://www. em-dat. net/
	Disaster Database：Sites of U. S and Global Disasters	McKinley Conway	http://www. siteselection. com/issues/2006/mar/p144/ disasters. htm♯China
国家级 (National/ Country)	EMA Disasters Database	奥大利亚政府	http://www. ema. gov. au/ ema/emaDisasters. nsf
	Canadian Disaster Database	加拿大重要基础设施保护 及应急管理局	http://www. psepc-sppcc. gc. ca/res/em/cdd/search-en. asp
	United States Storm and Hazard Database(NCDC)	美国国家气候资料中心	http://www. intute. ac. uk/sci- ences/hazards/usastorms. html
	Guyana Natural Disasters Querying System(圭亚那)	联合国开发计划署	http://undp. desinventar. net/DesInventar/index. jsp
	Jamaica Natural Disasters Querying System(牙买加)	联合国开发计划署	http://undp. desinventar. net/DesInventar/index. jsp
	Nepal Natural Disasters Querying System(尼泊尔)	联合国开发计划署	http://undp. desinventar. net/DesInventar/index. jsp
	SriLanka-Historical Natural Disasters Querying System (斯里兰卡)	联合国开发计划署	http://undp. desinventar. net/ DesInventar/index. jsp
	Trinidad&Tobago Natural Disasters Querying System (特立尼达和多巴哥)	联合国开发计划署	http://undp. desinventar. net/ DesInventar/index. jsp
	SHELDUS(Spatial Hazard Events and Losses Database for the United States)	美国国家科学基金会 和南卡罗莱纳州大学	http://go2. cla. sc. edu/ hazard/db _ registration
	Digital Typhoon：Typhoon Disaster Database	日本北本朝展-国立 情报学研究所	http://agora. ex. nii. ac. jp/ digital-typhoon/disaster/ damage/in. html. en
	中国灾害查询系统	中国农业部种植业管理司	http://zzys. agri. gov. cn/ zaihai/chaxun. asp
	中国自然灾害数据库	中国科学院地理科学 与资源研究所	http://www. naturalresources. csdb. cn/newzrzy/gxx. asp? name=&pass=&danwei=无 &kubian=G52&kuming=自然 灾害数据库
	中国可持续发展信息 网-自然灾害网站	科学技术部、国家发改委、 国家经贸委灾害综合研究组	http://210. 72. 100. 6/de- fault. aspx

续表

地域尺度	数据库名称	维护机构	网址
国家级 （National/ Country）	农业灾害数据库	广西南宁市农业局	http://www.gxny.gov.cn/web/c8/
	中国种植业信息网-灾情数据库	中国农业部种植业管理司信息中心	http://zzys.agri.gov.cn/zaiqing.asp
	中国灾害性天气数据库	中国气象局国家气象信息中心	http://www.cams.cma.gov.cn/htdocs/21_zhsjcxt.htm
	中国海洋灾害公报 （2001～2005 年）	中国国家海洋信息中心	http://nsii.coi.gov.cn/webgis/index.html
	中国山地环境与灾害数据库	中国科学院成都山地灾害与环境研究所	http://www.mountain.csdb.cn/disaster/index.htm
	中国及邻区地应力和地质灾害数据库查询系统	中国地质力学研究所	http://www.geomech.ac.cn/geo0503/
	中国暴雨洪涝灾害数据集、中国干旱灾害数据集、中国热带气旋灾害数据集	中国气象科学研究院	http://cdc.cma.gov.cn/shuju/index.jsp?tpcat=DISA&pageid=3
区域级 （Region）	Industrial Accident：MARS （The Major Accident Reporting System）	欧盟委员会-重大事故危害局	http://mahbsrv.jrc.it/mars/Default.html
	Orissa（India）Natural Disasters Querying System	联合国开发计划署	http://undp.desinventar.net/DesInventar/index.jsp

注：表中共收录国内外典型灾害数据库 31 个，其中，国外 20 个，国内 11 个

资料来源：刘耀龙等（2008）

从灾害数据库建设数量看，国外灾害数据库数量较多，可检索到的有 26 个，其中，美国占总数的 26.9%；联合国开发计划署（The United Nations Development Programme，UNDP）占 19.2%；欧盟、日本、加拿大、澳大利亚、世界卫生组织和比利时政府等各占 3.8%。国内已建成的灾害数据库绝对数量不多，互联网可搜索到的有 14 个，其中可访问的有 12 个。可见，国外尤其是发达国家特别重视灾害数据库建设及灾害数据信息共享，且大多数据库可通过互联网进行访问。

从灾害数据库记录的灾害种类看，记录综合自然灾害（各种自然灾害）的数据库最多，占总数的 36.8%，其中，国内有 3 个；记录复合灾害（自然灾害、技术灾害和复杂紧急事故）的数据库有 5 个，且均为国外建设；记录特定类型自然灾害的专题数据库 15 个，分别是地质灾害数据库 3 个，气象灾害数据库 3 个，海洋灾害数据库 2 个，暴风雪、海啸、台风、洪水灾害数据库各 1 个，农业灾害数据库 3 个，均为国内建设；记录人为灾害的数据库共 4 个，其中，3 个为特定类

型人为灾害(复杂紧急事件、工业事故、空难事故),1 个为综合类型人为灾害数据库。总的来说,国内灾害数据库建设偏重于综合和单灾种自然灾害及农业灾害,尚无人为灾害数据库建成;国外灾害数据库记录灾种范围较广,以综合自然灾害数据库建设较多,同时亦有一定数量的人为灾害数据库建成。

除此之外,2008 年民政部印发了《自然灾害情况统计制度》,以乡镇(街道)为统计单位,县级以上(含县级)民政部门为上报单位,通过信息系统逐级上报灾情信息。统计报表分六种表式,即《自然灾害情况统计快报表》、《自然灾害损失情况统计表》、《救灾工作情况统计表》三个统计表和《因灾死亡人口台账》、《因灾倒房户台账》、《冬春因灾生活困难政府救济人口台账》三个台账表。2008 年汶川地震发生后,四川省还制订和实施了四川省"5·12"汶川地震灾害损失统计调查方案。灾害损失数据资料,由各市(州)人民政府和省直各部门于 2008 年 6 月 9 日 12 时前,报送纸质和电子文档资料至省政府"5·12"汶川地震灾害损失统计工作组。这些防灾减灾的统计数据也构成了灾害数据库的重要组成部分。

这些灾害数据库存储了大量的灾情信息,为获得突发事件灾情信息的历史数据和历史情景奠定了基础。例如,美国国家海洋和大气管理局(National Oceanic and Atmospheric Administration,NCAA)的国家数据中心(NOAA National Data Centers)包括国家气候数据中心(National Climatic Data Center,NCDC)、国家地球物理数据中心(National Geophysical Data Center,NGDC)、国家海洋数据中心(National Oceanographic Data Center,NODC)三大数据中心,保存着灾害天气、海啸、地震、火山等历史数据。NOAA 的源数据可追溯到 1807 年。NOAA 从 1851 年开始一直对所有的大西洋热带风暴和飓风进行记录,形成了飓风数据库 HURDAT。HURDAT 中的数据每 6 小时记录一次(分别是世界标准时间的 00:00,06:00,12:00,18:00)风暴中心位置的经度和纬度、风暴强度(包括最高风速和最低中心气压)(National Hurricane Center,2010)。

2.4 应急资源配置系统

根据以上对于各类应急资源配置决策问题和应急管理系统的分析,可以得到应急资源配置系统的结构流程,如图 2.3 所示。

可见,应急资源配置系统是一个动态调整的系统,这一系统随着突发事件演化的阶段性和所处的环境状态而动态调整,以保证应急资源的有效利用。在平时状态,基于历史灾害数据库分析区域内突发事件发生的规模和可能性,并结合应急处理机理,采用数学规划和优化模型进行资源布局决策,包括设施布局、物资储备、人力储备和财力储备等决策,各类应急资源的布局决策需要通过物资筹集与采购,人才选拔、招募和培训,资金筹集等活动完成。不间断对应急信息进行

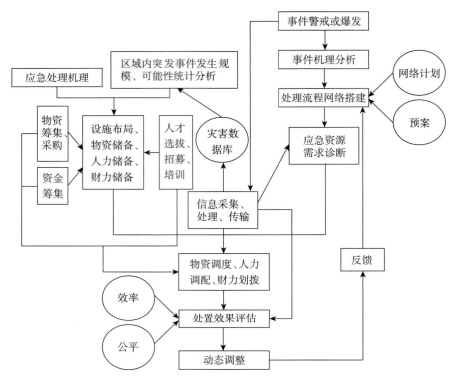

图 2.3　应急资源配置系统的结构流程

收集、处理和传输，捕捉到突发事件进入警戒状态或暴发后，通过突发事件的机理分析、分类分级技术，给突发事件定性定级，结合预案和网络计划形成处理网络流程，基于动态观测的灾情信息确定对应急资源的实时需求。基于应急资源布局和储备、应急资源需求诊断，通过数学规划和优化模型求解应急资源调度方案，进行应急物资的调度决策、应急人力的调配决策、应急资金的划拨与使用决策。当应急资源储备不能满足应急资源需求时，还需要通过紧急的物资筹备与采购，人才选拔、招募和培训，资金筹集等补充应急资源，形成新的应急资源调度方案。基于效率准则和公平准则，根据实时获得的灾情信息评价处置效果，根据处置效果对应急资源配置方案进行动态调整。

在应急资源配置系统中，应急物资资源、人力资源、财力资源、信息资源四类资源的配置是相互影响、相互支持、相互制约的。应急物资资源是其他应急资源的载体；应急人力资源是其他应急资源配置的决策者和执行者；应急财力资源是其他应急资源的有力支撑；应急信息资源则是其他应急资源配置的依据。每一种应急资源的缺乏都会影响其他应急资源的配置效率，从而导致应急管理和处置的失败。因此，在理想状态下应该将四类应急资源的配置统筹考虑、整合优化。

同时，从应急资源的动态配置过程可以发现，应急资源的筹备、布局、储备与调度等配置环节也是相互影响、相互支持、相互制约的。应急资源的筹备依据是资源的整体布局与储备决策，而资源的布局与储备决策需要考虑未来的应急资源需求和调度方案，应急资源调度方案则依赖于平时状态的应急资源布局和储备，以及战时状态应急资源的紧急筹备。应急资源每一个配置环节的低效率同样也会导致应急管理和处置的失败。因此　在理想状态下应该将应急资源的筹备、布局、储备与调度等多个配置环节统筹考虑、动态优化。

应急资源配置的决策优化需要统筹考虑应急物资资源、人力资源、财力资源、信息资源四类资源的筹备、布局、储备与调度等多个配置环节，这无疑增加了资源配置优化问题的建模和求解难度。因此，在实际的应急资源配置决策优化模型中往往只考虑部分应急资源与部分资源配置环节。鉴于应急财力资源的形式比较单一，以现金为主，其配置相对比较简单，没有太多的约束条件，同时，很多财力资源往往要转化为物资资源以后再进行配置。因此，本书不考虑财力资源的配置。应急人力资源具有专业性的特点，应急人力资源配置需要考虑救援项目的进度安排，考虑多种专业救援人员的分工与合作，考虑人的主观能动性、体能限制与安全、心理特征、激励等各种因素。尽管可以使用数学规划和优化模型形成应急人力资源的配置方案，但是人力资源配置问题更多的是一个需要社会学、心理学、管理学和运筹学等学科交叉研究的问题，目前在这方面的跨学科研究成果还比较少。鉴于此，本书主要使用运筹优化和统计决策方法进行应急物资资源和应急信息资源的配置决策研究，在一定的应急信息情景下求解应急物资资源的配置决策方案。

第 3 章

应急资源配置决策模型回顾

▌3.1 资源配置决策模型

资源配置问题涉及将有限的资源配置到一些竞争主体或活动中，以最优化某些目标（Luss，1999）。这里的资源包括用于达到目标的人力、资产、物资、资金等各种形式的资源。当配置的资源有多种时，可以称之为背包资源（knapsack resources）。资源配置问题最优化的目标则包括最大化利润、最小化成本、达到最高的质量、达到最大的公平度等。资源配置问题有着广泛的应用领域，包括资源配送计划、生产计划与进度、应急服务选址等。很多论文通过具体的数学模型来描述资源配置问题，并通过特定的算法来进行求解。Mjelde（1983）、Ibaraki 和 Katoh（1988），以及 Katoh 和 Ibaraki（1998）对资源配置模型和算法进行了归纳和总结。根据资源配置模型目标的类型，可以将其分为效率模型和效率-公平模型两大类。效率模型关注通过资源配置提高需求主体的绩效；而效率-公平模型则除了关注需求主体的绩效以外，还关注资源在竞争的主体之间配置的公平性。

3.1.1 资源配置决策效率模型

资源分配的效率模型是建立在基本的背包资源分配模型的基础上的，该模型的特点是单目标、多种资源、单阶段、资源之间是不可替代的、变量与参数是确定性的。根据不同的情景，基本的背包资源分配模型可以扩展为多目标资源分配模型、多阶段资源分配模型、可替代资源的分配模型、随机资源分配模型等。对不同情景进行组合，可以得到更加复杂的资源分配模型，如多阶段多目标资源分配模型、随机多目标资源分配模型、多阶段可替代资源的分配模型、随机多阶段多目标资源分配模型等。有两类典型的资源配置问题是效率模型的研究热点，即定位-分配问题和定位-路径问题。

1. 定位-分配问题

定位-分配问题是定位问题（location problem）和资源分配问题（resource allocation problem，RAP）的整合。现代定位问题研究始于 1909 年，当时 Alfred Weber 为解决如何为单个仓库定位以使得仓库到多个顾客间的总距离最小的问题，在欧氏空间里建立了一个 1-中位问题模型，这就是著名的 Weber 问题。定位问题在 20 世纪 60 年代中期由 Hakimi 带来复兴，并引起了自那以后一直持续到现在的研究热潮。Hakimi(1964)首先提出了网络 P-中位问题，是为解决如何在通信网络交换机位置和在高速公路上确定警察局地点的问题。Cooper(1963，1964)提出了定位-分配问题的研究思路，并给出了精确极值和启发式两种算法来解决该类问题。传统的定位问题有一些约定俗成的叫法，分别是 P-中位问题、P-中心问题和覆盖问题，这些问题都是在 20 世纪六七十年代最早被系统地研究过的，后来的定位问题研究基本上都以这三个问题为出发点（章海峰，2006）。P-中位问题是研究如何选择 P 个服务站使得需求和服务站之间的距离与需求量的乘积之和最小。P-中心问题也叫 minmax 问题，是探讨如何在网络中选择 P 个服务站，使得任意一需求点到距离该需求点最近的服务站的最大距离最小问题。覆盖问题分为最大覆盖问题和集覆盖问题两类。集覆盖问题研究满足覆盖所有需求点顾客的前提下，服务站总的建站个数或建设费用最小的问题。最大覆盖问题或 P-覆盖问题是研究在服务站的数目和服务半径已知的条件下，如何设立 P 个服务站使得可接受服务的需求最大的问题。

定位-分配问题的一般形式类似于 P-中位问题，最初由 Curry 和 Skeith (1969)提出这一问题。一般的定位-分配问题可以描述如下：设有 n 个顾客，已知他们的位置，由 m 个设施来服务，需要为设施定位并将 n 个顾客分配给相应的设施，使系统总成本最小。Geoffrion 和 Graves(1974)开始研究多级服务站定位-分配问题。Hodgson 等(1993)对定位-分配问题进行了理论回顾。

齐二石等(2003)在对大量有关文献进行分析研究的基础上，将有关定位-分配问题的研究进行如下分类：从定位-分配问题涉及的供应链的阶段来看，可以分为单阶段定位-分配问题(如工厂定位)、二阶段定位-分配问题(如生产/分销系统定位分配)和多阶段定位-分配问题(如包括供应/生产/销售的整个供应链物流网络的定位-分配问题)；从物流设施(如工厂、分销中心)的数量来看，定位-分配问题可以分为单设施定位-分配问题和多设施定位-分配问题，内容包括对设施数目、位置及规模等的确定；从定位-分配问题研究的数据性质来看，可分为确定型定位-分配问题研究和不确定型定位-分配问题研究(如随机问题、模糊问题)；从定位-分配问题研究的时段来看，可分为静态定位-分配问题研究和动态定位-分配问题研究；从研究方法来看，主要采用非线性规划方法、混合整数规划模型、模糊机会约束规划模型和区间规划模型等；从模型解法来看，主要采用精确法、分解法和启发式算法。对于阶段数少、规模小的定位-分配问题，一般采用精确法求解，如分枝定界法、MPSARX数学规划软件和拉格朗日松弛变量法等，即可得到优质解。但对于多阶段、规模较大的问题，上述精确法的求解时间会急剧增加，求解质量也会下降。因此，人们目前采用分解法，如Bendes分解法和Primal目标分解法等，简化问题，也采用遗传算法等启发式算法求其满意解。

中转运输定位-分配问题可以描述如下：中转运输物流网络中有 m 个供应节点、n 个中转节点(物流中心)和 p 个需求节点。其定位-分配问题一般是以满足需求为前提和以物流总成本最小化为目标建立混合整数规划模型。丁以中(2003)认为，该模型的特点是综合考虑了供应节点、中转节点(物流中心)和需求节点的总体利益，综合考虑了供应节点的固定成本、生产成本、运输成本，以及物流中心的固定成本、库存成本和运输成本。该定位-分配问题可以给出以下结果：①供应节点的选择；②物流中心(中转节点)的选择；③货物在各节点中的分配(即从各供应节点分别运达各物流中心的货物数量，以及各物流中心分别运达各需求节点的货物数量)；④各类运输工具在不同节点间(或边)的运输量。

2. 定位-路径问题

定位-路径问题是定位-分配问题与车辆路径问题(vehicle routing problem, VRP)的整合。车辆路径问题是由Dantzig和Ramser于1959年首次提出的，并给出了相应的数学模型及求解算法(Dantzig and Ramser, 1959)。该问题可定义如下：运输车辆从一个或多个设施到多个地理上分散的客户点，优化设计一套货物流动的运输路线，同时要满足一系列的约束条件。该问题的前提条件是设施位置、客户点位置和道路情况已知，由此确定一套车辆运输路线，以满足目标函数(通常车辆路径问题的目标函数是总费用最小)。国外通常将车辆配置和路径优化问题归结为车辆调度问题(vehicle scheduling problem, VSP)、车辆路径问题和旅行商问题(traveling salesman problem, TSP)。一般认为，不考虑时间要求仅根据空间位置安排路线时称为车辆路径问题；考虑时间要求安排路线时称为车辆调度问题；不固定出发点，即可以从网络中任意一点出发进行路径安排时称为旅行商问题。很多学者不区分车辆调度问题和车辆路径问题，将这三类问题统称为车辆路径问题。

在定位-分配问题中，一般认为，从设施到客户的运输路线是放射线状的，即每次运输车辆访问完一个客户后，就返回设施点处。因此，在确定设施的位置时，忽视了对车辆巡回行程路线的考虑，这就有可能导致分销成本的增长。车辆路径安排问题则是指在设施位置已知的前提下，确定车辆在各个客户间的行程路线，使得运输路线最短或运输成本最低。在车辆路径问题中，考虑了车辆在各个客户点间巡回访问的特性，提高了运输效率，并与实际情形相吻合。但在此问题中，没有分析设施的定位问题，使得整个物流成本不能达到最低。在定位-分配问题、车辆路径问题的基础之上产生了定位-路径问题。通过建立定位-路径问题模型，对于多客户与多设施的情形，可同时解决确定设施最优数量、容量与寻求最优运输计划、路线安排之间的总体问题，从而降低成本，提高效率(汪寿阳等，2000)。

定位-路径问题可以表述如下：给定与实际问题相符的一系列客户点和一系列潜在的设施点，在这些潜在的设施点中确定出一系列的设施位置，同时要确定出一套从各个设施到各个客户点的运输路线，确定的依据是满足问题的目标(通常是总的费用最小)。其中，客户点的位置和客户的需求量是已知的或可估算的；货物由一个或多个设施供应；每个客户只接收来自一个设施的货物；潜在设施点位置已知；问题的目标是通过选择合理的设施使得总的费用最小(林岩等，2004)。

Hokey 等(1998)学者对定位-路径问题进行了详细的分类，其分类标准十分详尽，几乎包含了定位-路径问题的各个方面。Hokey 的分类是依据问题的特征进行的，如表 3.1 所示。

表 3.1　定位-路径问题分类

分类标准	特征 1	特征 2
物品流向	单向	双向
供/需特征	确定	随机
设施数量	单个设施	多设施
运输车辆数量	单个车辆	多车辆
车辆装载能力	不确定	确定
设施容量	不确定	确定
设施分级	单级	多级
计划期间	单期	多期
时间限制	无时间限制	有时间限制
目标数	单目标	多目标
模型数据类型	假设值	实际值

定位-路径问题的解决方法主要包括三类：一是基于聚类的方法(clustering methods)；二是递推的方法(iterative methods)；三是层次的方法(hierarchical methods)(Nagy and Salhi，2007)。基于聚类的方法是指通过划分客户集合成为聚类，一个聚类代表一个潜在的定位点或一个路径。然后，从两种不同的方式来进行，第一，在每个聚类中定位一个设施结点，然后对每个聚类求解车辆路径问题或旅行商问题；第二，对每个聚类求解旅行商问题，然后定位设施结点。在某些方面，它们类似于排序方法，但没有反馈过程。但聚类方法很好地集成了设施定位问题和路径决策问题。因此，递推方法应运而生，递推地求解子问题，并从一个阶段反馈信息到另一个阶段。显然，这里问题的困难性在于如何把信息从一个阶段被存储且传递到另一个阶段。递推方法对聚类思想的排序方法可以有一个很明显的改善，但同时也有一些缺点，递推方法一般是让设施定位算法一直运行直至结束，然后重新考虑新的路径信息，假若路径信息在设施定位阶段没有被充分利用，则递推方法将偏离原来的思想。层次型的启发式方法就是为了改进递推方法的缺点而提出的，层次结构中采用把设施定位问题作为主要问题，路径为其子问题的思想。一般在层次结构中设计启发式方法，主要是为了求解设施定位问题，然后在设施定位的每一步再求解路径问题中的路径选择。这种层次结构方法可以提供实际情形下的一个很好的模型并可得到一个好的解，但它有时依赖于对路径长度的估计(赵志彦，2009)。

3.1.2　资源配置决策效率-公平模型

在一些情况下，决策者不仅要关注资源配置的效率问题，还要关注不同主体之间资源配置的公平性问题，这就产生了资源配置的效率-公平模型。对于一些公共资源或公平服务的配置问题，如教育、图书馆、公共卫生、公共安全、应急资源等的定位与配置问题，考虑公平因素是其一个重要的特征(Mandell，1991)。近年来，越来越多的学者在关注资源配置的效率和公平问题(Mandell，1991；Luss，1999；Ogryczak，2006)。公平可以从不同的层面进行定义，如正义、权利、平等对待、能力、机会、资源、财富、产品、收入、福利、效用等(Sen，1973)。《新帕尔格雷夫经济学大辞典》对"equity"(公平)的解释如下："如果在一种配置中，没有任何一个人羡慕另外一个人，那么这种配置就称之为公平配置。"这个定义强调的并不是"资源配置"的均等，而是强调了"效用或满足"的均等和公平的主观性。Marsh 和 Schilling(1994)认为，当每个主体都按照自身贡献获得相应的资源份额时，就达到了公平。

资源配置中的公平可以分为结果公平和机会公平。结果公平是指社会财富和收入等资源配置上的公平；机会公平是指人们在经济活动中有公平的机会按其贡献获得相应的报酬。结果公平又可以分为资源公平和福利(效用)公平。资源公平不一定就是福利(效用)公平，由于各个人或各个家庭的需要或偏好不同，所以要达到同等程度的福利(效用)水平，需要的是不同的人或不同的家庭有不同的收入水平。就资源配置来说，什么样的配置才算公平，这是一个价值判断或规范分析的问题；不同的个人有不同的立场、知识和伦理观念，从而有不同的价值判断标准，所以对这个问题很难得出一个标准答案。因此，资源配置是公平还是不公平，是一个相对概念；同一种配置方式，按这种标准来衡量是公平的，按那种标准来衡量可能是不公平的，在一部分人看来是公平的，而在另一部分人看来又是不公平的。

针对公平的主观性或价值性，Allison(1978)提出定义公平的一种方法是选择一个公平指标。公平通常使用不公平指标来进行量化(Atkinson，1970；Roth-schild and Stiglitz，1973；Sen，1973)。Blau(1977)开始从不公平指标的角度来定义公平，他认为，不公平是刻度级社会参数(状态变量)的基本特征，可以定义为两主体之间相对于平均状态的平均差异。基尼系数(Gini coefficient)便是这一定义的典型代表。Allison(1978)认为，定义不公平的一种方法是选择一个通用的不公平指标。

构建资源配置效率-公平模型的方法主要有以下四种。

1. 平均主义方法

平均主义方法对资源进行平均配置，是一种简单易行的方法，但是往往会以损失较大的效率为代价。Lemaitre 等(2003)讨论了卫星服务资源的公平有效配置的四种方法，其中，第一种方法是轮流服务，即平均配置，这在一定意义上是最公平的，但缺乏效率。

红十字会与红新月会国际联合会(International Federation of Red Cross and Red Crescent Societies，IFRC)是全球最大的志愿救援组织，在《国际红十字与红新月运动章程》中，拟定了国际红十字运动的七项基本原则，即人道(humanity)、公正(impartiality)、中立(neutrality)、独立(independence)、志愿服务(voluntary service)、统一(unity)、普遍(universality)。其中，公正原则要求不因国籍、种族、宗教信仰、阶级或政治意见而有所歧视。其致力于解除个人痛苦时，要根据他们的需要行事，并优先考虑特别急迫的受灾主体。同时，如果不考虑需求的紧急程度，对所有情况都同样对待，不能算做公平。因此，在实践中平均主义往往并不代表真正的公平。因此，平均主义方法在资源配置的效率-公平模型中较少使用。

2. 极小极大方法或极大极小方法

替代平均主义的一个方法是采用极小极大方法(min-max，maximin)或极大极小方法(max-min，minimax)，目标是使得最差的绩效最优或最优的绩效最差，这是一类基于公平的转移原则而建立的模型(Mandell，1991)，与罗尔斯的正义理论是相符的①(Ogryczak, 2006)。所谓转移原则,是指从富人向穷人转移收入能够降低不公平性,只要富人的收入在转移以后仍然高于穷人(Dalton, 1920),这一原则又被称为庇古-道尔顿原则。Luss(1991)研究了具有多种背包资源约束的非线性极大极小配置问题,并设计了新的迭代算法。Luss(1992)探讨了具有单变量目标函数和多背包资源约束的现行极大极小资源配置问题,并进行了后优化方案设计与参数分析。黄力菲等(2001)基于效用函数,使用极大极小方法求解网络资源在不同用户之间的公平配置问题,但是极大极小方法往往不满足公平标度不变性原则(Mandell, 1991)。因此,Ogryczak(1997)提出应该使用字典序极大极小方法(the lexicographic minimax method),该方法是对极大极小方法的精炼,且符合公平的帕累托效率原则和转移原则。该方法的基本思想如下:首先在保证可行性的前提下,最大化最小的绩效,然后我们把具有这样绩效的主体所占用的资源从总资源中扣除,并在余下的主体中最大化最小的绩效,如此依次进行,直至最后一个主体。

3. 将对公平的偏好纳入社会福利函数或效用函数中,并作为目标函数

一些学者尝试将相关主体对公平和效率的偏好整合到一个社会福利函数或效用函数中(Bodily, 1978; Harvey, 1985),作为目标函数,来求解资源配置的效率-公平问题。Lemaitre等(2003)讨论了卫星服务资源的公平有效配置的四种方法,其中,第四种方法是使用了一个特别的联合效用函数来处理公平与效率。这种方法对于与决策相关的数量、可识别性、可获得性要求非常严格,因此应用非常有限。

4. 建立以效率和公平为目标的多目标优化模型

公平通常使用不公平指标来进行量化(Atkinson, 1970; Rothschild and Stiglitz, 1973; Sen, 1973)。通过最小化不公平指标可以最大化公平程度。但

---

① 罗尔斯. 正义论. 何怀宏,等译. 北京:中国社会科学出版社, 2010.
　　罗尔斯对正义的两个原则做了完整的表述(第46节)。
　　正义的第一个原则:每个人都应有平等的权利去享有与人人享有的类似的自由权体系相一致的最广泛的、平等的基本自由权总体系。
　　正义的第二个原则:社会和经济不平等的安排应能使它们符合地位最不利的人的最大利益,符合正义的储蓄原则,以及在公平的机会均等的条件下与向所有人开放的官职和职务联系起来。
　　第一条优先规则(自由权优先):正义原则应按词汇序列来安排,因此自由权只有为了自由权本身才能受到限制。这里有两种情况:①不太广泛的自由权应能使人人享有的自由权总体系得到加强;②不太平等的自由权必须是具有较少自由权的那些人能够接受的。
　　第二条优先规则(正义优先于效率和福利):正义的第二个原则在词汇序列上优先于效率原则和最大限度提高利益总量的原则;而公平机会优先于差别原则。这里有两种情况:①机会的不平等必须扩大具有较少机会的那些人的机会;②过高的储蓄率在总体上能减轻为此而受苦的人的负担。
　　罗尔斯主张提高地位最不利的人的最大利益,增加具有较少机会的那些人的机会,因此,极小极大方法符合罗尔斯的正义理论。

是，仅仅最大化公平程度，往往会带来效率的巨大损失。因此，可以建立以效率和不公平指标为目标函数的多目标规划模型来求解资源配置的效率-公平问题。

在文献中出现的各类不公平指标有 20 多个（Marsh and Schilling，1994），不同的学者给出了不同的分类。Marsh 和 Schilling(1994)将不公平指标的测度方法分为三类，即参考分布测度法、距离标准测度法和属性标准测度法。其中，参考分布测度法是指以某组的值、均值、某组的属性(如人口等)作为参考标准，计算公平指标；距离标准测度法是指使用各方案及参考标准之间的距离对参考分布测度指标进行标准化；属性标准测度法是指使用各组的属性对参考分布测度指标进行标准化，消除组间的差异。刘志伟(2003)将不公平测度方法分成三大类，即份额比例测度法、普通离散系数测度法、收入集中度测度法。份额比例测度法又称为库兹涅兹比率（Kuznets ratios）。份额比例测度法是首先将收入数据从低到高进行排序或分组，然后根据具体方法利用不同分组数据的不同部分进行计算的方法，如 5 分位比例和 10 分位比例。普通离散系数测度法就是直接利用统计学上数据分布离散程度的测度指标作为收入配置不公平的测度指数，包括极差系数、标准差系数。收入集中度测度法就是通过实际收入分布与某一分布基准(如绝对平均配置标准)进行比较，利用不同方法对两者之间的差距进行表示的一种测度方法。收入集中度测度方法可以分为洛伦茨指数法、阿特金森指数法和总熵指数法。在洛伦茨曲线的基础上，得出了度量收入配置不公平程度的三个指数，即基尼系数、相对基尼系数（relative Gini coefficient）、鲁宾霍德指数（Robin Hood index）。阿特金森指数是测度收入配置不公平指数中明显带有社会福利规范看法的一个指数。熵(entropy)在信息理论中被称为平均信息量，总熵指数可以分为均值对数偏差指数和泰尔指数。盛世明(2004）将不公平指标按照测度方法分为两类，即直接度量法和间接度量法。王海港(2005)将不公平指标按照测度方法分为两类，即实证和规范两种分析方法。实证方法描述在收入配置中分散程度的实际模式，并用一种统计量来概括。实证方法除了常见的频数图、洛伦兹曲线和泰尔指数外，还有著名的帕累托分布和对数正态分布。规范方法建立在一种价值判断之上，用社会福利函数来度量不平等的程度。阿特金森指数是最常用的由规范法导出的不平等指标。Ramjerdi(2005)将不公平指标按照测度方法分为三类，即统计测度方法、福利测度方法和公理测度方法。其中，统计测度方法是使用统计量作为不公平指标；福利测度方法是用社会福利函数度量不平等的程度；而公理测度方法只使用满足一些公理或选择标准的不公平指标。

Mandell(1991)使用基尼系数作为公平指标，建立了两个相关的双目标数学规划模型，来解决在服务资源配置中效率与公平的悖反关系。其中，一个模型关注服务投入；另一个模型关注服务产出，并使用约束法进行了求解。Kalu 等(1995)使用变异系数作为不公平指标，建立了一个双目标线性规划优化模型和仿真模型，用于研究灌溉水资源配置的效率-公平问题，并使用折中规划（compromise programming）进行了求解。Eiselt 和 Laporte（1995）列举了设施定位模型中的 19 个公平指标，使用最多的是基尼系数。因此，他们认为最受欢迎的公平指标是基尼系数。Dreznera 等（2009）研究了考虑公平因素的设施定位问题，以基尼系数作为公平指数，建立了以基尼系数和平均差为目标的双目标规划模型，使用大三角小三角（big triangle small triangle，BTST）全局最优算法进行了求解。Ogryczak（2000）建立了以平均距离和绝对不公平指标为目标的双目标规划模型来解决设施定位问题，在模型中使用了三个绝对不公平指标，即平均差、平均偏差和最大偏差。Ogryczak（2006，2010）提出，标量不公平指数可以被用于双目标规划来解决效率-公平资源配置问题。这些标量不公平指标包括平均绝对半偏差、平均绝对偏差、最大半偏差、最大绝对偏差、平均绝对差、最大绝对差、标准半偏差和标准偏差。

3.1.3　资源配置决策模型的应用

资源配置模型被广泛应用于战略资源配置、生产计划与调度、应急/公共服务设施定位、通信网络设计、人力资源配置、项目资源调度等各个方面（Luss，1999）。

（1）战略资源配置。资源配置模型可以用于在特殊时期短缺资源的配置问题，如战时军事武器的配置与调度问题，能源、水资源的配置问题等。例如，军事上研究舰空导弹拦截空中目标，其资源配置调度问题是研究目标如何配置，在军事运筹学中是一类武器目标配置（weapon-target-assignment，WTA）问题。Tagliarini 等（1991）、Berger 和 Leong-Kon（1994）研究静态的照射具目标配置问题，采用神经元网络算法，在定义目标和照射具数量的基础上，利用资源、时间间隔、照射周期等约束条件，对发射顺序进行优化。董文洪等（2008）在雷达照射具资源数量有限的条件下，研究多个目标对照射具资源的需求冲突问题，建立了照射具资源的调度模型，同时，用图论的方法分析了资源限制图的先后顺序，建立了决策树，将目标函数定义为，最小期望损失，优化照射具资源的调度。Brown（1979，1983）研究了煤炭短缺时在发电厂之间配置煤炭的案例。Kalu 等（1995）建立了一个线性规划优化模型和仿真模型，研究了灌溉水配置的公平与效率问题。钟平安等（2010）综合考虑水库的空间位置、空闲库容、入库洪水过程及后续降雨四个因素，建立了防洪控制断面超额水量配置模型；同时，根据实时调度中水库起调水位不断变化的情形，建立了水库群轮库补偿调度模型。

（2）生产计划与调度。一些产品往往包含成百上千个零部件，如将集成电路安装到不同的电路板上。由于技术的迅速变化和使用大量元件，零部件的短缺是经常发生的事情。为了使得当前和未来的缺货损失最小，在不同产品间有效地配置元件非常关键。King（1989）建立了一个多阶段生产计划模型，以改进传统的物料需求计划（material requirement planning，MRP）系统。Hou 和 Chang（2004）研究了在不同的工厂中生产有限产品的产品生产配置问题，以使得在不同工厂间生产产品的成本最小。

对于定制产品（如汽车或通信系统）的生产，很多子车间为最终装配车间提供组件。子车间的每日需求取决于最终装配车间的生产进度，因为每种定制产品对组件的需求都不同。为了提高子车间的生产效率、降低成本，需要调整最终装配车间的装配进度，以使得其对子车间的组件需求比较平滑。Monden（1998）建立了一个丰田生产系统的最终装配进度模型。Luss 等（1990）建立了一个通信系统的最终装配进度模型。Ernst 等（2001）对不同类型生产设备的生产次序进行配置以尽量减少工作转换时间或最大限度地提高设备利用率。

（3）应急/公共服务设施定位。应急/公共服务设施（如警察局、消防局、应急医疗设施、图书馆、公共卫生设施）的定位是一个既重要又敏感的问题。刘东圆等（2009）将应急救援设施分为两大类：一是紧急公共服务设施，如医院、消防站、交通疏散组织站点等；二是应急避难所，其是指利用城市公园、绿地、广场、学校操场等场地，经过科学的规划与管理，为疏散人群提供安全避难、满足基本生活保障及救援、指挥的场所。应急避难所又可进一步分为临时应急避难所和长期应急避难所。Kolesar 和 Walker（1974）建立了一个消防局重新定位模型。Daskin（1995）描述了一系列服务设施定位模型。Ogryczak（1997）提出使用字典序最小化最大方法处理这类定位模型。Johannesson 和 Weinstein（1993）则建立了医疗资源配置模型，分析了医疗资源配置中的成本效率关系。陈志宗和尤建新（2006）考虑了应急救援设施资源的公平性和效率性，整合了传统定位模型中的最大覆盖模型、P-中心模型和 P-中位模型，建立了一个多目标决策模型。刘东圆等（2009）根据突发公共事件下的定位特点，从需求角度对应急救援设施进行了合理分类，并分别针对紧急公共服务设施、临时应急避难所和长期应急避难所三类设施相应提出了适用的定位模型。Mandell（1991）建立了两个相关的双目标数学规划模型，来解决公共服务资源配置中效率（总产出）与公平的悖反关系。刘萌伟和黎夏（2010）建立了公共服务设施定位的多目标优化模型，并基于帕累托多目标遗传算法进行了求解。

（4）通信网络设计。电信与互联网网络要提供各类多媒体服务，因此需要将网络资源（如带宽等）配置给用户节点，以提供公平的服务。Brown（1983）将网络资源的配置问题作为最小化最大网络流问题。Song 和 Li（2005）、Kuo 和 Liao（2007）认为，基于效用的网络资源配置可保证系统吞吐量、用户公平性和稳定性，通过效用最大化对两种业务的系统进行资源配置。陈力等（2010）针对现有资源配置方案难以在混合业务下有效地兼顾服务质量和频谱效率等问题，提出了混合业务下基于统一效用函数的资源配置方案，保证了实时业务的服务质量请求以及业务用户有效性和公平性的折中。

（5）人力资源配置。人力资源配置涉及将有限的人力资源配置到不同的任务或岗位中，以提高组织的人力资源利用效率。如果人力资源的供给过剩，人力资源占用太多会造成资源闲置，而当人力资源没有得到合理利用，以至于为实现组织目标而使成本很大时，那么组织的有效性会大大降低。例如，考虑运输公司的员工调度问题，当一个员工被指定到一次运输任务中时，就不可能同时被指定到另一个运输任务中，没人负责的运输任务需要聘请外部人员，这就带来了额外的成本。为了有效管理人员短缺，需要动态地配置人员，Meketon（1996）就研究了铁路公司的人员指派问题。Munson 和 Kodialam（1995）、Gawande（1996）研究了呼叫中心工作人员的轮班问题。Lin 和 Gen（2007）建立了人力资源的多阶段多目标配置模型，以最小化总的成本、最大化总的效率，并使用混合遗传算法进行了求解。任秀和夏少刚（2009）以人力资源的有效累计时间为目标，建立了一种基于遗传算法的人力资源优化配置模型。

（6）项目资源调度。项目实施过程中往往涉及不同项目之间的资源共享与冲突，因此，在资源受限的情况下，如何调度项目以满足不同项目的资源要求并缩短各项目工期是一个重要的问题。Demeulemeester 和 Herroelen（1996）、Ghomi 和 Ashjari（2002）分别讨论了单个/多个并行项目中的资源配置问题，其目标是尽快地对项目进行进度安排以更好地利用现有的通用资源。白思俊（1995）提出了一种启发式的归一化方法，可以根据资源在工程实施过程中的相对重要程度，给每一资源确定一个相对权重，然后将其归一化为一种资源进行均衡处理，从而可以比较符合工程实施对资源的需求情况。寿涌毅（2004）建立了资源约束下的多项目调度问题的数学模型，并在单项目调度迭代算法的基础上进行扩展和改进，设计了多项目调度的迭代算法。郭研等（2010）提出用两层决策方法研究资源受限多项目排序问题，针对资源可连续变化的情况，建立了数学模型，并给出相应的求解方法。

（7）其他。资源配置模型在其他领域也有着广泛的应用，如计算机存储空间的配置、投资组合的选择、选举议席数量的配置、研发或测试资源的配置等。Mendelson 等（1980）描述了计算机存储空间在众多文件间的配置问题，以最大限度地延长应用程序耗尽存储空间的时间。Kouvelis 和 Yu（1997）研究了投资项目组合的鲁棒优化问题，以在最差的情景下使得投资回报最大。Ehrgott 等（2004）研究了股票或证券的投资组合问题，以在一定的风险水平下获得最大的收益，或在一定的收益率水平下最小化风险。Ibaraki 和 Katoh（1988）研究了各选区席位的配置，使每个地区的议席数目是其人口的比例。Dai 等（2003）将测试资源配置到不同的模块软件系统中以解决计算密集度问题。

资源配置模型在不同领域的应用为应急资源配置研究提供了不同的研究角度和切入点，具体如下：①战略资源配置的角度。对于各类应急资源，特别是救援设备、医疗器械、药品等关乎受灾人员生命安全的重要应急资源，可以从战略资源配置的角度进行研究。②生产计划与调度的角度。当面对几种资源相互配合才能进行应急救援服务和应急决策的问题时，可以从生产计划的角度进行研究。例如，医疗设备、医疗人员和医疗药品的相互组合与配合才能形成有效的应急医疗服务（emergency medical service，EMS）。③设施定位的角度。对于救援中心、受灾点资源配送中心、临时医疗点、受灾人员临时安置点的设置和配置问题，以及出救点的选择问题，可以从设施定位的角度进行研究。④通信网络设计的角度。对于通信受限或道路受阻问题的分析，以及人员疏散问题的分析，都可以从通信网络设计的角度进行研究。⑤人力资源配置的角度。对于救援人员、医疗人员或志愿者等应急参与人员的配置与分工，可以从人力资源配置的角度进行研究。⑥项目资源调度的角度。对于几个并行救援项目，包括到不同地点救援，或施救、医疗、安置等不同救援项目中应急资源的调度问题，可以从项目资源调度的角度进行研究。⑦多个角度的整合研究。应急决策中很多问题都是并行展开的，可以从以上多个角度进行整合研究。

3.2　应急资源配置决策模型

与一般的资源配置决策模型类似，根据应急资源配置模型目标的类型，可以将其分为效率模型和效率-公平模型两大类。应急资源效率模型关注通过应急资源配置提高需求主体的绩效，如降低系统损失、提高配置效率、降低配置成本等；而应急资源效率-公平模型则除了关注需求主体的绩效以外，还关注应急资源在竞争的主体之间配置的公平性。根据应急资源配置决策模型所解决的问题或应用的具体领域，可以将其分为出救点选址/选择决策模型、应急资源分配决策模型、应急资源定位-分配模型、应急资源定位-路径模型等，下面按照这一分类对现有应急资源配置模型的研究成果进行归纳。

3.2.1　出救点选址/选择决策模型

出救点选址/选择决策模型涉及应急资源配置中出救点或应急资源储备中心的选择与定位问题。一些出救点选择模型研究在备选的多个出救点中选择出服务特定受灾点的出救点，另一些出救点选择模型涉及在备选的地点中进行选址以建立应急资源储备中心，并进行库存决策。

Jia 等（2007）建立了在大规模突发事件情况下医疗物资供应点的选址模型，

并通过由不同供应点来服务同一个需求点的方式来应对需求的不确定性和供应的不足。该选址模型作为一个最大覆盖问题进行建模，考虑了多供应点的覆盖数量和覆盖质量。多供应点的覆盖数量是指每个需求点都被多个供应点覆盖；而多供应点的覆盖质量是指需求点被不同层次和距离的供应点所服务。其使用了三种启发式方法进行求解，即遗传算法、定位-分配启发式算法、拉格朗日松弛算法，并对三种算法进行了比较。

　　Horner 和 Widener(2010)讨论了在飓风灾害中应急设施选址的公平与效率问题。效率标准追求最优方案，强调系统效率最大化；而公平标准则尽量减少每个需求主体接受服务或资源水平的差异。作者以 P-中位模型作为选址的效率模型，目标是最小化总的运输成本；以 P-中心模型作为公平模型，目标是最小化最大的运输成本。他们以佛罗里达州的利昂县为例，使用地理信息系统(geogrphic information system，GIS)求解选址模型，GIS 提供的交换启发式方法可以方便地获得空间数据，并且能实现空间数据和求解程序的耦合。

　　国内的何建敏、刘春林的团队最先研究了应急资源调度中的多出救点选择问题，这类问题的基本特征是有多个出救点、单个受灾点，要求在备选的出救点中选择出服务受灾点的出救点。这一问题的最简单形式是单一资源、出救点的资源需求为一次性需求，目标是追求应急时间最早。随着研究的深入，这一模型在资源种类、需求特征、目标函数、模型特征和求解算法方面都得到不断扩展，具体如表 3.2 所示。

表 3.2　多出救点选择问题研究汇总

文献	资源种类	需求特征	目标函数	模型特征	求解算法
刘春林等 (1999a)	单一	一次性需求	多目标：应急时间最短，出行点数目最少	—	模糊规划
刘春林等 (1999b)	单一	资源持续消耗，速率固定	单目标：应急时间最短		组合优化
刘春林等 (2000)	单一	一次性需求	两阶段目标：时间最短的前提下，出行点数目最少	分时间为确定数、时间为区间数两类模型	模糊规划
何建敏等 (2001)	单一	一次性需求	单目标：应急时间最短；两阶段目标：时间最短的前提下，出行点数目最少；多目标：应急时间最短，出行点数目最少	多个模型	组合优化
刘春林等 (2001)	单一	资源持续消耗，速率固定	两阶段目标：时间最短的前提下，出行点数目最少	—	组合优化
刘春林和沈厚才(2003)	单一	一次性需求	多目标：应急时间最短，出行点数目最少	具有应急限制期	模糊规划

续表

文献	资源种类	需求特征	目标函数	模型特征	求解算法
戴更新和达庆利(2000)	多种	资源持续消耗，速率固定	单目标：应急时间最短	—	组合优化
汪欲和何建敏(2002)	多种	一次性需求	多目标：应急时间最短，出行点数目最少	—	理想点法
高淑萍和刘三阳(2003a)	多种	资源持续消耗，速率固定	单目标：应急时间最短	出救点到应急地点的时间不确定性使用联系数表达	组合优化
高淑萍和刘三阳(2003b)	单一	资源持续消耗，速率固定	上层目标：出救点数目最少下层目标：应急时间最短	双层规划	组合优化
刘北林和马婷(2007)	单一	一次性需求	多目标：应急时间最短，运输成本最低	—	理想点法
潘郁等(2007)	单一	资源持续消耗，速率固定	单目标：应急出救活动总成本(包括资源成本、运输成本、采购成本、存储成本及短缺惩罚成本)最小	—	粒子群优化算法
姜金贵和梁静国(2009)	多种	资源持续消耗，速率固定	单目标：应急资源运输成本与短缺惩罚成本之和最小	—	粒子群优化算法
陈达强等(2009)	单一	一次性需求	单目标：应急响应成本与灾害损失最小	—	组合优化
陈达强和刘南(2010)	单一	一次性需求	多目标：应急时间最短，出行点数目最少	出救点的资源供给量随筹集时间而变化	组合优化
宋晓宇等(2010a)	多种	一次性需求	单目标：运输时间、运输费用和货物未被满足引起的期望损失的加权值最小	运输时间和资源供应量为粗糙集变量	遗传算法
孙勇(2011)	单一	一次性需求	两阶段目标：时间最短的前提下，出行点数目最少	基于 ArcGIS Engine 建模	GIS 算法
韩景倜等(2009)	单一	一次性需求	多目标：应急时间最短，出行点数目最少，可靠性最高	基于应急物流体理论	理想点法
赵林度等(2008)	单一	脉冲需求	单目标：应急时间最短或出行点数目最少	脉冲需求	组合优化
宋晓宇等(2010b)	多种	资源需求为灰数，资源消耗速度为时变函数	多目标：应急开始时间最短、出救点个数最少及需求约束偏爱度最大	资源需求为灰数，资源消耗速度为时变函数	遗传算法
周德群等(2011)	多种	资源持续消耗，速率固定	单目标：应急时间最短	运输时间为区间数	区间数算法

除了对于多出救点、单受灾点问题中出救点选择问题的研究，国内还有一些

学者研究了其他出救点选择/选址问题。方磊(2006)使用固定费用、年总运行费用作为应急服务设施选址的输入指标，应急车辆从应急服务设施点到应急地点的最大距离、平均距离、最大通行时间和平均通行时间作为输出指标，将层次分析方法思想应用到数据包络分析(data envelopment analysis，DEA)相对有效性评价中去，建立了基于偏好 DEA 的应急服务设施选址模型。在此基础上，方磊(2008)在应急资源总量控制的情况下，考虑到决策者的偏好信息，构造了偏好的 DEA 资源配置决策模型，对应急出救点的应急资源进行重新配置，以提高应急系统中应急资源投入产出的整体效率。

郭子雪和齐美然(2010)在行车时间为梯形模糊数的情况下，构建了位置集合覆盖模型，求解应急资源储备库选址问题，目标是资源储备库数量最小，给出了一种基于梯形模糊数排序准则的模型算法。

3.2.2　应急资源分配决策模型

1. 单阶段应急资源分配决策模型

Knott (1987)较早地建立了一个线性规划模型来研究应急散装食品的分配问题，其目标是使得运输成本最小或食品的分配量最大。

孙颖等(2007)通过对地震、瘟疫、恐怖袭击等灾害发生的特点与调运应急资源的机理进行分析，兼顾已发生地点的需求和其他地点潜在发生事故的可能性，建立了一个混合整数规划模型，目标是最小化资源救助点到不同资源需求点的时间总量。

韩强(2007)建立了单资源应急资源调度的双层规划模型，上层目标为应急时间最短，下层目标为运输成本最低，并将此模型的求解转化为若干个有限制的运输问题的求解。

张婧等(2007)将多受灾点资源调配问题描述为完全信息非合作博弈过程，建立了基于偏好序的博弈模型，利用 Gambit 软件求解该博弈过程的纳什均衡解，得到资源分配方案。

杨继君等(2008)从多灾点所需应急资源的角度出发，提出了基于非合作完全信息静态博弈的应急资源调度模型和算法。在该调度模型中，各个灾点被映射为博弈模型的局中人；可能的资源调度方案被映射为策略集；资源调度成本的倒数被映射为效用函数；将应急资源的调度问题转化为对非合作博弈调度模型的纳什均衡点求解问题；接着其介绍了一种求解纳什均衡点的迭代算法。张杰等(2011)对基本蚁群算法进行了改进，嵌入了遗传算法的交叉操作和变邻域搜索策略，在杨继君等(2008)的基础上将其应用于求解该博弈模型的纳什均衡解。

孙敏和潘郁(2009)以一次性消耗系统为背景，提出了多应急点多出救点以及多资源的复杂网络应急调度模型。以应急点的损失最小和出救点的个数最少为目标，将损失量转化为整体应急方案与各局部最优方案相比应急开始时间的延长之和，运用理想点法进行了求解。

魏国强和景琳(2010)首先建立了单应急点资源调度两目标混合整数规划模型，在此基础上，在出救时间分别为实数和区间数的条件下将模型推广到了多应急点的情形，目标为应急开始时间最早、出救线路及出救点最少。

张玲等(2010a)将灾害发生时需求的不确定性表达为区间数，建立了一个二阶段随机规划模型，解决应急资源分配问题，目标是使资源配置的相关费用最小，包括出救点运营费用、灾害发生后应急资源的运输费用与未满足的应急资源的惩罚成本。其将灾害发生后的各个灾区的需求量表示为区间型数据，利用可调整鲁棒优化的思想解决了含有不确定需求的资源配置模型。

王苏生和王岩(2008)建立了一个双层决策模型来解决多出救点、多受灾点应急资源配置问题。上层模型为多受灾点整体应急模型，其目标函数是整体应急方案与各局部最优方案相比应急最早开始时间的延长量之和及应急资源运送到受灾点的费用最少。下层模型为单受灾点应急模型，其目标是每个受灾点的应急最早开始时间最短。由于多受灾点整体应急模型使得整体应急方案与各局部最优方案相比应急最早开始时间的延长量之和最小，因此能够兼顾应急资源配置过程的及时性与公平性。他们依据应急出救的就近原则，提出一种多受灾点-多出救点应急资源配置动态优选策略，快速求取双层应急资源配置模型的全局最优解。王苏生等(2011)在王苏生和王岩(2008)的基础上，建立了在应急资源消耗速率固定、保证连续需求条件下的双层规划模型，并设计了有效的竞争缓解算法。

曾敏刚等(2010)利用层次分析法得到了受灾点的受灾程度，构造了应急救援物资的效用系数，建立了单出救点、多受灾点应急物资分配模型，目标是救援物资对各受灾点的分配的总效用最大，并使用遗传算法进行求解。

刘明和赵林度(2011)对比分析了应急物资配送的点对点配送模式和枢纽辐射模式，构建了一种混合协同配送模式以兼顾这两种模式的长处，进而建立了混合协同配送模式模型，并给出了具体求解的启发式搜索算法。

李进等(2011)考虑到可能在多个地点发生次生灾害的情形，并针对灾害链中多资源应急调度问题，建立了多资源、多受灾点应急调度模型，目标是原生灾害资源运输量时间与次生灾害资源运输量时间期望值之和最小，设计了基于图论中网络优化和线性规划优化思想的启发式算法，并分析了算法的复杂性。

安李璐(2010)将应急物资分配分为不同组群间的分配以及同一组群内的分配两个阶段。第一阶段是对于不同群组，按照灾区群组的受灾程度由重到轻进行分配。第二阶段是对于同一群组内的不同灾区，使用单位资源满足需求的偏差来衡量救灾公平程度的指标，借鉴席位公平分配模型，建立了以最小方差为目标的应急物资组内公平分配模型，即使各灾区单位资源满足的需求差异不要太大，尽可能地缩小总体偏差。

魏国强和罗晓棠(2011)研究了系统参数为区间数的应急资源布局与调度问题,以应急准时开始可能度最大、资源布局调度费用最小为目标,构建了多目标模糊规划模型,并推广到多出救点联合救援的情况,基于区间数的一种排序准则,提出了用分层序列法求解模型的方法。

庞海云和刘南(2012a)针对救援物资在短时间内不能全部满足灾害事件产生的应急需求,提出了不完全扑灭灾情的策略,构建了以受灾点为局中人、以分配方案为策略集的完全信息非合作博弈模型。他们还提出,要重视城市安全防灾规划中的应急物资分配问题,加强城市应急物资的储备与管理,做好应急物资储备库、防灾绿地的选址和建设工作(庞海云和刘南,2012b)。

2. 多阶段应急资源分配决策模型

Ray (1987)建立了一个带运力限制的线性规划模型,研究单商品、多周期的应急物资分配问题,目标是使得运输成本与缺货成本之和最小。

Fiedrich 等(2000)通过对应急作业区、可供资源及受灾地等状态的描述,借鉴多项目资源调度的研究方法,将震后资源分配问题分析为动态组合优化问题,目标是使得整个救援期间的死亡人数最小,包括次生灾害、救援失败、运输延迟、运输过程、缺乏运输工具等造成的死亡,并提出了动态优化模型的启发式求解方法。其在模型中考虑了供应约束和作业区域中资源处理能力约束,并将任务分成救援、搬运、装卸、运输、传递和压缩六个基本的任务单元,应急作业区的应急项目可以由这六个基本的任务单元进行组合,而不同的任务单元需要不同的物资或物资组合,那么不同的应急项目也就需要不同的物资组合。同时,其使用了将模拟退火与禁忌算法结合起来的启发式算法。

Sheu(2006)根据城市应急物资分配的需求响应特征,提出了一个动态的、基于客户分组的物资分配方法。这一方法包括五个步骤,即详述需求特性、客户分组、客户组排序、分配物资、指派车辆。该方法可以同时对时变的客户订单数据和应急资源进行动态管理,以实现应急资源的最优分配,降低运作成本,缩短提前期。在物资分配的阶段,将集装物资分配给客户,目标是包装物资的装载速度最快,而包装成本最小。在车辆指派阶段,将集装后的物资指派到车辆,考虑了三个目标,即最大化车辆装载速度、最小化运作成本及最小化配送时间。在两个模型中,通过加权方法将多目标规划转化为单目标规划。

在 Yi 和 Özdamar(2007)的研究基础上,将设施定位问题去掉,Yi 和 Kumar(2007)得到了应急物流模型,并着重强调了使用蚁群算法来求解该应急物流问题。这里的应急物流包括将物资配送到受灾点的配送中心,以及将受伤人员疏散到医疗中心的活动。作者将应急物流问题分解成两阶段决策问题,即车辆路径问题和多物资分配问题。两个子问题通过迭代方法进行求解。第一阶段在信息素的引导下建立随机的车辆路径；而在第二阶段使用网络流求解器来解决不同类型车辆和物资流的分配问题。通过随机产生的网络对算法进行了测试，与商业优化软件对比，该算法在求解质量和运行时间方面都令人满意。

姚杰等(2005)认为，突发事件应急管理的一个重要特征和主要难点在于突发事件的管理者必须根据阶段性的处置结果和突发事件的发展趋势动态地调整管理活动。突发事件应急管理可以看做"危机事件"与"危机管理者"之间的不完全信息动态博弈过程。姚杰等(2005)在此基础上建立了一个资源调度的不完全信息动态博弈模型，以生成应急预案。危机管理者的支付向量为二维向量，第一分量表示保障率，第二分量表示成本。其中，保障率是资源状况、工序时间、"危机事件"的状态、"危机管理者"选取的方案、"危机管理者"的特定目标、"危机事件"的有关属性(如危机事件发生的特定时间、地点，危机事件指向的特定对象等)等变量的函数。

计国君和朱彩虹(2007)将应急物资分为可重复利用与不可重复利用两类，考虑了系统内各个受灾点之间实行转运这种配送方式，并考虑了后续一定时间内系统中灾情的发展状况及其对抗灾物资的需求情况，利用机会成本的关系，建立了抗灾物资最优调度方案的整数规划模型。目标是本阶段受灾点之间物资调度量时间和下一阶段受灾点之间物资调度机会成本之和最小。

杨琴等(2010)认为，在急救环境下，由各求救点产生救助任务，提出资源请求，指挥调度中心接收请求信息，明确相关信息(包括求救重要等级、所需资源、求救位置等)，然后分配现有应急资源。当出现资源冲突时(如出救点正在执行任务)，需要及时分析各出救点的相关信息(包括现有任务完成情况、具备的资源、所在位置等)，进行调度分配，完成出救决策。基于这一决策过程，杨琴等(2010)提出了基于代理的应急救助资源优化调度模型，在模型中引入了学习的概念，通过招投标过程积累经验信息，实现应急资源的动态调度。

王波(2010)建立了多阶段的应急资源调度的博弈论模型，该模型考虑了前阶段决策给当前决策带来的影响，通过引入惩罚系数来约束该阶段的决策方案给受灾点带来的收益，并使用风险占优机制来解决博弈结果存在多重纳什均衡的问题，从而选择出最佳应急资源调度方案。

杨继君等(2010)针对非常规突发事件具有突发性和不可预测性等特点，在借助救灾专家判断偏好的基础上，认为应急决策者需要根据阶段性的处理结果和突发事件的演化趋势动态地调整救援方案。杨继君等(2010)详细分析了在动态博弈框架下在应急管理中应急决策者与突发事件之间的序贯博弈过程，建立了应急决策者和突发事件之间的不完全信息序贯博弈模型，通过有限次序贯博弈获取未来应急资源的需求信息，形成了资源调度的最优方案。应急决策者的收益函数是突发事件状态、行动方案和应急资源成本构成的复合函数，其中，突发事件状态由突发事件种类、级别、阶段和响应时间等属性来确定。

王炜等(2010)认为，突发公共事件应急资源调度决策过程是如何选取方案应对突发公共事件的不确定性发展的状态，直至突发公共事件完全被控制为止。而马尔科夫决策过程可以根据每个时刻观察到的状态，从可用的行动集合中选用一个行动做出决策，同时，决策者可以根据新观察到的状态，再做出新的决策，依此反复地进行。王炜等(2010)利用马尔科夫决策方法，对突发公共事件下的应急资源调度方案的动态优化过程进行了研究，以期找到特定场景下的最优应急资源调度方案，保证应急救援行动的时效性。

马卫峰等(2010)通过选择合适的属性指标表达灾区及资源的差异性，并使用多目标规划的方法构建了应急资源配送的多阶段模型，目标包括每一阶段加权的资源分配总量最大以及每一阶段资源在各灾区分配的最小满足率最大，以实现救灾资源在灾区的合理、公平分配。

蒋晓阳等(2010)分析了应急飞行保障模型的功能结构及其实现原理，利用Arena建立了两起事故并发的应急飞行保障仿真模型，基于此模型，使用OptQuest实现了应急资源配置的优化，以最小化平均的应急保障时间。

于辉和刘洋(2011)研究了在单出救点、多需求点的应急系统中如何确定应急物资分配的两阶段策略，采用应急物资需求量的上下界来刻画灾害事件下的应急需求特征，进而利用局内决策方法求得了应急物资在两阶段嵌套机制下的有效分配策略。最后通过数值仿真对比了单阶段和两阶段决策系统下的绩效并分析了影响嵌套策略绩效的因素，证实了两阶段嵌套策略的稳健性及其优势。

刘学恒等(2011)考虑了一个需求随机产生的二级多点的应急物资供应系统，研究在物资供应系统中各地方供应点允许转运和不允许转运两种应急调货策略的效果，针对两种策略分别建立了相应模型来计算各项系统指标，并用数值模拟对两种策略的效果进行了比较。结果表明，允许转运的应急调货策略可以显著降低系统总成本。

杨保华等(2011)针对在应急抢险过程中资源需求与供应不匹配的问题，通过定义应急抢险过程GERT(graphic evaluation and review technique，即图形评审技术)网络的基本单元，建立了一种综合考虑灾害自身演化过程及外界作用相互关系的应急抢险过程GERT网络，设计了求解不同资源配置情况下突发事件状态转移概率的极大熵模型，研究了应急抢险过程GERT网络的简化性质，给出了基于GERT网络的应急抢险过程资源最优配置的求解算法。

胡继华等(2012)为利用实时的道路信息、救援状态信息和应急资源配置信息，建立了一个动态的应急资源优化调度数学模型，考虑算法的实时性，通过变换时间变量 t 进行迭代计算，利用动态遗传算法进行求解。

3.2.3　应急资源定位-分配模型

1. 单阶段应急资源定位-分配模型

Beraldi 等(2004)考虑应急医疗服务需求的随机性，建立了具有概率约束的随机规划模型，用于解决应急医疗服务的定位与资源分配问题，即应急医疗服务点如何选址，以及应急车辆在各个服务点之间如何分配的问题，目标是最小化总成本，包括车辆运营成本和应急服务点的建设成本。该模型考虑了应急服务需求的随机性，建立了系统服务水平可靠性的概率约束，使用联合概率分布函数的 p-有效点(p-efficient points)方法将随机规划模型转化为确定型的等价模型，通过实证分析发现，该模型在处理服务水平和成本的悖反关系方面比较有效。

Barbarosoglu 和 Arda(2004)认为，灾害的范围、时间和物资需求的信息在事前都是随机的、不完备的，所以快速响应和有效的灾害救援计划是一个复杂的随机决策问题。因此，他们通过一个随机的、多物资、多运输模式的网络流模型来描述城市交通网络中的物资流，并基于地震情景(earthquake scenarios)，建立了一个地震应急物资的分配和运输问题的两阶段有补偿的随机规划模型。目标是使得两阶段资源配置的物资运输成本、转运成本、库存持有成本和短缺成本之和的期望值最小。在该模型中，资源需求、资源供应设施易损性和路线通畅性都是随机的，并可以由运输能力、供应和需求情景的有限抽样而得到。Barbarosoglu 和 Arda(2004)将地震的情景分成两个组成部分：第一部分是地震情景，包括震中和震级等地震信息；第二部分是影响情景(impact scenarios)，包括地震对生命、结构、系统和社会经济结构造成的损害。根据这两类情景，应急决策也相应地分为两个阶段，最初的响应只能依靠之前的地震形成的影响情景而行动；当灾害影响、救济需求等精确灾情信息获得后，对物资的分配再进行补偿。Barbarosoglu 和 Arda(2004)使用 GAMS/OSL 或 SLP-IOR 等随机规划软件进行求解，将该问题作为二阶段有补偿问题、分布问题和期望值问题分别进行求解，并对求解结果进行了比较。

Chang 等(2007)建立了两个随机规划模型用于解决城市洪水灾害中应急物资的配送问题。第一个模型是分级分组模型，用于将灾害救援区域分组，并区分其应急等级，目标是救援设备的期望运输距离最小；第二个模型是定位-分配模型，用于决定灾后已选择的区域救援基地的建立、各个梯队仓库的救援设备储备量、救援设备的运输计划等，目标是最小化现有设施建立成本、救援设备平均成本、期望的未来的运输成本、供应短缺成本、救援阶段需求短缺惩罚成本。主要的随机变量包括相关需求点、救援中心的集合、救援设备需求量等，这些随机变量都与降雨情景相关，是离散随机变量。通过 GIS 的数据处理和网络分析功能，潜在洪水的地图可以用于估计可能的受灾点和所需的救援设备，形成洪水情景。最后两个随机规划模型使用样本平均近似方案(a sample average approximation scheme)进行了求解。

Rawls 和 Turnquist(2010)从网络流的角度，建立了一个两阶段随机混合整数规划模型(a two-stage stochastic mixed integer program，SMIP)，来解决应急物资预先配置的设施选址和应急物资的分配问题，以应对飓风等自然灾害。模型的目标是使得所有情景下的期望成本最小，这些成本包括存储设施建立成本、应急物资存储成本、期望的应急物资的运输成本、期望的未满足需求的惩罚成本、期望的未使用物资的持有成本。作者以储备物资需求、灾后运输网络的不确定性和灾后存储物资的可用比例作为情景要素，构建了灾害情景。由于这一问题计算比较复杂，故其参考拉格朗日 L-型算法开发了启发式算法，以解决大规模应急物资分配问题。通过应对墨西哥湾沿岸飓风威胁的实例，构建了 51 种灾害情景，对模型进行了应用。

Horner 和 Downs(2010)将 GIS 与空间优化模型结合起来，建立了一个约束仓库选址模型，用于解决飓风灾害情况下应急物资的供应与运输问题。在飓风灾害的应急物流系统中，应急物资首先由物流中转区(logistical staging areas，LSAs)通过卡车运送到配送中心[包括配送点(points of distribution，POD)和拆装点(break of bulk point，BOB)两类容量不同的配送设施]，然后由配送中心直接发放给灾民。对于传统商业问题，货物从配送中心运送到市场，而对于飓风救济问题，灾民须自己前往配送中心获取应急物资。在这种配送策略下，会产生两种成本：第一种成本是由物流中转区到配送中心的运输成本，这部分成本由政府承担；第二种成本是灾民到配送中心获取应急物资的成本，其取决于灾民到配送中心的距离。而该模型的目标是使得这两种成本之和最小。模型使用的空间数据通过 ArcGIS 和 TransCAD GIS 获得，而模型求解使用商业优化软件 CPLEX v. 10.0 编程实现。

Widener 和 Horner(2011)在 Horner 和 Downs(2010)的研究基础上，建立了一个等级约束中位模型(hierarchical capacitated-median model)来解决应急设施的选址和等级结构问题，模型的目标是最小化各种需求的运输成本，其中，运输成本用运输量和距离的乘积表达。最典型的等级设施选址问题是城市医疗中心的选址问题，低等级医疗中心处理小的疾病，而高层次的医疗中心处理大的疾病(Rahman and Smith，2000)。飓风应急物资分配网络的等级结构可以设定如下：低层次的设施提供基本的物资，如医用冰块、基本的医疗设备等；而高层次的设施除了提供基本的物资以外还提供更加专业的物资，如高级医疗设备、通信设备、直升机升降平台等。在建模时考虑这种等级层次，可以使得稀缺资源(高层次服务)得到更加有效的配置。使用 GIS 产生一些基本的空间数据，使用 CPLEX 求解选址模型，结果显示，在服务能力有限的情况下，使用该模型可以有效地提供各种水平的应急服务。

曾敏刚(2009)结合自然灾害的特点建立了定位-分配问题数学模型,目标是应急总成本最小,包括应急物资运输成本、物资中心建立成本。通过一个两阶段启发式算法求解该模型,其利用最小包络法进行聚类分析确定应急救援中心的定位配给问题,运用最近邻点法思想求出 K 条较短路径,考虑紧急救援运输的时间、安全性、经济成本和环境成本等多目标,应用网络层次分析法(analytic network process,ANP)确定最优运输路径。

张玲等(2010b)将地震灾害发生后的情景划分成两个阶段的随机事件,前一个随机事件表示灾害刚发生后的震源位置、震级大小等信息;后一个随机事件表示当震源和震级的信息确定后,各个灾区的需求量,利用有限的情景表示不确定性数据,并在此基础上建立了基于情景分析的随机整数规划模型,解决了针对自然灾害的应急资源布局问题,包括中心仓库的库存决策、临时供应中心的选址与库存决策、应急物资分配决策等,通过松弛非预期约束,将松弛问题按照情景分解,并利用分支定界算法求解拉格朗日松弛问题。

2. 多阶段应急资源定位-分配模型

Sheu(2007b)在 Sheu(2006)的基础上,提出了一个涵盖应急物资供应方、应急物资配送中心(应急出救点)及受灾点的三层应急物流概念框架,并使用一种混合模糊聚类优化方法,用于解决救灾阶段受灾点聚类和应急物资的联合分配问题。该混合模糊聚类优化方法包括以下过程:实时需求预测(时变需求函数建立)—需求点聚类(模糊聚类,四个指标,即运输距离/时间、伤亡率、老幼比例、建筑物损坏程度)—需求组分配优先权(根据聚类获得)—基于需求组的物资分配(物资分配优化模型)—动态供应(供应优化模型)—供需信息更新(基于状态转移方程)—重新预测需求(基于时变需求函数)。对于应急物资时变需求函数的建立,作者区分了两类商品的新增需求,一类是日常消费品,如水,其与灾民总人数有关;另一类是日常设备,如帐篷,与新增灾民人数有关;建立了时变需求的预测函数。物资分配优化模型主要解决了多种应急物资从多个配送中心配送到多个需求组的物资分配问题以最大化时变的物资满足率,同时最小化时变的配送成本。动态供应优化模型解决了多种应急物资从多个物资供应方运输到多个配送中心的物资分配问题,其目标是使得总的运输成本最小化。

Tzeng 等(2007)考虑到应急物资配送系统包括应急物资收集点、转运点和需求点三类节点,建立了一个多目标规划模型用于解决应急物资的配送问题。模型有三个目标,即最小化总成本、最小化总的运输时间、最大化最小的满足率。其中,总成本包括转运点的建立成本和运营成本,以及从供应点到转运点的上游运输成本和从转运点到需求点的下游运输成本。模型的前两个目标追求效率,而第三个目标追求公平,从而使得应急物资的分配达到一种均衡优化。其使用了最大化最小问题的模糊多目标线性规划方法（fuzzy multi-objective linear programming of max-min operation）来对模型进行转换，以便于求解。

许建国等（2008）提出了应急资源需求周期性变化的选址与资源配置模型。在规划选址阶段，其针对需求周期性变化的情况，把选址与各个时间段的资源配置结合起来以确定建造服务设施地点，使得选址能够兼顾到各个需求点，在所有需求点一定比例需求量均被满足的前提下，使一个周期内需求点被满足的总需求量最大化。魏国强（2009）针对许建国等（2008）所建模型存在的缺陷，结合原文中的算例求解过程与结果展开讨论与分析，进而引入了新的决策变量，重建了需求周期性变化的应急资源选址与调配模型，并用目标规划法求解。

王新平和王海燕（2012）针对在突发公共卫生事件应急管理体系中应急物资需求的不确定性和连续性，以及应急救援是一个同时在多疫区间展开的多周期救援过程这一实际，提出了多疫区、多周期应急物资协同优化调度方案。首先其在分析传染病扩散规律的基础上，结合传染病潜伏期的不确定性所引起的应急救援的时滞性，采用纵向配送和横向转运相结合的协同配送模式，构建了一类应急物流网络优化多目标随机规划模型，采用遗传算法给出了该优化模型的求解算法。

3.2.4　应急资源定位-路径模型

应急资源配置的定位-路径问题比较复杂，求解起来比较困难。因此，研究此问题的文献相对较少。Mete 和 Zabinsky（2010）在灾害预防阶段，提出了一个基于情景的两阶段有补偿的随机规划模型，选择医疗物资的存储点，并确定每种医疗物资的库存水平和各种情景下的车辆路径。同时，其使用一个混合整数规划模型将随机规划模型第二阶段求解的物资分配量转化成每种情景下的装载和车辆路径决策。

Haghani 和 Oh（1996）通过一个带时间窗的时空网络（包括物资流网络、车辆流网络及时间维度）模型解决了大规模、多商品应急物资的多阶段配送问题，目标是使得物资配送中涉及的总成本最小。Özdamar 等（2004）针对应急网络中多物资、多运输模式情形，建立了多商品应急物资分配问题与车辆路径问题的整合模型，目标是使所有应急物资的未满足需求之和最小。在这一模型中，需求、供应与车队信息会在不同的决策期内变化，最优方案需要重新规划来求解。Yi 和 Özdamar（2007）提出了一个灾害应急中整合了物流与疏散活动的定位-路径模型，该模型解决了救灾物资由供应中心到应急配送中心的运输问题，以及受伤人员转移到临时或永久救治中心的疏散问题。这一模型是一个混合整数多商品网络流模型，车辆和受伤人员均被视为整数的有价值商品。

缪成等（2006）将救援物资运输问题作为多货物、多起止点网络流问题与多种运输方式满载车辆调度问题，在此基础上设计了一种多模式分层网络，并利用延期费用和划分时段的方法构建了问题的数学规划模型。陈雷雷和王海燕(2010)从网络流的角度出发，建立了大规模突发事件下多阶段、多物资、多种运输方式、多运输车辆的物资优化调度模型，目标是使得物资分配的满意度最大(即物资满足率最大)。方涛(2010)考虑到随着震后救援的不断推进，决策者需要根据收集到的实际数据频繁地更新需求点的需求和路网状况等信息，并做出相应的动态决策，建立了一个应急物资配送系统中的模糊多目标动态定位-路径问题优化模型，将动态定位-路径问题转化为传统的静态定位-路径问题，提出了一种两阶段启发式算法。

3.3　本章小结

(1)资源配置模型可以分为效率模型和效率-公平模型两大类。有两类典型的资源配置问题是效率模型的研究热点，即定位-分配问题和定位-路径问题。资源配置的效率-公平模型可以归纳为四种类型：平均主义方法；极小极大方法或极大极小方法；将对公平的偏好纳入社会福利函数或效用函数中，并作为目标函数；建立以效率和公平为目标的多目标优化模型。资源配置模型被广泛应用于战略资源配置、生产计划与调度、应急/公共服务设施定位、通信网络设计、人力资源配置、项目资源调度等各个方面。资源配置模型在不同领域的应用为应急资源配置研究提供了不同的研究角度和切入点。

(2)从应急资源配置模型所解决的问题来看，现有研究中，分配模型和出救点选址/选择模型比较多，而定位-分配模型、定位-路径模型相对较少。同时，国内的研究中，定位模型所占的比例比较高，其中很大一部分是多出救点选择问题。分配模型和出救点选址/选择模型解决的问题比较简单，便于使用各种建模方法建模和求解。而定位-分配模型、定位-路径模型解决的问题比较复杂，建模往往更加困难，但是也往往更加符合应急资源配置的现实情况。

(3)从应急资源配置模型的特征来看，单阶段静态模型较多，而多阶段动态模型则相对较少。对于一些不太严重的、可控性高的、影响范围小的突发事件，应急资源配置可以一次性完成。但是，对于一些严重的、可控性差的、影响范围大的突发事件，如地震、洪水等自然灾害，需要的应急资源往往不能一次性得到满足，需要进行多次分配决策，这时就需要对应急资源进行多阶段的动态决策。可见，多阶段动态决策更加符合应急资源配置的实际情况，研究起来更有意义。

(4)从应急资源配置模型是否关注公平的角度来看，绝大部分模型都只关注应急资源配置的效率，只有极少部分关注公平问题。在现有的应急资源配置公平模型中，一般通过极大极小或极小极大方法来实现公平目标，基本上没有分析公平与效率的悖反关系。Tzeng 等(2007)认为，应急资源配置系统与一般资源配置系统在系统目标方面的区别如下：一般资源配置系统追求利润最大化或成本最小化；而应急资源配置系统则兼顾公平与效率。因此，在应急资源配置中应该进一步考虑效率与公平的关系。

（5）从应急资源配置模型建模优化方法来看，应急资源配置模型使用的建模优化方法范围较广，包括确定性的线性规划、确定性的非线性规划、随机规划、双层规划、鲁棒优化、多代理建模、博弈论、马尔科夫决策、DEA 模型、灰色规划、模糊规划、仿真、贝叶斯分析、局内决策、随机网络等，基本上包括各类主流的优化方法，但是以确定性的线性、非线性规划模型为主，随机规划、博弈论、双层规划、模糊规划的使用频率相对较低，其他建模方法的应用则寥寥无几。确定性的线性、非线性规划建模方法和应用都比较成熟，但是对于突发事件的高度不确定性却无能为力。而随机规划、鲁棒优化、多代理建模、博弈论、马尔科夫决策、模糊规划、灰色规划、仿真、贝叶斯分析、局内决策等建模方法都可以处理不确定决策问题，符合应急资源配置中灾情信息高度不确定的特征，应该在以后的研究中加强应用。

第二篇

应急资源配置决策效率分析

第 4 章

简单路网单周期应急资源分配的
贝叶斯序贯决策模型

很多应急响应活动往往是不可逆决策，或者基本上是不可逆决策，这就使得应急响应决策方案一旦执行就无法调整，或者调整的成本非常高。例如，医生做出为哪一个受灾人员进行手术的决策往往是一个不可逆决策，因为手术开始后往往不能暂停，只能等到该手术结束，才能为下一个受灾人员进行手术。在应急物资分配中，使用直升机为某一受灾点空投物资的决策往往也是不可逆决策。由于很多受灾点不具备降落的条件，一旦物资空投到某一受灾点，那么这些物资就不可能或很难转移到其他受灾点。即使是使用汽车对应急物资进行运输，对应急物资分配决策进行动态调整的成本往往也非常高。由于很多道路在灾害中损毁，交通条件非常差，甚至是只能单方向通行，在做出向某一受灾点运输物资的决策后，如果让车辆中途改变方向，那么运输时间将大大增加，调整成本会非常高。

当应急资源配置决策属于不可逆决策或者调整的成本非常高时，应急资源配置方案难以调整，这时只能通过确定最优决策时间来选择决策时机。因此，决策时机就变得特别重要。鉴于此，本章将基于应急响应阶段应急资源配置决策的不可逆特征，在突发事件灾情信息不断观测和更新条件下，使用贝叶斯决策理论，将应急资源配置决策方案与决策时间纳入一个系统框架，研究简单路网单决策周期应急资源分配问题(Ge and Liu，2013a)。

4.1 情景描述

假设简单路网单决策周期应急资源分配问题中有多个出救点、单个受灾点，需要确定由哪些出救点为受灾点供应应急资源、供应量是多少，其路网结构如图 4.1 所示。

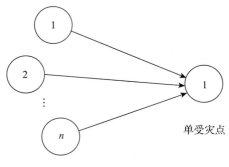

多出救点

图 4.1　多出救点、单受灾点应急资源分配问题的路网结构

　　决策周期可以以天或几个小时为一个单位。在单个决策周期中，应急资源配置方案是不可逆的，即只能制订并执行一个应急资源配置方案，不能在制订以后进行调整。在单个决策周期内，对受灾地区灾情观测和评估次数越多，资源需求信息越精确，资源分配决策失误带来的损失就越小，但是随着观测时间的增加，资源分配决策延迟所造成的延误损失却越大。因此，在应急资源分配过程中，为了减小总的损失，还需要确定最优的决策时机。

4.2　模型构建

　　本章将建立一个两阶段模型用于求解灾情信息更新情况下的单周期应急资源分配问题。第一阶段首先讨论应急资源分配的决策失误损失函数和决策延误损失函数，其次建立以总期望决策损失最小为目标的应急资源分配决策优化模型，最后通过贝叶斯分析求解应急资源分配决策的决策时间和最优应急资源分配量。第二阶段则根据最优应急资源分配量，建立以应急时间最短为目标的出救点选择模型，以确定出救点及其供应量。单周期应急资源分配的贝叶斯决策模型的结构如图 4.2 所示。

　　在灾害发生后的第一时间里，只能得到根据历史数据计算的灾情先验信息，这时决策者需要选择是立刻做出应急资源分配决策还是继续观测灾情信息。如果立刻制订应急资源分配决策方案，则决策延误损失为零，由决策信息不确定造成的决策失误损失可能会比较大；如果选择继续观测灾情信息，那么通过灾情观测信息和先验信息可以获得灾情后验信息，降低了灾情信息的不确定性，决策失误损失会减小，但是其代价是应急资源分配决策被延误，产生了延误损失。当对灾情信息不断进行观测时，本次观测后得到的灾情后验信息会成为下一次观测的先验信息。因此，最优决策时间的获得需要平衡决策失误损失和决策延误损失之间

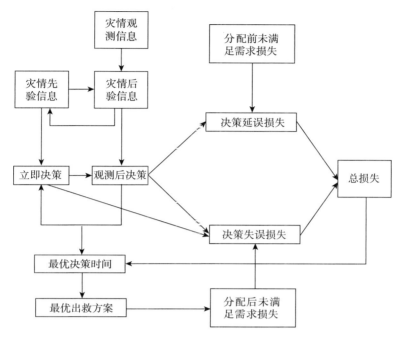

图 4.2　单周期应急资源分配的贝叶斯决策模型的结构

的悖反关系，使得两者形成的总损失最小。最优决策时间获得以后，就可以制订最优的应急资源分配方案，确定总的最优资源分配量、出救点及其资源供应量。当发生严重灾害时，灾情信息需要进行不断观测和更新，此时观测成本与受灾点损失相比可以忽略不计。因此，本章不考虑观测成本。

4.2.1　符号定义

i：出救点备选地点代号，$i=1，2，\cdots，p$

b_i：出救点 i 中应急资源储备量

t_i：从出救点 i 到受灾点的运输时间

B：受灾点的人口总数

θ：受灾点的受灾比例

μ：受灾比例的先验均值

τ：受灾比例的先验标准差

σ：受灾比例的观测样本标准差

d：单位受灾人口对应急资源的需求量

n：灾情信息的观测次数代号

N：在单决策周期内灾情信息的最大观测次数，$N\geqslant1$

n^*：应急资源分配决策最优决策时间

S：对受灾点的应急资源分配量

D：受灾点对应急资源的需求量

L_f：决策失误损失

L_d：决策延误损失

L：总决策损失

r：贝叶斯风险

ρ：后验期望损失

4.2.2　假设

1. 突发事件某些灾情信息的先验分布是已知的

对于突发事件，特别是台风（飓风）、地震、洪水、干旱、海啸等自然灾害，各国都建立了相对完备的数据库（刘耀龙等，2008）。美国国家海洋和大气管理局的国家气候数据中心、国家地球物理数据中心、国家海洋数据中心等三大数据中心，保存着灾害天气、海啸、地震、火山、海洋环境等灾害的历史数据。其中，飓风数据库 HURDAT 保存着自 1851 年以来所有大西洋热带风暴（或飓风）的记录。中国国家科学数据共享工程中的气象科学数据共享中心、环境科学数据共享中心、地震科学数据共享中心等数据共享中心也保存着各类灾害的丰富历史资料。其中，中国热带气旋灾害数据集对新中国成立以后西北太平洋及南海地区热带风暴（或台风）进行了详细记录。这些数据库的大量历史数据为获得突发事件某些灾情信息的先验分布奠定了基础。设突发事件中受灾点人口的受灾比例 $\theta \in \Theta$，具有先验密度 $\pi(\theta)$ 服从正态分布 $N(\mu, \tau^2)$。

2. 灾害发生后，受灾比例等灾情信息不断得到观测和修正

目前，遥感影像、媒体信息、地方上报灾情数据、地面调查数据等都成为获取灾情信息的重要途径，从而使灾情信息不断得到观测和修正。例如，美国飓风数据库 HURDAT、中国热带气旋灾害数据集中的热带风暴记录都是每 6 小时观测和更新一次，这些数据早期通过船舶或陆地观察员进行观测，而现在则主要通过卫星和飞机上的设备进行测量和记录（National Hurricane Center，2010）。受灾比例也是可以观测的灾情信息，可以通过观测受灾样本区房屋倒塌或房屋损坏比例、现场调查人口的受灾情况等来确定。假设 $\boldsymbol{X}^n = (X_1, X_2, \cdots, X_n)$ 是观测到的受灾点受灾比例的序贯样本，观测样本的条件密度 $f(x|\theta)$ 服从分布 $N(\theta, \sigma^2)$，$x \in \Omega$。设观测到样本值 x 后得到受灾比例的后验分布为 $\pi(\theta|x)$。

3. 突发事件中受灾点对应急资源的需求量可以表达为受灾比例（灾情信息）的函数

设受灾点总人口为 B，受灾比例为 θ，则受灾人口为 θB，d 表示单位受灾人口对应急资源的需求量，从而可以得到受灾点对应急资源的需求量 $D = d\theta B$，则应急资源需求量的先验分布 $\pi(D)$ 服从 $N(dB\mu,\ d^2 B^2 \tau^2)$。

4. 应急资源分配决策相关的损失仅包括决策延误损失和决策失误损失两类损失

无论是使用遥感技术，还是现场调查，每次观测、评估灾情信息都需要时间，如果在观测新信息后再进行资源分配决策，会造成应急资源分配延迟。由于应急资源延迟分配而造成的受灾点损失称为决策延误损失，用 L_d 表示。决策延误损失是做出应急资源分配决策之前的受灾点损失。假设决策延误损失为未满足需求量的平方形式，且按照应急资源需求量的先验均值进行计算，则

$$L_d = (dB\mu - 0)^2 = (dB\mu)^2$$

由于受灾比例和应急资源需求信息不确定导致资源分配量不能满足资源需求量，设由此造成的损失称为决策失误损失，用 L_f 表示，决策失误损失是做出应急资源分配决策之后的受灾点损失。假设决策失误损失为未满足需求量的平方形式，且按照应急资源需求量的后验均值进行计算，则

$$L_f(\theta,\ S) = (d\theta B - S)^2$$

假设每次观测的间隔时间相等，由于灾情信息最大观测次数为 N，故观测时间间隔为 $\frac{1}{N}$，对灾情信息观测 n 次后进行资源分配，总的决策损失等于决策失误损失与决策延误损失之和，则总的决策损失函数可以表示为

$$L(\theta,\ S,\ n) = (N - n)\frac{1}{N}L_f(\theta,\ S) + n\frac{1}{N}L_d$$

$$= \frac{1}{N}\left[(N - n)L_f(\theta,\ S) + nL_d\right]$$

其中，$n\dfrac{1}{N}L_d$ 表示应急资源分配之前的总决策延误损失；$(N - n)\dfrac{1}{N}L_f(\theta,\ S)$ 表示应急资源分配之后的总决策失误损失；两类损失都是随时间而累积的结果。

4.2.3　贝叶斯风险函数

该问题的总期望决策损失可以用贝叶斯风险表达，根据贝叶斯风险的定义，得到该问题的贝叶斯风险为

$$r^n(\pi) = E^\pi E_\theta^{X^n}\left[L(\theta,\ \delta_n^\pi(X^n),\ n)\right]$$

$$= E^\pi E_\theta^{X^n}\left[\frac{N - n}{N}L_f(\theta,\ \delta_n^\pi(X^n))\right] + \frac{n}{N}L_d \qquad (4.1)$$

其中，$\delta_n^{\pi}(\boldsymbol{X}^n)$ 为决策延误损失 $L(\theta，S，n)$ 的贝叶斯决策法则，表示给定受灾比例的序贯观测样本 $\boldsymbol{X}^n$ 后应急资源分配量。设 $r(\pi，\delta_n^{\pi}) = E^{\pi}E_{\theta}^{\boldsymbol{X}^n}\left[\dfrac{N-n}{N}L_{\mathrm{f}}(\theta，\delta_n^{\pi}(\boldsymbol{X}^n))\right]$，表示期望决策失误损失；$\mathrm{DL} = \dfrac{n}{N}L_{\mathrm{d}}$，表示（期望）决策延误损失。则式（4.1）可以表达为

$$r^n(\pi) = r(\pi，\delta_n^{\pi}) + \mathrm{DL}$$

可以发现，应急资源分配决策的总期望决策损失分为两部分，即期望决策失误损失和（期望）决策延误损失。

定义问题的后验期望损失为

$$\rho(\pi(\theta\,|\,x)，S，n) = \int_{\Theta} L(\theta，S，n)\pi(\theta\,|\,x)\,\mathrm{d}\theta \tag{4.2}$$

4.2.4　模型

要解决该问题，可以建立一个两阶段模型，第一阶段根据受灾比例的观测特征，确定最优决策时间和最优资源分配量，以使得资源分配决策相关的损失最小；第二阶段基于最优资源分配量，确定出救点及其应急资源供应量，以使得应急时间最短。

模型 4-1

（1）第一阶段模型。在第一阶段模型中，需要确定最优决策时间 n^* 和最优资源分配量 S^*，以使得总损失函数的贝叶斯风险 $r^n(\pi)$ 最小。因此，第一阶段模型为

$$\min_{n,S} r^n(\pi) \tag{4.3}$$

（2）第二阶段模型。在出救点选择问题中，由于应急时间最短比出救点数目最少更加重要，特别是在出救点数目本身比较有限的情况下，仅仅考虑应急时间最短是一个合理的目标。因此，第二阶段模型将以应急时间最短作为目标。假设 ϕ 为一可行方案，表示为

$$\phi = \{(i_1，b'_{i_1})，(i_2，b'_{i_2})，\cdots，(i_m，b'_{i_m})\} \tag{4.4}$$

其中，$0 \leqslant b'_{il} \leqslant b_{i1}$；$\sum\limits_{l=1}^{m} b'_{il} = S^*$；$i_1，i_2，\cdots，i_m$ 为 $1，2，\cdots，p$ 子列的一个排列。用 Ξ 表示可行方案的集合；ϕ^* 表示最优出救方案。

应急时间是出救点最后一批应急资源到达受灾点的时间，则应急时间可以表达为

$$T(\phi) = \max_{l=1,2,\cdots,m} t_{il}$$

则第二阶段的模型为

$$\min_{\phi \in \Xi} T(\phi) \tag{4.5}$$

4.3　算法设计

本问题第一阶段模型是一个贝叶斯决策问题，基于文献 Berger(1985)，求解该问题的基本思路如下：利用贝叶斯公式，使用受灾点受灾比例的观测样本修正先验分布，得到受灾比例和资源需求量的后验分布；通过最小化后验期望损失求出贝叶斯决策法则；使用贝叶斯决策法则求出贝叶斯风险的表达式，并使其最小化以求出最优决策时间和最优资源分配量。本问题第二阶段模型是一个出救点选择问题，何建敏等(2001)给出了其组合优化算法。

本问题具体求解步骤如下。

步骤 1　通过贝叶斯公式求解受灾比例的后验分布 $\pi(\theta|x)$ 和资源需求量的后验分布 $\pi(D|x)$。

定理 4.1　如果随机变量 θ 的先验分布 $\pi(\theta)$ 为 $N(\mu, \tau^2)$，其中，μ 和 τ^2 皆已知，并且其观测样本 $\boldsymbol{X}$ 的条件密度 $f(x|\theta)$ 为 $N(\theta, \sigma^2)$，其中，θ 未知；σ^2 已知。根据贝叶斯公式，给定序贯样本 $\boldsymbol{X}^n$ 后 θ 的后验分布 $\pi(\theta|x)$ 服从 $N(\mu_n(\overline{x_n}), \phi_n)$，其中，$\mu_n(\overline{x_n}) = \dfrac{\sigma^2}{\sigma^2 + n\tau^2}\mu + \dfrac{n\tau^2}{\sigma^2 + n\tau^2}\overline{x_n}$；$\phi_n = \dfrac{\sigma^2\tau^2}{\sigma^2 + n\tau^2}$；$\overline{x_n}$ 为序贯样本 $\boldsymbol{X}^n$ 观测值的均值(Berger，1985)。

根据定理 4.1，给定序贯样本 $\boldsymbol{X}^n$ 后，随机变量受灾比例 θ 的后验分布 $\pi(\theta|x)$ 服从 $N(\mu_n(\overline{x_n}), \phi_n)$。而且，受灾比例的后验方差 $\phi_n < \phi_{n-1}$，这说明，使用观测值进行更新后，灾情信息的不确定性逐渐减小。同时，根据受灾比例 θ 的后验分布 $\pi(\theta|x)$，可以得到给定受灾比例的序贯观测样本 $\boldsymbol{X}^n$ 后应急资源需求量的后验分布 $\pi(D|x)$ 为 $[dB\mu_n(\overline{x_n}), d^2B^2\phi_n]$。

步骤 2　通过最小化贝叶斯风险求出贝叶斯决策法则。

定理 4.2　将贝叶斯风险最小化与将后验期望损失最小化等价，都可以求出贝叶斯决策法则(Berger，1985)。

在本问题中，使用后验期望损失求解贝叶斯法则比较容易，根据定理 4.2 最小化该问题的后验期望损失，以求出贝叶斯决策法则。将 $L(\theta, S, n)$ 代入式 (4.2)，得到

$$
\begin{aligned}
\rho(\pi(\theta|x), S, n) &= \int_{\Theta}\left[\frac{N-n}{N}(d\theta B - S)^2 + \frac{n}{N}(dB\mu)^2\right]\pi(\theta|x)\,\mathrm{d}\theta \\
&= \frac{N-n}{N}\left[d^2B^2\int_{\Theta}\theta^2\pi(\theta|x)\,\mathrm{d}\theta - 2dBS\int_{\Theta}\theta\pi(\theta|x)\,\mathrm{d}\theta + S^2\right] \\
&\quad + \frac{n}{N}(dB\mu)^2
\end{aligned}
$$

令$\dfrac{\mathrm{d}\rho}{\mathrm{d}S} = 0$，得到

$$-2dB\int_{\Theta}\theta\,\pi(\theta\mid x)\,\mathrm{d}\theta + 2S = 0$$

可以求出问题的贝叶斯决策法则：

$$\delta_n^{\pi}(\boldsymbol{X}^n) = dBE^{\pi(\theta\mid x)}(\theta) = dB\mu_n(\overline{x_n}) \tag{4.6}$$

因此，贝叶斯决策法则即为资源需求量的后验均值。

步骤 3   将贝叶斯决策法则代入贝叶斯风险函数，最小化贝叶斯风险，求出最优决策时间和最优资源分配量。

将 $\delta_n^{\pi}(\boldsymbol{X}^n) = dB\mu_n(\overline{x_n})$ 代入式(4.1)，得到资源分配决策的贝叶斯风险为

$$\begin{aligned}
r^n(\pi) &= \int_{\Theta}\int_{\Omega}\frac{N-n}{N}\left[d\theta B - dB\mu_n(\overline{x_n})\right]^2 f(x\mid\theta)\,\mathrm{d}x\,\pi(\theta)\,\mathrm{d}\theta + \frac{n}{N}(dB\mu)^2\\
&= \frac{N-n}{N}d^2B^2\int_{\Omega}\int_{\Theta}\left[\theta - \mu_n(\overline{x_n})\right]^2\pi(\theta\mid x)\,\mathrm{d}\theta m(x)\,\mathrm{d}x + \frac{n}{N}(dB\mu)^2\\
&= \frac{N-n}{N}d^2B^2\frac{\sigma^2\tau^2}{\sigma^2 + n\tau^2} + \frac{n}{N}(dB\mu)^2
\end{aligned} \tag{4.7}$$

其中，$m(x)$ 为边际密度。

同理，可以得到期望决策失误损失的表达式：

$$r(\pi,\ \delta_n^{\pi}) = \frac{N-n}{N}d^2B^2\frac{\sigma^2\tau^2}{\sigma^2 + n\tau^2} \tag{4.8}$$

假设 n 为连续变量，最小化贝叶斯风险，可以求出最优决策时间。将 $r^n(\pi)$ 对 n 求导，得到

$$\begin{aligned}
\frac{\mathrm{d}r^n(\pi)}{\mathrm{d}n} &= \frac{d^2B^2}{N}\left[\sigma^2\tau^2\frac{-(\sigma^2 + n\tau^2) - (N-n)\tau^2}{(\sigma^2 + n\tau^2)^2} + \mu^2\right]\\
&= \frac{d^2B^2}{N}\left[\sigma^2\tau^2\frac{-\sigma^2 - N\tau^2}{(\sigma^2 + n\tau^2)^2} + \mu^2\right]
\end{aligned}$$

令 $\dfrac{\mathrm{d}r^n(\pi)}{\mathrm{d}n} = 0$，得到最优决策时间：

$$n^* = \mu^{-1}\tau^{-2}\left[\sigma\tau(\sigma^2 + N\tau^2)^{\frac{1}{2}} - \mu\sigma^2\right] \tag{4.9}$$

求 $r^n(\pi)$ 对 n 的二阶导数，得到

$$\frac{\mathrm{d}^2 r^n(\pi)}{\mathrm{d}n^2} = 2d^2B^2\sigma^2\tau^2\frac{\sigma^2 + N\tau^2}{N(\sigma^2 + n\tau^2)^3}$$

由于 $\dfrac{\mathrm{d}^2 r^n(\pi)}{\mathrm{d}n^2} > 0$，故 $r^n(\pi)$ 是 n 的凸函数，n^* 为 $r^n(\pi)$ 最小时的观测次数，即为最优决策时间。当 $n^* \leqslant 0$ 时，最优决策时间 n^* 取为 0；当 $n^* > N$ 时，最优决策时间 n^* 取为 N；当 $n^* > 0$ 时，n^* 可能为小数，对 n^* 向下取整表示为

$[n^*]$，则最优决策时间整数值 n^*_{int} 是使得 $r^n(\pi)$ 更小的 $[n^*]$ 或 $[n^*]+1$。

需要强调的是，这里的最优决策时间 n^* 是以观测次数表达的最优决策时间，这一决策时间可以转化为以实际时间表达的最优决策时间，记为 $\overline{T}^*$，实际最优决策时间可以通过以观测次数表达的最优决策时间 n^*_{int} 乘以观测间隔时间 $\frac{1}{N}$ 得到，则实际最优决策时间为

$$\overline{T}^* = n^*_{\text{int}} \times \frac{1}{N} = \frac{\mu^{-1}\tau^{-2}\left[\sigma\tau(\sigma^2+N\tau^2)^{\frac{1}{2}}-\mu\sigma^2\right]}{N} \qquad (4.10)$$

当然，式 (4.10) 中 $\overline{T}^*$ 的单位为周期时，可以转换为具体的时间单位，如天或小时等。

当 $0 \leqslant n^* \leqslant N$ 时，将最优决策时间 n^* 代入式 (4.6) 的贝叶斯决策法则，可以求出最优资源分配量，得到

$$S^*(n^*,\ \mathbf{X}^n) = dB\left[\overline{x}_{n^*} + \sigma\tau^{-1}\mu(\sigma^2+N\tau^2)^{-\frac{1}{2}}(\mu-\overline{x}_{n^*})\right] \qquad (4.11)$$

或者将 n^*_{int} 代入式 (4.6)，得到最优应急资源分配量为

$$S^*(n^*_{\text{int}},\ \mathbf{X}^n) = dB\,\frac{\sigma^2\mu + n^*_{\text{int}}\tau^2\,\overline{x}_{n^*_{\text{int}}}}{\sigma^2 + n^*_{\text{int}}\tau^2} \qquad (4.12)$$

由于最优决策时间 n^* 对应的最优决策时间整数值为 n^*_{int}，因此，式 (4.11) 可以作为式 (4.12) 的近似值。

将最优决策时间 n^* 代入式 (4.8)，求出此时的期望决策失误损失为

$$r^*(\pi,\ \delta^\pi_n) = \frac{d^2B^2\sigma}{N}\left[\mu\tau^{-1}(\sigma^2+N\tau^2)^{\frac{1}{2}}-\sigma\right]$$

同时，求出此时的决策延误损失为

$$\text{DL}^* = \frac{d^2B^2\sigma}{N}\left[\mu\tau^{-1}(\sigma^2+N\tau^2)^{\frac{1}{2}}-\sigma\mu^2\tau^{-2}\right]$$

从而，该问题总期望决策损失（总贝叶斯风险）的最小值为

$$r^{n^*}(\pi) = \frac{d^2B^2\sigma}{N}\left[2\mu\tau^{-1}(\sigma^2+N\tau^2)^{\frac{1}{2}}-\sigma\mu^2\tau^{-2}-\sigma\right]$$

至此，第一阶段的贝叶斯决策模型得到求解，第二阶段多出救点选择模型的求解依赖于第一阶段模型中求出的最优资源分配量 S^*。

步骤 4　根据第一阶段模型中求出的最优资源分配量 S^*，确定出救点及其资源供应量，得到最优出救方案 ϕ^-。

本步用于求解第二阶段的多出救点选择模型。何建敏等（2001）对于以应急时间最短为单一目标的多出救点选择问题给出了算法，具体如下。

不失一般性，设 $t_1 \leqslant t_2 \leqslant \cdots \leqslant t_p$。

定义 4.1　对序列 b_{i_1}，b_{i_2}，$\cdots$，b_{i_m}（i_1，i_2，$\cdots$，i_m 为 1，2，$\cdots$，p 子列

的一个排列）。若存在 q，$1 \leqslant q \leqslant m \leqslant p$，使得 $\sum\limits_{l=1}^{q} b_{il} \geqslant S^{*} > \sum\limits_{l=1}^{q-1} b_{il}$，则称 q 为该序列相对于最优资源分配量 S^{*} 的临界下标。

定理 4.3　方案 ϕ 可行的充分必要条件是序列 b_{i1}，b_{i2}，$\cdots$，b_{im} 存在相对于最优资源分配量 S^{*} 的临界下标。

证明：若 q 为序列 b_1，b_2，$\cdots$，b_p 相对于 S^{*} 的临界下标，则把 1，2，$\cdots$，q 作为出救点的方案将使目标最优，并有 $T(\phi^{*}) = \max\limits_{l=1,2,\cdots,q} t_l = t_q$。该方案的特点如下：首先选取离受灾点最近的出救点 1 参与应急，如果该出救点的全部应急资源量 b_1 小于最优资源分配量 S^{*}，则再让第二近的出救点 2 参与应急；如果出救点 1 和 2 的全部应急资源量 $b_1 + b_2$ 仍然小于最优资源分配量 S^{*}，则让第三近的出救点 3 参与应急，重复前面的步骤，直至满足应急资源的需求。证明完毕。

定理 4.4　把 1，2，$\cdots$，q 作为出救点的方案 ϕ^{*} 将使应急时间最短的目标达到最优，其中，q 为序列 b_1，b_2，$\cdots$，b_p 相对于最优资源分配量 S^{*} 的临界下标，并有 $T(\phi^{*}) = \max\limits_{l=1,2,\cdots,q} t_l = t_q$。

则当 $l < q$ 时，出救点 l 的应急资源供应量 $s_l^{*} = b_l$；当 $l = q$ 时，出救点 q 的应急资源供应量为 $s_q^{*} = S^{*} - \sum\limits_{l=1}^{q-1} b_l$。

■4.4　结果讨论

4.4.1　观测次数与决策时间的经济含义

根据式（4.8），期望决策失误损失 $r(\pi, \delta_n^{\pi}) = \dfrac{N-n}{N} d^2 B^2 \dfrac{\sigma^2 \tau^2}{\sigma^2 + n\tau^2}$，$\dfrac{\mathrm{d}r(\pi, \delta_n^{\pi})}{\mathrm{d}n} = -\dfrac{d^2 B^2 \sigma^2 \tau^2}{N} \dfrac{(\sigma^2 + N\tau^2)}{(\sigma^2 + n\tau^2)^2}$，可见，期望决策失误损失是灾情信息观测次数 N 和决策时间 n 的减函数，表明观测和评估次数越多，受灾比例这一灾情信息的后验方差就越小，获得的灾情信息就越准确，信息不确定所带来的决策失误损失就越小。令 $\mathrm{MR} = \dfrac{d^2 B^2 \sigma^2 \tau^2}{N} \dfrac{(\sigma^2 + N\tau^2)}{(\sigma^2 + n\tau^2)^2}$，则其表示观测与延迟决策的边际收益。可见，观测的边际收益随着观测次数的增加而递减，存在着边际收益递减的规律。

决策延误损失 $\mathrm{DL} = \dfrac{n}{N}(dB\mu)^2$，$\dfrac{\mathrm{d}\mathrm{DL}}{\mathrm{d}n} = \dfrac{d^2 B^2 \mu^2}{N}$，可见，决策延误损失是决策时间 n 的增函数，决策时间越是延后，资源分配等待时间就越长，资源分配延误带来的损失就越大。令 $\mathrm{MC} = \dfrac{d^2 B^2 \mu^2}{N}$，则其表示观测与延迟决策的边际成

本。可见，在这里观测的边际成本是不变的。

根据式(4.7)，总期望决策损失 $r^z(\pi) = \dfrac{N-n}{N}d^2B^2\dfrac{\sigma^2\tau^2}{\sigma^2+n\tau^2}+\dfrac{n}{N}(dB\mu)^2$，其取值取决于期望决策失误损失和决策延误损失的悖反关系。当观测与延迟决策的边际收益等于边际成本，即 MR＝MC 时，总期望决策损失最小，此时得到最优决策时间 $n^* = \mu^{-1}\tau^{-2}[\sigma\tau(\sigma^2+N\tau^2)^{\frac{1}{2}}-\mu\sigma^2]$。

4.4.2　最优决策时间

根据式(4.9)，最优决策时间 $r^* = \mu^{-1}\tau^{-2}[\sigma\tau(\sigma^2+N\tau^2)^{\frac{1}{2}}-\mu\sigma^2]$，本部分将讨论最优决策时间 n^* 与灾情信息最大观测次数 N、受灾比例的先验均值 μ、受灾比例的先验标准差 τ、受灾比例的观测标准差 σ 之间的关系。

1. 最优决策时间 n^* 与灾情信息最大观测次数 N 的关系

1)以观测次数表达的最优决策时间 n^* 与灾情信息最大观测次数 N 的关系

以观测次数表达的最优决策时间 n^* 对灾情信息最大观测次数 N 求导，得到 $\dfrac{\mathrm{d}n^*}{\mathrm{d}N}=\dfrac{1}{2}\mu^{-1}\sigma\tau(\sigma^2+N\tau^2)^{-\frac{1}{2}}$。可见，$\dfrac{\mathrm{d}n^*}{\mathrm{d}N}>0$，以观测次数表达的最优决策时间 n^* 是灾情信息最大观测次数 N 的增函数。在单决策周期内，如果灾情信息最大观测次数越大，则以观测次数表达的最优决策时间也越大。

令最优观测次数 $n^*=0$，得到灾情信息最大观测次数 $N=\sigma^2\tau^{-2}(\mu^2\tau^{-2}-1)$。则当 $0<N\leqslant\tau^{-2}\sigma^2(\mu^2\tau^{-2}-1)$ 时，$n^*=0$，不需要对灾情信息观测后进行应急资源分配，而是在决策周期的起始点直接根据受灾比例的先验信息进行资源分配量决策；当 $N>\tau^{-2}\sigma^2(\mu^2\tau^{-2}-1)$ 时，$n^*>0$，需要对灾情信息观测后再进行应急资源分配。特别地，当 $\mu<\tau$ 时，$\tau^{-2}\sigma^2(\mu^2\tau^{-2}-1)<0$，必定有 $N>\tau^{-2}\sigma^2(\mu^2\tau^{-2}-1)$，此时，$n^*>0$，即当受灾比例的先验均值小于先验标准差时，灾情信息的不确定性较大，需要对灾情信息观测后进行应急资源分配，因此最优决策时间大于零。

2)实际最优决策时间 $\overline{T}^*$ 与灾情信息最大观测次数 N 的关系

实际最优决策时间 $\overline{T}^*$ 对灾情信息最大观测次数 N 求导，得到 $\dfrac{\mathrm{d}\overline{T}^*}{\mathrm{d}N}=$

$-\dfrac{\dfrac{1}{2}\mu^{-1}\sigma\tau(\sigma^2+N\tau^2)^{-\frac{1}{2}}[2\tau^{-2}\sigma^2+N]+\mu^{-1}\tau^{-2}\mu\sigma^2}{N^2}$。可见，$\dfrac{\mathrm{d}\overline{T}^*}{\mathrm{d}N}<0$，实际最优决策时间 $\overline{T}^*$ 是灾情信息最大观测次数 N 的减函数。在单决策周期内，灾情信息最大观测次数越大，则实际最优决策时间就越短。灾情信息最大观测次数越大，观测时间间隔越短，则灾情信息更新速度越快，灾情信息不确定性降低的速

度越快，因此，实际最优决策时间就越短。特别地，当 $N \to \infty$ 时，$\lim\limits_{N \to \infty} \overline{T}^* = 0$，即如果连续不间断观测，则实际最优决策时间接近于零，这时灾情信息得到极速更新，不确定性极速降低，因此可以在极短时间内做出应急资源分配决策。

以观测次数表达的最优决策时间 n^* 是灾情信息最大观测次数 N 的增函数，而实际最优决策时间 $\overline{T}^*$ 是灾情信息最大观测次数 N 的减函数。这说明随着灾情信息最大观测次数的增加，虽然以观测次数表达的最优决策时间会增加，但是由于观测时间间隔减小，实际最优决策时间仍然会变短。因此，在灾害发生后使用遥感影像等不间断观测技术，有助于决策速度和决策效率的同步提升，以降低受灾点损失。

2. 最优决策时间 n^* 与受灾比例的先验均值 μ 的关系

最优决策时间 n^* 对受灾比例的先验均值 μ 求导，得到 $\dfrac{\mathrm{d}n^*}{\mathrm{d}\mu} = -\mu^{-2}\tau^{-1}\sigma$ $(\sigma^2 + N\tau^2)^{\frac{1}{2}}$。可见，$\dfrac{\mathrm{d}n^*}{\mathrm{d}\mu} < 0$，最优决策时间是受灾比例的先验均值 μ 的减函数。受灾比例的先验均值越大，说明根据先验信息确定的灾情越严重，延迟决策的边际成本就越高，就越需要缩短应急资源分配决策时间，以保证延迟决策的边际收益大于或等于边际成本。

令最优决策时间 $n^* = 0$，得到 $\mu = \sigma^{-1}\tau(\sigma^2 + N\tau^2)^{\frac{1}{2}}$。当 $0 < \mu < \sigma^{-1}\tau$ $(\sigma^2 + N\tau^2)^{\frac{1}{2}}$ 时，$n^* > 0$，需要对灾情信息观测后再进行应急资源分配；当 $\mu \geqslant \sigma^{-1}\tau(\sigma^2 + N\tau^2)^{\frac{1}{2}}$ 时，$n^* = 0$，不需要对灾情信息观测后再进行应急资源分配，而是在决策周期的起始点直接根据受灾比例的先验信息进行资源分配量决策。

3. 最优决策时间 n^* 与受灾比例的先验标准差 τ 的关系

最优决策时间 n^* 对受灾比例先验标准差 τ 求导，得到 $\dfrac{\mathrm{d}n^*}{\mathrm{d}\tau} = \sigma^2\tau^{-2}[2\tau^{-1} - \mu^{-1}\sigma(\sigma^2 + N\tau^2)^{-\frac{1}{2}}]$。

令 $\dfrac{\mathrm{d}n^*}{\mathrm{d}\tau} = 0$，得到

$$2\tau^{-1} - \mu^{-1}\sigma(\sigma^2 + N\tau^2)^{-\frac{1}{2}} = 0$$
$$4\tau^{-2} = \mu^{-2}\sigma^2(\sigma^2 + N\tau^2)^{-1}$$
$$4\tau^{-2}(\sigma^2 + N\tau^2) = \mu^{-2}\sigma^2$$
$$4\sigma^2 + (4N - \mu^{-2}\sigma^2)\tau^2 = 0$$

则当 $4N - \mu^{-2}\sigma^2 \geqslant 0$ 时，$4\sigma^2 + (4N - \mu^{-2}\sigma^2)\tau^2 > 0$ 总是成立，此时，$\dfrac{\mathrm{d}n^*}{\mathrm{d}\tau} > 0$。而当 $4N - \mu^{-2}\sigma^2 < 0$ 时，则存在以下关系。

$$\begin{cases} 0 < \tau^2 < 4\sigma^2(\mu^{-2}\sigma - 4N)^{-1} : & \dfrac{\mathrm{d}n^*}{\mathrm{d}\tau} > 0 \\[3mm] \tau^2 = 4\sigma^2(\mu^{-2}\sigma - 4N)^{-1} : & \dfrac{\mathrm{d}n^*}{\mathrm{d}\tau} = 0 \\[3mm] \tau^2 > 4\sigma^2(\mu^{-2}\sigma - 4N)^{-1} : & \dfrac{\mathrm{d}n^*}{\mathrm{d}\tau} < 0 \end{cases}$$

如果 $\dfrac{\mathrm{d}n^*}{\mathrm{d}\tau} > 0$，表示最优决策时间 n^* 是受灾比例的先验标准差 τ 的增函数，受灾比例的先验标准差越大，则最优决策时间越大；如果 $\dfrac{\mathrm{d}n^*}{\mathrm{d}\tau} = 0$，表示最优决策时间 n^* 与受灾比例的先验标准差 τ 无关；如果 $\dfrac{\mathrm{d}n^*}{\mathrm{d}\tau} < 0$，表示最优决策时间 n^* 是受灾比例的先验标准差 τ 的减函数，受灾比例的先验标准差越大，则最优决策时间越小。

4. 最优决策时间 n^* 与受灾比例的观测标准差 σ 的关系

最优决策时间 n^* 对受灾比例的观测标准差 σ 求导，得到 $\dfrac{\mathrm{d}n^*}{\mathrm{d}\sigma} = \mu^{-1}\tau^{-1}(\sigma^2 + N\tau^2)^{-\frac{1}{2}}(2\sigma^2 + N\tau^2) - 2\tau^{-2}\sigma$。

令 $\dfrac{\mathrm{d}n^*}{\mathrm{d}\sigma} = 0$，得到

$$\mu^{-1}\tau^{-1}(\sigma^2 + N\tau^2)^{-\frac{1}{2}}(2\sigma^2 + N\tau^2) - 2\tau^{-2}\sigma = 0$$
$$\mu^{-2}\tau^{-2}(\sigma^2 + N\tau^2)^{-1}(2\sigma^2 + N\tau^2)^2 = 4\tau^{-4}\sigma^2$$
$$(2\sigma^2 + N\tau^2)^2 = 4\tau^{-2}\sigma^2\mu^2(\sigma^2 + N\tau^2)$$
$$4(1 - \mu^2\tau^{-2})\sigma^4 + 4N(\tau^2 - \mu^2)\sigma^2 + N^2\tau^4 = 0$$

判别式 $\Delta = 4N\mu\sqrt{\mu^2 - \tau^2}$，则当 $\mu > \tau$ 时有解，解为 $\sigma^2 = N\sqrt{\mu^2 - \tau^2}(\mu - \sqrt{\mu^2 - \tau^2})(2\mu^2\tau^{-2} - 2)^{-1}$；当 $\mu > \tau$ 时，$1 - \mu^2\tau^{-2} < 0$，因此存在以下关系。

$$\begin{cases} 0 < \sigma^2 < N\sqrt{\mu^2 - \tau^2}(\mu - \sqrt{\mu^2 - \tau^2})(2\mu^2\tau^{-2} - 2)^{-1} : & \dfrac{\mathrm{d}n^*}{\mathrm{d}\sigma} > 0 \\[3mm] \sigma^2 = N\sqrt{\mu^2 - \tau^2}(\mu - \sqrt{\mu^2 - \tau^2})(2\mu^2\tau^{-2} - 2)^{-1} : & \dfrac{\mathrm{d}n^*}{\mathrm{d}\sigma} = 0 \\[3mm] \sigma^2 > N\sqrt{\mu^2 - \tau^2}(\mu - \sqrt{\mu^2 - \tau^2})(2\mu^2\tau^{-2} - 2)^{-1} : & \dfrac{\mathrm{d}n^*}{\mathrm{d}\sigma} < 0 \end{cases}$$

而当 $\mu < \tau$ 时，始终有 $4(1 - \mu^2\tau^{-2})\sigma^4 + 4N(\tau^2 - \mu^2)\sigma^2 + N^2\tau^4 > 0$，此时，$\dfrac{\mathrm{d}n^*}{\mathrm{d}\sigma} > 0$。

如果 $\dfrac{\mathrm{d}n^*}{\mathrm{d}\sigma} > 0$，表示最优决策时间 n^* 是受灾比例的观测标准差 σ 的增函数，受灾比例的观测标准差 σ 越大，则最优决策时间越大；如果 $\dfrac{\mathrm{d}n^*}{\mathrm{d}\tau} = 0$，表示最优决策时间 n^* 与受灾比例的观测标准差 σ 无关；如果 $\dfrac{\mathrm{d}n^*}{\mathrm{d}\tau} < 0$，表示最优决策时间 n^* 是受灾比例的观测标准差 σ 的减函数，受灾比例的观测标准差 σ 越大，则最优决策时间越小。

4.4.3　最优资源分配量

根据式(4.12)，最优资源分配量 $S^*(n_{\text{int}}^*, \boldsymbol{X}^n) = dB\dfrac{\sigma^2\mu + n_{\text{int}}^*\tau^2\,\overline{x}_{n_{\text{int}}^*}}{\sigma^2 + n_{\text{int}}^*\tau^2}$，这一最优资源分配量是按照受灾比例的后验信息进行应急资源分配得到的。除了按照受灾比例的后验信息进行决策求出最优资源分配量 $S^*(n_{\text{int}}^*, \boldsymbol{X}^n)$ 外，还可以不考虑受灾比例的观测信息，而直接使用受灾比例的先验信息进行应急资源分配，记为 $S(\mu) = dB\mu$；也可以不考虑受灾比例的先验信息，而直接按照受灾比例序贯观测样本均值 $\overline{x}_{n_{\text{int}}^*}$，求出资源分配量，记为 $S(\overline{x}_{n_{\text{int}}^*}) = dB\,\overline{x}_{n_{\text{int}}^*}$。由此，式(4.12)可以改写为

$$S^*(n_{\text{int}}^*, \boldsymbol{X}^n) = S(\mu) + \frac{n_{\text{int}}^*\tau^2}{\sigma^2 + n_{\text{int}}^*\tau^2}\left[S(\overline{x}_{n_{\text{int}}^*}) - S(\mu)\right] \tag{4.13}$$

$$S^*(n_{\text{int}}^*, \boldsymbol{X}^n) = S(\overline{x}_{n_{\text{int}}^*}) + \frac{\sigma^2}{\sigma^2 + n_{\text{int}}^*\tau^2}\left[S(\mu) - S(\overline{x}_{n_{\text{int}}^*})\right] \tag{4.14}$$

由式(4.12)可见，按照受灾比例的后验信息得到的最优资源分配量可以分解成两项：第一项 $S(\mu)$ 为根据先验信息得到的资源分配量；第二项 $\dfrac{n_{\text{int}}^*\tau^2}{\sigma^2 + n_{\text{int}}^*\tau^2} \cdot$ $\left[S(\overline{x}_{n_{\text{int}}^*}) - S(\mu)\right]$ 为观测修正项，即使用由观测样本均值得到的应急资源分配量 $S(\overline{x}_{n_{\text{int}}^*})$ 对 $S(\mu)$ 进行修正。当 $\overline{x}_{n_{\text{int}}^*} = \mu$ 时，不进行修正，则 $S^*(n_{\text{int}}^*, \boldsymbol{X}^n) = S(\mu)$；当 $\overline{x}_{n_{\text{int}}^*} > \mu$ 时，进行正修正，则 $S^*(n_{\text{int}}^*, \boldsymbol{X}^n) > S(\mu)$；当 $\overline{x}_{n_{\text{int}}^*} < \mu$ 时，进行负修正，则 $S^*(n_{\text{int}}^*, \boldsymbol{X}^n) < S(\mu)$。

由式(4.14)可见，按照受灾比例的后验信息得到的最优资源分配量可以分解成两项：第一项 $S(\overline{x}_{n_{\text{int}}^*})$ 为根据观测信息得到的资源分配量；第二项 $\dfrac{\sigma^2}{\sigma^2 + n_{\text{int}}^*\tau^2} \cdot$ $\left[S(\mu) - S(\overline{x}_{n_{\text{int}}^*})\right]$ 为先验修正项，即使用由先验均值得到的应急资源分配量 $S(\mu)$ 对 $S(\overline{x}_n)$ 进行修正。当 $\mu = \overline{x}_{n_{\text{int}}^*}$ 时，不进行修正，则 $S^*(n_{\text{int}}^*, \boldsymbol{X}^n) = S(\overline{x}_{n_{\text{int}}^*})$；当 $\mu > \overline{x}_{n_{\text{int}}^*}$ 时，进行正修正，则 $S^*(n_{\text{int}}^*, \boldsymbol{X}^n) > S(\overline{x}_{n_{\text{int}}^*})$；当 $\mu < \overline{x}_{n_{\text{int}}^*}$ 时，进行负修正，则 $S^*(n_{\text{int}}^*, \boldsymbol{X}^n) < S(\overline{x}_{n_{\text{int}}^*})$。

综合式(4.13)和式(4.14)，可以得出 $S^*(n_{\text{int}}^*, \boldsymbol{X}^n)$ 与 $S(\mu)$、$S(\overline{x}_{n_{\text{int}}^*})$ 之间具有如下大小关系。

$$\begin{cases} \mu > \overline{x}_{n_{\text{int}}^*} : S(\overline{x}_{n_{\text{int}}^*}) < S^*(n_{\text{int}}^*, \boldsymbol{X}^n) < S(\mu) \\ \mu = \overline{x}_{n_{\text{int}}^*} : S^*(n_{\text{int}}^*, \boldsymbol{X}^n) = S(\mu) = S(\overline{x}_{n_{\text{int}}^*}) \\ \mu < \overline{x}_{n_{\text{int}}^*} : S(\mu) < S^*(n_{\text{int}}^*, \boldsymbol{X}^n) < S(\overline{x}_{n_{\text{int}}^*}) \end{cases}$$

可见，$S^*(n_{\text{int}}^*, \boldsymbol{X}^n)$ 总是介于 $S(\mu)$、$S(\overline{x}_{n_{\text{int}}^*})$ 之间。按照后验信息进行决策时，观测信息对先验信息进行修正，后验信息结合了先验信息与观测信息，使得决策更加合理。

4.5　模型应用

4.5.1　灾害情况与参数

假设处于四川地震带的彭州发生地震，地震发生后地震现场交通和通信设施部分发生故障，导致信息获取和信息交流比较困难，灾区受灾比例的精确数据难以一次性获得，需要通过不断观测来进行修正。假设基于之前的地震灾害案例和灾情数据库，可以得到地震灾区受灾比例 θ 的先验分布服从正态分布 N(0.27，0.32^2)，即 $\mu = 0.27$，$\tau = 0.32$。假设对灾区采取灾害评估人员现场评估的方式评估灾区的受灾情况，获得受灾比例的观测数据。假设观测样本服从正态分布 N(θ，σ^2)，$\sigma = 0.4$。观测的灾情信息每两个小时更新一次($N = 12$)，并上报到救灾指挥部，由救灾指挥部负责应急资源分配决策，且决策必须在当天内做出，目标是使得应急资源分配的总期望决策损失最小，即期望决策失误损失与决策延误损失之和最小。

彭州市总人口为 79.5 万人，即 $B = 79.5$；单位受灾人口每天对饮用水的需求量为 6 升，即 $d = 6$；有 7 个出救点，出救点到彭州灾区的通行时间 t_i 和饮用水可供应量 b_i 如表 4.1 所示。

表 4.1　出救点到彭州灾区的通行时间 t_i 和饮用水可供应量 b_i

地区	彭州	崇州	都江堰	什邡	绵竹	北川	汶川
t_i/小时	0	2.17	1.92	1.82	2.47	3.30	3.52
b_i/万升	80	50	30	60	25	10	10

4.5.2　算例求解

1. 最优决策时间

根据式(4.9)可以求出最优决策时间 $n^* = 3.8934$，最优决策时间的整数值

$n_{int}^* = 4$，根据式(4.10)可以计算出实际最优决策时间 $\overline{T}^* = 8$（小时）。即受灾比例观测信息经过了 4 次更新，在地震发生后 8 小时，救灾指挥部进行应急资源分配决策是最优的，此时应急资源分配决策的总期望决策损失最小。

2. 最优应急资源分配量

在 MATLABR 2007b 中使用 random()函数产生均值为 0.27、标准差为 0.4 的服从正态分布的随机数，选取前 12 个在 0~1 的随机数作为受灾点受灾比例的观测序贯样本，得到 $\boldsymbol{X}^{12} = (0.2463, 0.5158, 0.4731, 0.9470, 0.5065, 0.0126, 0.4221,$ $0.2622, 0.2507, 0.2700, 0.1429, 0.7080)$。可以得到在最优决策时间为观测 4 次时，受灾比例观测样本的均值 $\overline{x}_4 = 0.5455$，从而可以求出受灾比例的后验均值 $\mu_4(\overline{x}_4) = 0.4681$，根据式(4.12)进而可以求出最优应急资源分配量 $S^*(4, \boldsymbol{X}^4) =$ 223.3049，也可以直接根据式(4.11)求出最优应急资源分配量 $S^*(n^*, \boldsymbol{X}^n) =$ 222.5835。用式(4.11)和式(4.12)求出的最优应急资源分配量会有一些差异，可以将式(4.11)求出的最优应急资源分配量作为实际最优应急资源分配量[用式(4.12)求出的最优应急资源分配量]的近似值。按受灾比例的先验均值得到的应急资源分配量 $S(\mu) = 128.7900$，而按照受灾比例观测均值得到的应急资源分配量 $S(\overline{x}_4) =$ 260.2248。由于 $\overline{x}_4 > \mu$，因此 $S(\mu) < S^*(4, \boldsymbol{X}^4) < S(\overline{x}_4)$。

3. 最优出救方案

将出救点按照通行时间 t_i 从小到大排列，得到排列顺序如表 4.2 所示。

表 4.2 按通行时间排列的出救点

地区	彭州	什邡	都江堰	崇州	绵竹	北川	汶川
t_i/小时	0	1.82	1.92	2.17	2.47	3.30	3.52
b_i/万升	80	60	30	50	25	10	10

计算出救点序列对于最优应急资源分配量 $S^*(4, \boldsymbol{X}^4) = 223.3049$ 的临界下标，步骤如表 4.3 所示。由于 $220 < 223.3049 < 245$，可以得到临界下标为 5，出救点为彭州、什邡、都江堰、崇州、绵竹，各出救点的应急资源供应量 s_i^* 分别为 80、60、30、50、21.6951。

表 4.3 临界下标求解步骤

步骤	出救点序列	出救点序列资源总供应量
1	彭州	80
2	彭州、什邡	140
3	彭州、什邡、都江堰	170
4	彭州、什邡、都江堰、崇州	220
5	彭州、什邡、都江堰、崇州、绵竹	245

4.5.3　灾情信息观测次数与决策损失之间关系的仿真

使用 MATLABR2007b 可以对应急资源分配的期望决策失误损失 $r(\pi, \delta_n^\pi)$、决策延误损失 DL、总期望决策损失 $r^x(\pi)$ 与观测次数 n 之间的关系进行模拟，结果如图 4.3 所示。可以发现，期望决策失误损失随着观测次数的增加而迅速减小，但减小速度在递减，说明观测的边际收益递减；决策延误损失随着观测次数的增加而匀速增加，说明观测的边际成本保持不变；总期望决策损失则是随着观测次数的增加先减小，再增加。当观测次数 $n^* = 4$ 时，总期望决策损失最小，因此最优决策时间为观测 4 次，实际最优决策时间为地震发生后 8 小时。

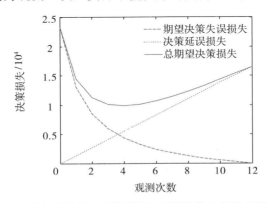

图 4.3　应急资源分配决策损失与观测次数之间的关系仿真

4.5.4　相关参数与最优决策时间之间关系的仿真

1. 受灾比例的观测标准差、最大观测次数与最优决策时间的关系仿真

设受灾比例 θ 的先验分布服从正态分布 $N(0.27, 0.32^2)$，即 $\mu = 0.27$，$\tau = 0.32$。使用 MATLABR2007b 对受灾比例的观测标准差、最大观测次数与最优决策时间的关系进行仿真。设受灾比例的观测标准差 σ 的取值范围为 $[0, 1]$；最大观测次数 N 的取值范围为 $[1, 24]$。则受灾比例的观测标准差、最大观测次数分别与最优决策时间 n^*、最优决策时间整数值 n_{int}^*、实际最优决策时间的关系分别如图 4.4～图 4.6 所示。

由图 4.4 和图 4.5 可见，在受灾比例的观测标准差 σ 不变的情况下，以观测次数表达的最优决策时间 n^* 及其整数值 n_{int}^* 是灾情信息最大观测次数 N 的增函数，最大观测次数越大，则以观测次数表达的最优决策时间也越大。但是对比图 4.6 可以发现，在受灾比例的观测标准差 σ 不变的情况下，实际最优决策时间 $\overline{T}^*$ 却是灾情信息最大观测次数 N 的减函数，最大观测次数越大，实际最优决策时间越小。当最大观测次数为 1 时，由于最优决策时间整数值为 0，故总期望决

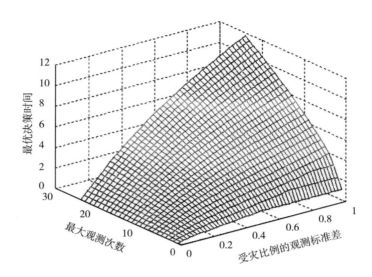

图 4.4　受灾比例的观测标准差、最大观测次数与最优决策时间的关系仿真

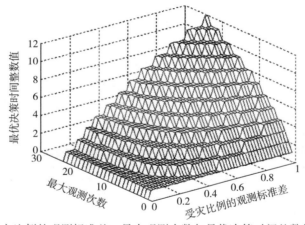

图 4.5　受灾比例的观测标准差、最大观测次数与最优决策时间整数值的关系仿真

策损失为 $d^2B^2\tau^2$；而当最优决策时间整数值为 1 时，总期望决策损失为 $d^2B^2\mu^2$，由于 $\mu<\tau$，故最优决策时间整数值总为 1，实际决策最优决策时间为 24 小时。因此，要想尽早做出应急资源分配决策，必须要增加观测频率，减少观测间隔时间，使得灾情信息得到更快的更新。

　　由于在仿真设置中 $\mu<\tau$，因此，在最大观测次数 N 保持不变的情况下，最优决策时间 n^* 及其整数值 n^*_{int}、实际最优决策时间 $\overline{T}^*$ 都是受灾比例的观测标准差 σ 的增函数，受灾比例的观测标准差 σ 越大，则最优决策时间越大，如图 4.4～图 4.6 所示。当受灾比例的观测标准差 σ 接近于 0 时，最优决策时间整

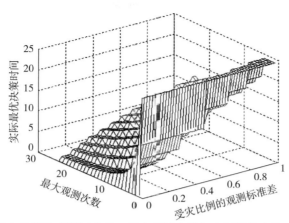

图 4.6　受灾比例的观测标准差、最大观测次数与实际最优决策时间的关系仿真

数值 n_{int}^{*} 为 1，这时只需要观测一次就可以得到比较精确的信息。当受灾比例的观测标准差 σ 接近于 1 时，最优决策时可整数值 n_{int}^{*} 为最大观测次数。因此，要尽早做出应急资源分配决策，必须要使用精密的观测方法，提高观测的精度，尽可能地降低灾情信息的不确定性。

而当 $\mu > \tau$ 时，受灾比例的观测标准差对最优决策时间的影响有所不同。假设 $\mu = 0.57$，其他变量的取值保持不变，重新对受灾比例的观测标准差、最大观测次数与最优决策时间 n^{*} 的关系进行仿真，结果如图 4.7 所示。由于 $\mu > \tau$，在最大观测次数 N 保持不变的情况下，最优决策时间 n^{*} 会随着受灾比例的观测标准差的增加而先增加后减小。当受灾比例的观测标准差较小时，观测后灾情信息的不确定性会迅速减小，从而可以在短时间内做出最优应急资源分配决策。而当受灾比例的观测标准差较大时，由于受灾比例的先验均值比较大，延迟应急资源分配时间造成的损失也会比较大，因此也需要缩短决策时间。

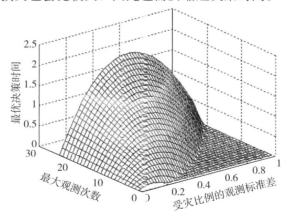

图 4.7　受灾比例的观测标准差、最大观测次数与最优决策时间的关系仿真（$\mu > \tau$）

2. 受灾比例的先验均值、先验标准差与最优决策时间的关系仿真

设受灾比例的观测标准差 $\sigma=0.4$，灾情信息最大观测次数 $N=12$，受灾比例 θ 的先验分布服从正态分布 $N(\mu,\tau^2)$。其中，μ 的取值范围为 $[0,1]$；τ 的取值范围为 $[0,1]$。使用 MATLABR2007b 对受灾比例的先验均值、先验标准差与最优决策时间的关系进行仿真，得到受灾比例的先验均值、先验标准差与最优决策时间 n^*、最优决策时间整数值 n_{int}^* 的关系分别如图 4.8 和图 4.9 所示。

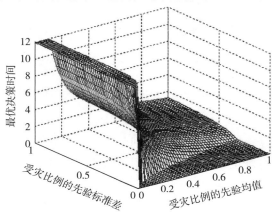

图 4.8　受灾比例的先验均值、先验标准差与最优决策时间 n^* 的关系仿真

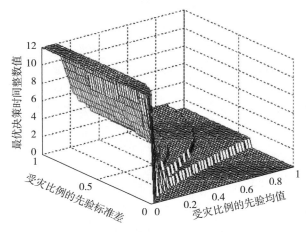

图 4.9　受灾比例的先验均值、先验标准差与最优决策时间整数值 n_{int}^* 的关系仿真

由图 4.8 和图 4.9 可见，在受灾比例的先验均值 μ 不变的情况下，最优决策时间 n^* 及其整数值 n_{int}^* 基本上是受灾比例的先验标准差 τ 的增函数(需要满足 $\mu>\dfrac{1}{9}$，即满足 $4N-\mu^{-2}\sigma^2>0$)，先验标准差越大，则最优决策时间也越大。当受灾比例的先验标准差 τ 接近于 0 时，最优决策时间整数值 n_{int}^* 为 0，说明当受灾比例的先

验信息接近确定信息时，不需要进行观测更新。当先验的灾情信息越不确定时，越需要增加观测次数，延迟决策时间，以减少应急资源分配的决策失误损失。

在受灾比例的先验标准差 τ 保持不变的情况下，最优决策时间 n^* 及其整数值 n_{int}^* 基本上是受灾比例的先验均值 μ 的减函数，受灾比例的先验均值越大，则最优决策时间越短。当受灾比例的先验均值 μ 接近于 0 时，最优决策时间整数值为最大观测次数 12。这说明，当这类灾害灾情非常轻，几乎没有受灾人员时，可以等待灾情信息得到充分更新以后再进行应急资源分配决策，以减少决策失误损失。而当先验的灾情越严重时，越需要尽早做出应急资源分配决策，以减少决策延误损失。

3. 受灾比例的先验标准差、观测标准差与最优决策时间的关系仿真

设受灾比例 θ 的先验分布服从正态分布 $N(\mu, \tau^2)$，其中，$\mu = 0.27$，τ 的取值范围为 $[0, 1]$。设受灾比例的观测标准差 σ 的取值范围为 $[0, 1]$，灾情信息最大观测次数 $N = 12$。使用 MATLAB R2007b 对受灾比例的先验标准差、观测标准差与最优决策时间的关系进行仿真，得到受灾比例的先验标准差、观测标准差与最优决策时间 n^*、最优决策时间整数值 n_{int}^* 的关系如图 4.10 和图 4.11 所示。

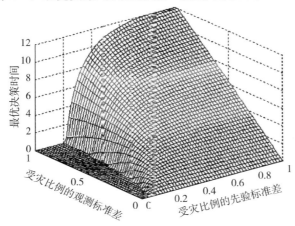

图 4.10　受灾比例的先验标准差、观测标准差与最优决策时间 n^* 的关系仿真

由图 4.10 和图 4.11 可见，在受灾比例的观测标准差 σ 不变的情况下，当 $4N - \mu^{-2}\sigma^2 > 0$ 时，最优决策时间 n^* 及其整数值 n_{int}^* 基本上是受灾比例的先验标准差 τ 的增函数，先验标准差越大，则最优决策时间也越长。受灾比例的先验标准差接近于 0 时，最优决策时间整数值为 0。

同时，由于 $\mu < \tau$，在受灾比例的先验标准差 τ 保持不变的情况下，最优决策时间 n^* 及其整数值 n_{int}^* 基本上是受灾比例的观测标准差 σ 的增函数，受灾比例的观测标准差 σ 越大，则最优决策时间越长。当受灾比例的观测标准差接近于 0 时，最优决策时间整数值为 1。模拟结果与前面的模拟结果一致。

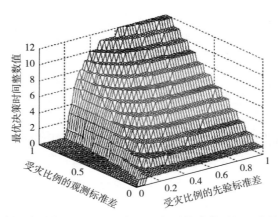

图 4.11　受灾比例的先验标准差、观测标准差与最优决策时间整数值 n_{int}^{*} 的关系仿真

数值模拟直观地表达了相关参数对最优决策时间的直接影响和交互影响，模拟结果与 4.4.2 部分中结果讨论的结论是一致的。但最优决策时间的大小并不能代表受灾点损失的大小，因此，接下来对相关参数与总期望决策损失之间的关系进行仿真。

4.5.5　相关参数与总期望决策损失之间关系的仿真

1. 受灾比例的观测标准差、最大观测次数与总期望决策损失的关系仿真

设受灾比例 θ 的先验分布服从正态分布 $N(0.27，0.32^2)$，即 $\mu=0.27$，$\tau=0.32$。使用 MATLABR2007b 对受灾比例的观测标准差、最大观测次数与总期望决策损失的关系进行仿真，得到的结果如图 4.12 所示。其中，受灾比例的观测标准差 σ 的取值范围为 $[0，1]$；最大观测次数 N 的取值范围为 $[1，24]$。

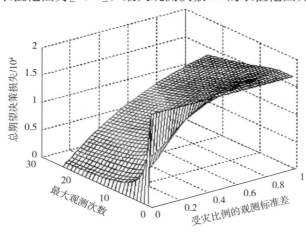

图 4.12　受灾比例的观测标准差、最大观测次数与总期望决策损失的关系仿真

由图 4.12 可知，在受灾比例的观测标准差 σ 不变的情况下，总期望决策损失基本是最大观测次数 N 的减函数，最大观测次数越大，则总期望决策损失越小。这说明，要想尽量减少受灾点损失，必须要增加观测频率，减少观测间隔时间。而在最大观测次数 N 保持不变的情况下，总期望决策损失基本上是受灾比例的观测标准差 σ 的增函数（$N=1$ 除外　当 $N=1$ 时，总期望决策损失不变），受灾比例的观测标准差 σ 越大，则总期望决策损失越大。这说明，要想尽量减少受灾点损失，必须要使用精密的观测设备和精确的观测方法，提高观测的精度。

2. 受灾比例的先验均值、先验标准差与总期望决策损失的关系仿真

设受灾比例的观测标准差 $\sigma=0.4$，灾情信息最大观测次数 $N=12$。受灾比例 θ 的先验分布服从正态分布 $N(\mu, \tau^2)$。其中，μ 的取值范围为 $[0, 1]$；τ 的取值范围为 $[0, 1]$。使用 MATLABR2007b 对受灾比例的先验均值、先验标准差与总期望决策损失的关系进行仿真，结果如图 4.13 所示。

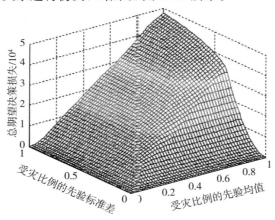

图 4.13　受灾比例的先验均值、先验标准差与总期望决策损失的关系仿真

由图 4.13 可见，在受灾比例的先验均值 μ 不变的情况下，总期望决策损失基本上是受灾比例的先验标准差 τ 的增函数，受灾比例的先验标准差越大，则总期望决策损失也越大。这说明，当先验的灾情信息越不确定时，受灾点损失往往越大。同时，在受灾比例的先验标准差 τ 保持不变的情况下，总期望决策损失基本上是受灾比例的先验均值 μ 的增函数　受灾比例的先验均值越大，则总期望决策损失也越大。这说明，当先验的灾情越严重时，受灾点损失往往越大。为了尽量减少受灾点损失，应积极建立灾情数据库，不断丰富灾情数据，并对灾害情景进行有效分类，以便获得更加精确的灾情先验信息。

3. 受灾比例的先验标准差、观测标准差与总期望决策损失的关系仿真

设受灾比例 θ 的先验分布服从正态分布 $N(\mu, \tau^2)$，其中，$\mu=0.27$，τ 的取

值范围为[0，1]。设受灾比例的观测标准差 σ 的取值范围为[0，1]；灾情信息最大观测次数 $N=12$。使用 MATLABR2007b 对受灾比例的先验标准差、观测标准差与总期望决策损失的关系进行仿真，结果如图 4.14 所示。

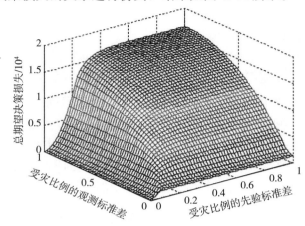

图 4.14　受灾比例的先验标准差、观测标准差与总期望决策损失的关系仿真

由图 4.14 可见，在受灾比例的观测标准差 σ 不变的情况下，总期望决策损失基本上是受灾比例的先验标准差 τ 的增函数，先验标准差越大，则总期望决策损失也越大。同时，在受灾比例的先验标准差 τ 保持不变的情况下，总期望决策损失基本上是受灾比例的观测标准差 σ 的增函数，受灾比例的观测标准差 σ 越大，则总期望决策损失越大。因此，当受灾比例的先验标准差、观测标准差都较小时，总期望决策损失也比较小；当受灾比例的先验标准差、观测标准差都较大时，总期望决策损失也比较大。这一模拟结果与前面的模拟结果一致。为了尽量减少受灾点损失，一方面要积极建立灾情数据库，以便获得更加精确的灾情先验信息；另一方面要使用精密的观测设备和精确的观测方法，提高观测的精度。

4.5.6　应急资源分配量仿真

设 $\overline{x}_{n_{\mathrm{int}}^*}$ 的取值范围为[0，1]，其他参数设置同 4.5.1 部分。使用 MATLABR 2007b 分别对基于受灾比例的先验均值、观测样本均值和后验均值进行资源分配决策时的应急资源分配量进行模拟，结果如图 4.15 所示。可见，基于受灾比例的后验均值得到的应急资源分配量总是介于基于受灾比例的先验均值和观测样本均值得到的应急资源分配量之间，说明后验信息结合了先验信息与后验信息，使得决策更加合理。

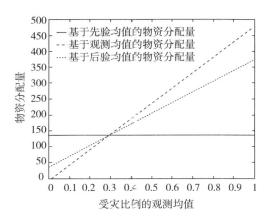

图 4.15　基于受灾比例的不同类型信息的应急资源分配量仿真

4.6　本章小结

本章基于应急响应阶段应急资源分配决策属于不可逆决策的特征以及突发事件灾情信息不断观测和更新的特征，将决策时间的确定和决策方案的制订纳入一个系统框架，建立了简单路网单周期应急资源分配问题的贝叶斯序贯决策模型，确定应急资源分配最优决策时间、最优资源分配量、出救点及其资源供应量，以使得决策总损失最小、应急时间最短。通过数值模拟与仿真，分析了受灾比例的先验均值、受灾比例的先验标准差、受灾比例的观测标准差、最大观测次数等相关参数与最优决策时间、总期望决策损失之间的关系。得到的主要结论如下。

(1)总期望决策损失取决于期望决策失误损失和期望决策延误损失的悖反关系。当观测与延迟决策的边际收益等于边际成本时，总期望决策损失最小，得到最优决策时间。

(2)一般地，灾情信息最大观测次数越大则实际最优决策时间越小，总期望决策损失也越小。因此，当灾害发生后立该尽量增加灾情信息观测频率，减少观测间隔时间。

(3)一般地，受灾比例的观测标准差越小则实际最优决策时间越小，总期望决策损失也越小。因此，灾害发生后应该尽量使用精密的观测方法，提高观测的精度。

(4)一般地，受灾比例的先验均值越大，先验标准差越大，则总期望决策损失也越大。因此，应积极建立灾情数据库，不断丰富灾情数据，并对灾害情景进行有效分类，以便获得更加精确的灾情先验信息。

(5)基于受灾比例的后验均值得到的应急资源分配量总是介于基于受灾比例

的先验均值和观测样本均值得到的应急资源分配量之间，后验信息结合了先验信息与观测信息，使得决策更加合理。

本章的创新点如下。

(1)本章区分了应急响应阶段应急资源分配决策的两类损失，即决策延误损失和决策失误损失。决策延误损失是指由于应急资源延迟分配而造成的受灾点的损失；决策失误损失是指由于受灾比例和应急资源需求信息不确定导致资源分配量不能满足资源需求量，从而造成的受灾点的损失。决策延误损失发生在应急资源分配决策之前，而决策失误损失则发生在应急资源分配决策之后，两者往往存在着悖反关系。

(2)应急响应阶段灾情信息的最大特点是动态不确定，本章基于贝叶斯分析方法使用灾情先验信息与实时更新的灾情信息得到灾情后验信息，通过先验信息与实时信息的相互修正来降低信息的不确定性。在对灾情信息进行连续观测的情况下，通过本次观测信息来修正原有先验信息以得到下一次观测的先验信息。连续观测的信息不断用于信息的修正，有力地支持了应急资源分配决策。

(3)在研究范式上，本章结合灾害的演变规律，将贝叶斯统计决策分析与运筹优化决策分析结合起来，建立了一个两阶段模型，将动态更新的灾情信息和决策时间纳入应急资源分配决策框架：第一阶段根据灾情信息的先验特征和观测特征，确定最优决策时间和最优资源分配量，以使得资源分配决策相关的损失最小；第二阶段基于第一阶段模型得到的最优资源分配量，确定出救点及其应急资源供应量，以使得应急时间最短。这样可以同时求解出应急资源分配决策模型的最优决策时间、最优应急资源分配量、最优出救方案和受灾点损失。

(4)在单决策周期应急资源分配模型中，对受灾比例的先验均值、受灾比例的先验标准差、受灾比例的观测标准差、最大观测次数与最优决策时间、总期望决策损失之间的关系进行了仿真，直观地体现了这些参数对最优决策时间、总期望决策损失的独立影响和交互影响。

第 5 章

简单路网多周期应急资源分配的
贝叶斯序贯决策模型

　　根据需求特性，应急资源可以分为两种类型。第一种是一次性需求的资源，如帐篷、毛毯、防水油布和蚊帐等日常用设备或设施。第一种资源一旦送达受灾点，就立即分配给受灾人员，因此往往侵设这种资源不会形成库存。如果第一种资源的需求没有得到及时满足，则可以在下一个周期进行补偿，而且未满足需求可以累计。第二种资源是定期消耗的资源，其需求是周期性的，如饮用水、食品、卫生用品等。第二种资源送达受灾点后，如果分配给受灾人员后有剩余，则可以形成库存，用于满足下一个周期的需求。如果第二种资源的周期性需求不能及时得到满足，不能在下一个周期内补偿。而且，未满足需求不能累计。

　　本章将针对第二种资源建立简单路网多周期应急资源分配的贝叶斯序贯决策模型，用以解决应急资源分配问题，其路网结构与第 4 章相同，见图 4.1。多决策周期的应急资源分配模型是建立在第 4 章单决策周期应急资源分配模型的基础之上的，每一个观测与决策周期都建立一个单决策周期应急资源分配的贝叶斯序贯决策模型，该模型构建的基本框架如图 5.1 所示。在每个决策周期中都对灾情信息进行观测，由先验信息和观测信息得到后验信息，使用先验信息或后验信息进行应急资源分配决策。前一个观测周期最后一次观测得到的灾情信息的后验信息是后一个周期的先验信息，这样后一个周期可以充分利用前面所有观测周期的观测信息和最初的先验信息，从而更有效地降低灾情信息的不确定性。随着灾情信息的不断更新，灾情信息的不确定性不断降低，当灾情信息趋近于确定信息时，就不再需要进行观测，这一周期称为最大观测周期。此后，应急资源分配按照最大观测周期中灾情信息的后验信息进行决策(Ge and Liu，2013b)。

　　在传统的贝叶斯决策分析中，需要确定信息的最优观测次数(最优样本量)或最优停止时间，在这一点以后不再继续进行信息的观测。而本章则忽略观测成

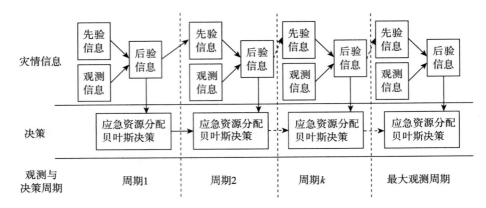

图 5.1　多决策周期的应急资源分配模型的基本框架

本，假定灾情信息可以持续进行观测，在获得最优决策时间以后，仍然需要进行灾情信息观测，为下一个决策周期提供精确的信息，这一假设更加符合灾害应急管理的现实情况。例如，在汶川地震发生后，国家减灾中心利用不同阶段获取的各类信息，包括基础地理数据、灾前灾后遥感影像数据、地震烈度数据和媒体报道灾情信息等，结合灾害应急响应不同阶段的需求，24 小时不间断开展受灾人口、房屋倒损、道路损毁、堰塞湖及次生灾害的监测与评估工作，为国家减灾救灾决策提供技术支持。

5.1　模型构建

5.1.1　符号定义

i：出救点备选地点代号，$i=1, 2, \cdots, p$

b_i：每周期出救点 i 中应急资源储备量

t_i：从出救点 i 到受灾点的运输时间

B：受灾点的人口总数

k：灾情信息观测的周期，对应着应急资源分配决策的周期，$k \in K$

k_m：最大观测周期，即停止观测的周期

θ_k：k 周期受灾点的受灾比例

μ_{k-1}：k 周期受灾比例的先验均值

τ_{k-1}：k 周期受灾比例的先验标准差

σ_k：k 周期受灾比例的观测样本标准差

d：单位受灾人口对应急资源的需求量

n_k：k 周期灾情信息的观测次数

N_k：k 周期灾情信息的最大观测次数，$N_k \geqslant 1$

n_k^*：k 周期以观测次数表达的应急资源分配最优决策时间

$n_{\text{int}k}^*$：k 周期以观测次数表达的最优决策时间的整数值

$\overline{T}_k^*$：k 周期实际最优决策时间

S_k：k 周期对受灾点的应急资源分配量

S_k^*：k 周期最优资源分配量

D_k：k 周期受灾点对应急资源的需求量，$D_k = d\theta_k B$

L_{fk}：k 周期决策失误损失

L_{dk}：k 周期决策延误损失

L_k：k 周期总决策损失

r_k：k 周期贝叶斯风险

5.1.2　模型假设

假设突发事件发生后，由多个出救点向某受灾点提供应急资源。应急资源为定期消耗的资源，其需求是周期性的，如饮用水、食品、卫生用品等，并且需求周期为 1 天，则第 k 周期应急资源的需求量 $D_k = d\theta_k B$。其中，B 为受灾点总人口；θ_k 为第 k 周期的受灾比例；d 为单位受灾人口的应急资源需求量。在灾害发生后第 1 天，受灾比例 θ_1 的先验分布 $\pi(\theta_1)$ 服从 $\mathrm{N}(\mu_0，\tau_0^2)$，每天最多进行 N_k 次观测，序贯观测 $\boldsymbol{X}_1^n = (X_{11}，X_{12}，\cdots，X_{1n})$ 的样本条件密度 $f(x|\theta_1)$ 服从分布 $\mathrm{N}(\theta_1，\sigma_1^2)$。设第 1 周期末经过 N_1 次观测后得到受灾比例 θ_1 的后验分布 $\pi(\theta_1|x)$ 服从 $\mathrm{N}(\mu_1，\tau_1^2)$；灾害发生后第 k 天（周期），受灾比例 θ_k 在周期初的先验分布为 $\pi(\theta_k)$；序贯观测 $\boldsymbol{X}_k^n = (X_{k1}，X_{k2}，\cdots，X_{kn})$ 的样本密度 $f(x|\theta_k)$ 服从分布 $\mathrm{N}(\theta_k，\sigma_k^2)$；第 k 周期末经过 N_k 次观测后得到受灾比例 θ_k 的后验分布 $\pi(\theta_k|x)$ 服从分布 $\mathrm{N}(\mu_k，\tau_k^2)$。在每个周期进行序贯观测后，使用受灾比例的观测信息来修正受灾比例的先验分布可以得到其后验分布，同时，每个决策周期中受灾比例的后验分布是后一个周期的先验分布。则有 $\pi(\theta_k) = \pi(\theta_{k-1}|x)$，即第 k 周期受灾比例 θ_k 的先验分布 $\pi(\theta_k)$ 服从 $\mathrm{N}(\mu_{k-1}，\tau_{k-1}^2)$。则可以得到以下损失函数。

第 k 周期决策延误损失函数为

$$L_{dk} = (dB\mu_{k-1} - 0)^2 = (dB\mu_{k-1})^2$$

第 k 周期决策失误损失函数为

$$L_{fk}(\theta_k，S_k) = (d\theta_k B - S_k)^2$$

第 k 周期总的决策损失函数为

$$L_k(\theta_k, S_k, n_k) = (N_k - n_k)\frac{1}{N_k}L_{fk}(\theta_k, S_k) + n_k\frac{1}{N_k}L_{dk}$$

k_m 为最大观测周期(即停止观测的周期),在此周期以后,灾情信息可以看做确定信息,不需要再对灾情信息进行观测和更新。同时,在以后的决策周期中,使用这一确定的灾情信息进行应急资源分配决策,则应急资源分配决策问题转变为确定信息情况下的确定性规划问题。最大观测周期 k_m 需要根据灾情信息的特征进行确定。

5.1.3 模型构建

多决策周期的应急资源分配模型建立在第 4 章单决策周期应急资源分配模型的基础之上,每一个观测与决策周期都建立一个单决策周期应急资源分配的贝叶斯序贯决策模型。在每一个周期,该问题可以建立一个两阶段模型:第一阶段根据受灾比例的观测特征,确定最优决策时间和最优资源分配量,以使得资源分配决策相关的损失最小;第二阶段基于最优资源分配量,确定出救点及其应急资源供应量,以使得应急时间最短。根据 4.2.4 部分中的单决策周期应急资源分配模型,可以得到第 k 天(周期)的两阶段模型如下。

模型 5-1

(1)第一阶段模型。在第一阶段模型中,需要确定第 k 周期最优决策时间 n_k^* 和最优资源分配量 S_k^*,以使得第 k 周期总损失函数的贝叶斯风险 $r_k^n(\pi)$ 最小。因此,第一阶段模型为

$$\min_{n_k, S_k} \quad r_k^{n_k}(\pi) = E^\pi E_\theta^{X_k^n}\left[\frac{N_k - n_k}{N_k}L_{fk}(\theta_k, \delta_{kn}^\pi(\boldsymbol{X}_k^n))\right] + \frac{n_k}{N_k}L_{dk} \tag{5.1}$$

(2)第二阶段模型。在出救点选择问题中,以应急时间最短作为目标。假设每一周期的出救点不变。在第 k 周期,假设 ϕ_k 为一可行方案,表示为 $\phi_k = \{(i_1, b'_{i1}), (i_2, b'_{i2}), \cdots, (i_m, b'_{im})\}$,其中,$0 \leqslant b'_{il} \leqslant b_{il}$;$\sum_{l=1}^{m} b'_{il} = S_k^*$;$i_1, i_2, \cdots, i_m$ 为 1,2,$\cdots$,p 子列的一个排列。用 Ξ_k 表示可行方案的集合;ϕ_k^* 表示最优出救方案。

应急时间是出救点最后一批应急资源到达受灾点的时间,则应急时间可以表示为

$$T_k(\phi_k) = \max_{l=1,2,\cdots,m} t_{il}$$

则第二阶段的模型为

$$\min_{\phi_k \in \Xi_k} T_k(\phi_k) \tag{5.2}$$

5.2　模型求解

在 4.3 节中单决策周期应急资源分配模型求解方法的基础上，可以得到多决策周期应急资源分配模型的求解步骤。在多决策周期应急资源分配模型中，除了求解每一周期的最优决策时间 r_k^*、最优资源分配量 S_k^* 和最优出救方案 ϕ_k^* 以外，还需要确定最大观测周期（即停止观测的周期）k_m。

5.2.1　求解步骤

本模型求解步骤如下。

步骤 1　设周期 $k=1$，$\pi(\theta_k)$ 服从 $N(\mu_0,\ \tau_0^2)$。

步骤 2　通过最小化贝叶斯风险求解第 k 周期的贝叶斯决策法则 δ_{kn}^{π}。

步骤 3　将贝叶斯决策法则代入贝叶斯风险函数，最小化贝叶斯风险，求出第 k 周期的最优决策时间 n_k^*、最优决策时间整数值 $n_{\mathrm{int}k}^*$、实际最优决策时间 $\overline{T}_k^*$ 和最优资源分配量 S_k^*。

步骤 4　根据最优资源分配量 S_k^*，确定第 k 周期出救点及其资源供应量，得到第 k 周期最优出救方案 ϕ_k^*。

步骤 5　求解第 k 周期末受灾比例 θ_k 的后验分布 $\pi(\theta_k\mid x)$，其服从 $N(\mu_k,\ \tau_k^2)$。

步骤 6　设定足够小的正值 ε，如果 $\tau_k^2<\varepsilon$，转入步骤 7。否则，令 $k=k+1$；$\pi(\theta_k)$ 服从 $N(\mu_{k-1},\ \tau_{k-1}^2)$；转入步骤 2。

步骤 7　令 $k_m=k$，停止以后各周期的观测。对于最大观测周期 k_m 以后的决策周期，$S^*=dB\mu_k$。根据最优资源分配量 S^*，确定出救点及其资源供应量，得到最优出救方案 ϕ^*。结束。

对于最大观测周期 k_m，根据受灾比例的后验方差进行判断，如果后验方差足够小，可以认为，受灾比例由随机变量变为确定变量，因此无须再进行观测，此时，应急资源分配的随机决策问题转变为确定性决策问题。

5.2.2　求解结果

1. 各周期最优决策时间和最优资源分配量

根据单决策周期应急资源分配模型的求解结果，可以得到第 k 周期的最优决策时间 n_k^* 和最优资源分配量 S_k^*。

$$n_k^* = \mu_{k-1}^{-1}\tau_{k-1}^{-2}\left[\sigma_k\tau_{k-1}(\sigma_k^2+N_k\tau_{k-1}^2)^{\frac{1}{2}} - \mu_{k-1}\sigma_k^2\right]$$

$$S_k^*(n_{\mathrm{int}},\ \boldsymbol{X}') = dB\frac{\sigma_k^2\mu_{k-1}+n_{\mathrm{int}k}^*\tau_{k-1}^2\overline{x}_{n_{\mathrm{int}k}}}{\sigma_k^2+n_{\mathrm{int}k}^*\tau_{k-1}^2}$$

其中，σ_k 的取值取决于灾情信息的观测方式与观测工具；μ_{k-1} 和 τ_{k-1}^2 则是由受灾比例的先验信息结合了各周期的观测信息而得到的。

可以用数学归纳法得到 μ_k 和 τ_k^2 的表达式。

$$\mu_k = \frac{\mu_0 \prod\limits_{v=1}^{k} \sigma_v^2 + \tau_0^2 \sum\limits_{v=1}^{k} \prod\limits_{w=1}^{k} \dfrac{N_v \sigma_w^2 \overline{x}_{vN_v}}{\sigma_v^2}}{\prod\limits_{v=1}^{k} \sigma_v^2 + \tau_0^2 \sum\limits_{v=1}^{k} \prod\limits_{w=1}^{k} \dfrac{N_v \sigma_w^2}{\sigma_v^2}} \tag{5.3}$$

$$\tau_k^2 = \frac{\tau_0^2 \prod\limits_{v=1}^{k} \sigma_v^2}{\prod\limits_{v=1}^{k} \sigma_v^2 + \tau_0^2 \sum\limits_{v=1}^{k} \prod\limits_{w=1}^{k} \dfrac{N_v \sigma_w^2}{\sigma_v^2}} \tag{5.4}$$

证明过程如下所示。

证明： 首先，根据定理 4.1 求出前几个周期末受灾比例的后验均值和方差，归纳猜想 μ_k 和 τ_k^2 的通项公式。

第 1 周期末受灾比例的后验均值 μ_1 和方差 τ_1^2：

$$\mu_1 = \frac{\sigma_1^2 \mu_0 + N_1 \tau_0^2 \overline{x}_{1N_1}}{\sigma_1^2 + N_1 \tau_0^2}$$

$$\tau_1^2 = \frac{\sigma_1^2 \tau_0^2}{\sigma_1^2 + N_1 \tau_0^2}$$

第 2 周期末受灾比例的后验均值 μ_2 和方差 τ_2^2：

$$\mu_2 = \frac{\sigma_1^2 \sigma_2^2 \mu_0 + \tau_0^2 (N_1 \sigma_2^2 \overline{x}_{1N_1} + N_2 \sigma_1^2 \overline{x}_{2N_2})}{\sigma_1^2 \sigma_2^2 + \tau_0^2 (N_1 \sigma_2^2 + N_2 \sigma_1^2)}$$

$$\tau_2^2 = \frac{\sigma_1^2 \sigma_2^2 \tau_0^2}{\sigma_1^2 \sigma_2^2 + \tau_0^2 (N_1 \sigma_2^2 + N_2 \sigma_1^2)}$$

第 3 周期末受灾比例的后验均值 μ_3 和方差 τ_3^2：

$$\mu_3 = \frac{\sigma_1^2 \sigma_2^2 \sigma_3^2 \mu_0 + \tau_0^2 (N_1 \sigma_2^2 \sigma_3^2 \overline{x}_{1N_1} + N_2 \sigma_1^2 \sigma_3^2 \overline{x}_{2N_2} + N_3 \sigma_1^2 \sigma_2^2 \overline{x}_{3N_3})}{\sigma_1^2 \sigma_2^2 \sigma_3^2 + \tau_0^2 (N_1 \sigma_2^2 \sigma_3^2 + N_2 \sigma_1^2 \sigma_3^2 + N_3 \sigma_1^2 \sigma_2^2)}$$

$$\tau_3^2 = \frac{\sigma_1^2 \sigma_2^2 \sigma_3^2 \tau_0^2}{\sigma_1^2 \sigma_2^2 \sigma_3^2 + \tau_0^2 (N_1 \sigma_2^2 \sigma_3^2 + N_2 \sigma_1^2 \sigma_3^2 + N_3 \sigma_1^2 \sigma_2^2)}$$

其次，根据前 3 周期期末受灾比例的后验均值和方差，归纳猜想出受灾比例的后验均值 μ_k 和方差 τ_k^2 的通项公式为

$$\mu_k = \frac{\mu_0 \prod\limits_{v=1}^{k} \sigma_v^2 + \tau_0^2 \sum\limits_{v=1}^{k} \prod\limits_{w=1}^{k} \dfrac{N_v \sigma_w^2 \overline{x}_{vN_v}}{\sigma_v^2}}{\prod\limits_{v=1}^{k} \sigma_v^2 + \tau_0^2 \sum\limits_{v=1}^{k} \prod\limits_{w=1}^{k} \dfrac{N_v \sigma_w^2}{\sigma_v^2}}$$

$$\tau_k^2 = \frac{\tau_0^2 \prod\limits_{v=1}^{k} \sigma_v^2}{\prod\limits_{v=1}^{k} \sigma_v^2 + \tau_0^2 \sum\limits_{v=1}^{k} \prod\limits_{w=1}^{k} \frac{N_v \sigma_w^2}{\sigma_v^2}}$$

在第 1 周期，将 $k=1$ 代入 μ_k 和 τ_k^2 的通项公式得到

$$\mu_1 = \frac{\sigma_1^2 \mu_0 - N_1 \tau_0^2 \overline{x}_{1N_1}}{\sigma_1^2 + N_1 \tau_0^2}$$

$$\tau_1^2 = \frac{\sigma_1^2 \tau_0^2}{\sigma_1^2 + N_1 \tau_0^2}$$

此时，假设成立。

在第 $k+1$ 周期，受灾比例的先验分布 $\pi(\theta_{k+1})$ 服从 $N(\mu_k, \tau_k^2)$，观测样本的分布 $f(x|\theta_{k+1})$ 服从 $N(\theta_{k+1}, \sigma_{k+1}^2)$。根据定理 4.1 得到第 $k+1$ 周期期末受灾比例的后验分布的均值 μ_{k+1} 和方差 τ_{k+1}^2。

$$\mu_{k+1} = \frac{\sigma_{k+1}^2 \mu_k + N_{k+1} \tau_k^2 \overline{x}_{(k+1)n}}{\sigma_{k+1}^2 + N_{k+1} \tau_k^2}$$

$$= \frac{\sigma_{k+1}^2 \dfrac{\mu_0 \prod\limits_{v=1}^{k} \sigma_v^2 + \tau_0^2 \sum\limits_{v=1}^{k} \prod\limits_{w=1}^{k} \frac{N_v \sigma_w^2 \overline{x}_{vv}}{\sigma_v^2}}{\prod\limits_{v=1}^{k} \sigma_v^2 + \tau_0^2 \sum\limits_{v=1}^{k} \prod\limits_{w=1}^{k} \frac{N_v \sigma_w^2}{\sigma_v^2}} + N_{k+1} \dfrac{\tau_0^2 \prod\limits_{v=1}^{k} \sigma_v^2}{\prod\limits_{v=1}^{k} \sigma_v^2 + \tau_0^2 \sum\limits_{v=1}^{k} \prod\limits_{w=1}^{k} \frac{N_v \sigma_w^2}{\sigma_v^2}} \overline{x}_{(k+1)n}}{\sigma_{k+1}^2 + N_{k+1} \dfrac{\tau_0^2 \prod\limits_{v=1}^{k} \sigma_v^2}{\prod\limits_{v=1}^{k} \sigma_v^2 + \tau_0^2 \sum\limits_{v=1}^{k} \prod\limits_{w=1}^{k} \frac{N_v \sigma_w^2}{\sigma_v^2}}}$$

$$= \frac{\sigma_{k+1}^2 \left(\mu_0 \prod\limits_{v=1}^{k} \sigma_v^2 + \tau_0^2 \sum\limits_{v=1}^{k} \prod\limits_{w=1}^{k} \frac{N_v \sigma_w^2 \overline{x}_{vN_v}}{\sigma_v^2} \right) + N_{k+1} \tau_0^2 \prod\limits_{v=1}^{k} \sigma_v^2 \overline{x}_{(k+1)n}}{\sigma_{k+1}^2 \left(\prod\limits_{v=1}^{k} \sigma_v^2 + \tau_0^2 \sum\limits_{v=1}^{k} \prod\limits_{w=1}^{k} \frac{N_v \sigma_w^2}{\sigma_v^2} \right) + N_{k+1} \tau_0^2 \prod\limits_{v=1}^{k} \sigma_v^2}$$

$$= \frac{\mu_0 \prod\limits_{v=1}^{k+1} \sigma_v^2 + \tau_0^2 \sum\limits_{v=1}^{k+1} \prod\limits_{w=1}^{k+1} \frac{N_v \sigma_w^2 \overline{x}_{vN_v}}{\sigma_v^2}}{\prod\limits_{v=1}^{k+1} \sigma_v^2 + \tau_0^2 \sum\limits_{v=1}^{k+1} \prod\limits_{w=1}^{k+1} \frac{N_v \sigma_w^2}{\sigma_v^2}}$$

$$\tau_{k+1}^2 = \frac{\sigma_{k+1}^2 \tau_k^2}{\sigma_{k+1}^2 + N_{k+1} \tau_k^2}$$

$$
\begin{aligned}
&= \cfrac{\sigma_{k+1}^2 \cfrac{\tau_0^2 \prod\limits_{v=1}^{k} \sigma_v^2}{\prod\limits_{v=1}^{k} \sigma_v^2 + N\tau_0^2 \sum\limits_{v=1}^{k} \prod\limits_{w=1}^{k} \cfrac{\sigma_w^2}{\sigma_v^2}}}{\sigma_{k+1}^2 + N_{k+1} \cfrac{\tau_0^2 \prod\limits_{v=1}^{k} \sigma_v^2}{\prod\limits_{v=1}^{k} \sigma_v^2 + N\tau_0^2 \sum\limits_{v=1}^{k} \prod\limits_{w=1}^{k} \cfrac{\sigma_w^2}{\sigma_v^2}}} \\[4mm]
&= \cfrac{\tau_0^2 \prod\limits_{v=1}^{k+1} \sigma_v^2}{\prod\limits_{v=1}^{k+1} \sigma_v^2 + \tau_0^2 \sum\limits_{v=1}^{k+1} \prod\limits_{w=1}^{k+1} \cfrac{N_v \sigma_w^2}{\sigma_v^2}}
\end{aligned}
$$

因此，假设对于从 $k=1$ 开始的所有正整数都成立。

证明完毕。

2. 最优出救方案

根据定理 4.4 可以求出第 k 周期的最优出救方案 ϕ_k^*。在第 k 周期，把 1，2，$\cdots$，q 作为出救点的方案 ϕ_k^*，其将使应急时间最短的目标达到最优。其中，q 为序列 b_1，b_2，$\cdots$，b_p 相对于最优资源分配量 S_k^* 的临界下标，并有 $T(\phi_k^*) = \max\limits_{l=1,2,\cdots,q} t_l = t_q$。则当 $l < q$ 时，出救点 l 的应急资源供应量 $s_{kl}^* = b_l$；当 $l = q$ 时，出救点 q 的应急资源供应量为 $S_{kq}^* = S_k^* - \sum\limits_{l=1}^{q-1} b_l$。

3. 最大观测周期

当受灾比例的后验方差足够小时，可以认为受灾比例由随机变量变为确定变量，因此无须再进行观测。由此，可以得到

$$
\tau_k^2 = \cfrac{\tau_0^2 \prod\limits_{v=1}^{k} \sigma_v^2}{\prod\limits_{v=1}^{k} \sigma_v^2 + \tau_0^2 \sum\limits_{v=1}^{k} \prod\limits_{w=1}^{k} \cfrac{N_v \sigma_w^2}{\sigma_v^2}} < \varepsilon
$$

当 k 满足上式时，就可以得到最大观测周期 $k_m = k$。

变换 τ_k^2，得到

$$
\cfrac{\tau_0^2}{1 + \tau_0^2 \sum\limits_{v=1}^{k} \cfrac{N_v}{\sigma_v^2}} < \varepsilon
$$

可见，当每周期观测次数 N_k 越大，或者受灾比例的观测标准差 σ_k 越小时，受灾比例的后验方差越小，越容易达到最大观测周期。

5.3　模型应用

5.3.1　灾害情况与参数

本部分的灾害背景和参数设置同 4.5.1 部分。假设基于之前的地震灾害案例和灾情数据库，可以获得地震发生后第 1 周期地震灾区受灾比例 θ_1 的先验分布服从正态分布 $N(0.27, 0.32^2)$，即 $\mu_0 = 0.27$，$\tau_0 = 0.32$。

灾情信息观测可以采用卫星遥感、灾害评估人员现场评估、灾区主动上报、询问受灾人员等方式进行。而不同观测方式的观测精度不同，导致观测样本的标准差也有差异。假设在地震灾害发生后，第 k 天(周期)受灾比例的观测样本服从正态分布 $N(\theta_k, \sigma_k^2)$。其中，σ_k 的取值如下。

$$\sigma_k = \begin{cases} 0.8, & k=1, 2 \\ 0.6, & k=3, 4, \cdots, 6 \\ 0.2, & k=7, 8, \cdots, 10 \\ 0.1, & k=11, 12, \cdots, 15 \\ 0.02, & k>15 \end{cases}$$

由于观测条件、观测方法与通信方式的限制以及信息更新的实际需求，在每个观测与决策周期内的最大观测次数不同。设第 k 天(周期)受灾比例的最大观测次数为 N_k，其取值情况如下。

$$N_k = \begin{cases} 2, & k=1, 2 \\ 6, & k=3, 4, \cdots, 6 \\ 12, & k=7, 8, \cdots, 10 \\ 6, & k=11, 12, \cdots, 15 \\ 2, & k>15 \end{cases}$$

彭州总人口为 79.5 万人，即 $B=79.5$；单位受灾人口每天对饮用水的需求量为 6 升，即 $d=6$；有 7 个出救点，假设每周期出救点到彭州灾区的通行时间和饮用水可供应量都是不变的，出救点到彭州灾区的通行时间 t_i 和饮用水可供应量 b_i 见表 4.1。

5.3.2　算例模拟求解

使用 MATLABR2007b 对 5.2.1 部分中提出的求解步骤进行编程。在第 k 周期，在 MATLABR2007b 中使用 random() 函数产生均值为受灾比例的先验均值 μ_{k-1}、标准差为观测标准差 σ_k 的服从正态分布的随机数，选取前 N_k 个在 0～1 的随机数作为受灾点受灾比例的观测序贯样本。设 $\varepsilon=0.000\ 01$，得到最大

观测周期 $k_m = 36$；第 36 周期受灾比例的后验均值 $\mu_{36} = 0.4969$；后验标准差 $\tau_{36} = 0.0030$。

1. 受灾比例的先验(后验)均值

各观测与决策周期中，受灾比例的先验(后验)均值的变化情况如图 5.2 所示。可见，在第 10 周期之前，受灾比例的先验(后验)均值变化非常大；从第 11 周期到 25 周期左右变化比较大；第 25 周期以后变化比较小，受灾比例的均值趋于稳定。第 37 周期以后则认为受灾比例的信息为确定信息，受灾比例成为确定值，即为 0.4969。若以 μ_{36} 作为最终的受灾比例，由于 $\mu_5 < 0.8\mu_{36} < \mu_6$，根据受灾比例的这一灾情信息累计信息量获得比例达到 80% 的标准，可以大致判断，该地震灾害的灰箱时间为 6 天(周期)。灰箱时间以后灾情信息仍然得到不断更新，而真正的白箱时间是从第 37 周期开始的。

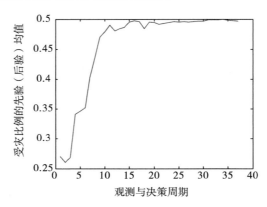

图 5.2　受灾比例的先验(后验)均值的变化情况

2. 受灾比例的先验(后验)标准差

各观测与决策周期中，受灾比例的先验(后验)标准差的变化情况如图 5.3 所示。与受灾比例的先验(后验)均值的变化规律类似：在第 10 周期之前受灾比例的先验(后验)标准差变化非常大；从第 11 周期到 25 周期左右变化比较大；第 25 周以后变化比较小，受灾比例的标准差趋于 0。第 36 周期受灾比例的后验标准差 $\tau_{36} = 0.0030$，后验方差 $\tau_{36}^2 = 0.000\,009 < \varepsilon$。此时，可以认为，受灾比例的信息近似为确定信息。第 37 周期以后，受灾比例的方差近似为 0。

3. 实际最优决策时间

各观测与决策周期中，实际最优决策时间的变化情况如图 5.4 所示。在第 1、2、3 周期，最优决策均在观测 2 次时做出，实际最优决策时间分别为 24、24、8(小时)。第 4 周期及以后各周期最优决策时间整数值和实际最优决策时间

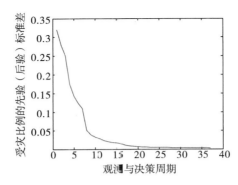

图 5.3　受灾比例的先验(后验)标准差的变化情况

都为 0。尽管在第 4 周期及以后各周期中不需要在观测后再进行应急资源分配决策，但是观测的灾情信息使得下一周期的受灾比例的先验信息更加精确，有利于降低下一周期应急资源分配决策的损失。第 37 周期以后，由于不再进行灾情信

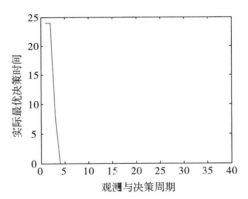

图 5.4　实际最优决策时间的变化情况

息观测，因此最优决策时间为 0。

4. 最优应急资源分配量

各观测与决策周期中，最优应急资源分配量的变化情况如图 5.5 所示。由于第 4 周期以后，实际最优决策时间为 0，应急资源分配按照该周期的先验均值进行分配，故第 4 周期以后，最优应急资源分配量的变化与受灾比例的先验(后验)均值的变化规律完全相同。最优应急资源分配量第 1、2、3 周期的变化规律与受灾比例的先验(后验)均值的变化规律也类似。在第 37 周期以后，由于受灾比例的信息近似为确定信息，因此最优应急资源分配量变为固定值，即 237.0226。

5. 最优出救方案

在每一观测与决策周期，将出救点按照通行时间 t_i 从小到大排列，排列后

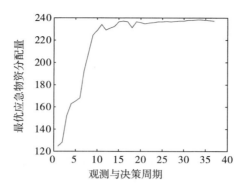

图 5.5　最优应急资源分配量的变化情况

得到的序列见表 4.2，计算出救点序列对于该周期最优应急资源分配量 S_k^* 的临界下标，得到该周期的最优出救方案，即出救点及其应急资源供应量 s_i^*，如表 5.1 所示。

表 5.1　多周期最优出救方案

周期 k	最优应急资源分配量 S_k^*	出救点及其应急资源供应量 s_i^*				
1	124.3	彭州	什邡	—	—	—
		80	44.3	—	—	—
2	128.3	彭州	什邡	—	—	—
		80	48.3	—	—	—
3	151.6	彭州	什邡	都江堰	—	—
		80	60	11.6	—	—
4	162.7	彭州	什邡	都江堰	—	—
		80	60	22.7	—	—
5	165.2	彭州	什邡	都江堰	—	—
		80	60	25.2	—	—
6	168.1	彭州	什邡	都江堰	—	—
		80	60	28.1	—	—
7	192.2	彭州	什邡	都江堰	崇州	—
		80	60	30	22.2	—
8	208.1	彭州	什邡	都江堰	崇州	—
		80	60	30	38.1	—
9	224.3	彭州	什邡	都江堰	崇州	绵竹
		80	60	30	50	4.3
10	228.6	彭州	什邡	都江堰	崇州	绵竹
		80	60	30	50	8.6

周期 k	最优应急资源分配量 S_k^*	出救点及其应急资源供应量 s_i^*				
11	233.8	彭州	什邡	都江堰	崇州	绵竹
		80	60	30	50	13.8
12	229.1	彭州	什邡	都江堰	崇州	绵竹
		80	60	30	50	9.1
13	230.8	彭州	什邡	都江堰	崇州	绵竹
		80	60	30	50	10.8
14	232.2	彭州	什邡	都江堰	崇州	绵竹
		80	60	30	50	12.2
15	237.2	彭州	什邡	都江堰	崇州	绵竹
		80	60	30	50	17.2
16	236.5	彭州	什邡	都江堰	崇州	绵竹
		80	60	30	50	16.5
17	231.1	彭州	什邡	都江堰	崇州	绵竹
		80	60	30	50	11.1
18	236.1	彭州	什邡	都江堰	崇州	绵竹
		80	60	30	50	16.1
19	235.8	彭州	什邡	都江堰	崇州	绵竹
		80	60	30	50	15.8
20	234.4	彭州	什邡	都江堰	崇州	绵竹
		80	60	30	50	14.4
21	235.2	彭州	什邡	都江堰	崇州	绵竹
		80	60	30	50	15.2
22	235.7	彭州	什邡	都江堰	崇州	绵竹
		80	60	30	50	15.7
23	236.4	彭州	什邡	都江堰	崇州	绵竹
		80	60	30	50	16.4
24	236.2	彭州	什邡	都江堰	崇州	绵竹
		80	60	30	50	16.2
25	236.6	彭州	什邡	都江堰	崇州	绵竹
		80	60	30	50	16.6
26	236.2	彭州	什邡	都江堰	崇州	绵竹
		80	60	30	50	16.2
27	236.7	彭州	什邡	都江堰	崇州	绵竹
		80	60	30	50	16.7

续表

周期 k	最优应急资源分配量 S_k^*	出救点及其应急资源供应量 s_i^*				
28	236.9	彭州	什邡	都江堰	崇州	绵竹
		80	60	30	50	16.9
29	237.1	彭州	什邡	都江堰	崇州	绵竹
		80	60	30	50	17.1
30	237.8	彭州	什邡	都江堰	崇州	绵竹
		80	60	30	50	17.8
31	237.8	彭州	什邡	都江堰	崇州	绵竹
		80	60	30	50	17.8
32	238.0	彭州	什邡	都江堰	崇州	绵竹
		80	60	30	50	18.0
33	238.1	彭州	什邡	都江堰	崇州	绵竹
		80	60	30	50	18.1
34	237.6	彭州	什邡	都江堰	崇州	绵竹
		80	60	30	50	17.6
35	237.4	彭州	什邡	都江堰	崇州	绵竹
		80	60	30	50	17.4
36	237.0	彭州	什邡	都江堰	崇州	绵竹
		80	60	30	50	17.0

5.3.3 相关参数与最大观测周期之间关系的仿真

设第 1 周期初受灾比例 θ 的先验分布服从正态分布 $N(0.27, 0.32^2)$，即 $\mu=0.27$，$\tau=0.32$，取 $\varepsilon=0.0001$。假设每一周期中灾情信息最大观测次数 N 都相同，受灾比例的观测标准差 σ 也相同。使用 MATLABR2007b 对受灾比例的观测标准差、最大观测次数与最大观测周期之间的关系进行仿真，得到结果如图 5.6 所示。其中，受灾比例的观测标准差 σ 的取值范围为 $[0, 0.2]$；最大观测次数 N 的取值范围为 $[4, 24]$。

由图 5.6 可知，当受灾比例的观测标准差不变时，最大观测周期是灾情信息的最大观测次数的减函数，灾情信息的最大观测次数越大，则最大观测周期越短；而当灾情信息的最大观测次数不变时，最大观测周期是受灾比例的观测标准差的增函数，受灾比例的观测标准差越小，则最大观测周期越短。当受灾比例

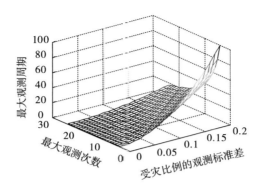

图 5.6　受灾比例的观测标准差、最大观测次数与最大观测周期的关系仿真

的观测标准差接近于 0 时，最大观测周期为 1。当 (σ, N) 取值为 $(0, 4)$ 时，最大观测周期为 1；当 (σ, N) 取值为 $(0, 24)$ 时，最大观测周期仍为 1；当 (σ, N) 取值为 $(0.2, 4)$ 时，最大观测周期为 100；当 (σ, N) 取值为 $(0.2, 24)$ 时，最大观测周期为 17。从仿真情况来看，最大观测周期对受灾比例的观测标准差的灵敏性更高。因此，要想尽快降低灾情信息的不确定性，让灾情信息由不确定信息修正为确定信息，一方面要增加灾情信息观测频率，另一方面更要提高观测的精度。

5.4　本章小结

本章在第 4 章简单路网单周期应急资源分配的贝叶斯决策模型的基础上，建立了一个简单路网多周期应急资源分配的贝叶斯序贯决策模型，确定灾情信息的最大观测周期、各决策周期应急资源分配最优决策时间、最优资源分配量、出救点及其资源供应量，以使得各决策周期的总损失最小、应急时间最短。通过数值模拟与仿真，再现了受灾比例的先验（言验）均值、受灾比例的先验（后验）标准差、最优决策时间、最优资源分配量随着灾情信息更新的动态变化情况，分析了受灾比例的观测标准差、最大观测次数与最大观测周期之间的关系。得到的主要结论如下。

（1）一般地，灾情信息最大观测次数越大，则最大观测周期越小。因此，灾害发生后，应该尽量增加灾情信息观测频率，减少观测间隔时间。

（2）一般地，受灾比例的观测标准差越小，则最大观测周期也越小。因此，灾害发生后，应该尽量使用精密的观测方法，提高观测的精度。

本章的创新点主要表现在以下方面：在单决策周期应急资源分配模型的基础之上，建立了多决策周期的应急资源分配模型。前一个观测周期最后一次观测得到的灾情信息的后验信息是后一个周期的先验信息，这样就把单决策周期应急资源分配模型联系贯穿起来。本章对多决策周期模型进行了数值模拟，再现了灾情信息不确定性不断降低，并趋近确定信息的动态演化过程；动态展示了各决策周期的最优决策时间、最优应急资源分配量和最优出救方案；对受灾比例的观测标准差、最大观测次数与最大观测周期之间的关系进行了仿真。

第 6 章

复杂路网应急资源分配决策模型

应急资源分配是指在突发事件情况下，将有限的应急资源分配到一些竞争性的受灾人群、受灾点或救援活动中，以达到某些目标。与一般的资源分配模型不同，应急资源分配模型从不同角度考虑了应急资源分配的特性，如灾害属性（灾害严重程度、次生灾害）、响应时间、配送模式、资源特性、动态需求等。除了考虑以上的应急资源分配特性，本章在第 4 章和第 5 章简单路网应急资源配置模型的基础上，进一步考虑应急资源配置路网的复杂性特征，建立了两个应急资源的分配决策模型：第一个模型考虑了具有三级节点的应急资源分配复杂路网；第二个模型考虑了具有多种运输方式和多类运输工具的应急资源分配复杂路网。

6.1 基于多级分配网络的应急资源分配决策模型

6.1.1 情景描述

我国各省、市、县特别是在自然灾害多发地区已经制订了比较健全的应急预案，并建立了各级应急资源储备中心。李阳等（2005）在参考国外救灾物流体系的基础上，参考现代企业物流运作经验，设计了适合我国国情的救灾物流体系。该体系通过在救灾系统中增设应急资源集散点和配送中心，很好地将应急资源物流、信息流集成到一起。本节将研究具有三级节点的应急资源分配网络，如图 6.1 所示。

（1）第一级节点的设置。应急资源集散点为第一级出救点（第一级节点）。假设在自然灾害发生前已经根据预案或者前期救灾经验，在灾区外围位置重要、交通便利的地方建立了若干应急资源集散点。集散点可以由中央级或者省、市级应急资源储备中心来担当，灾害发生后，集散点负责将原有储备资源、社会团体和

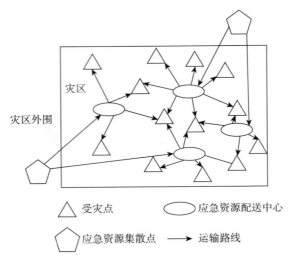

图 6.1 具有三级节点的应急资源分配网络

民众捐赠资源、紧急采购的各类资源集中起来，并进行分类、分级和包装处理，根据救灾指挥中心的指令向下一级节点输送资源，而不直接向灾民发放。

（2）第二级节点的设置。应急资源配送中心为第二级出救点（第二级节点）。假设在灾区的各县、乡镇建立了应急资源配送中心。应急资源配送中心在分配网络中是中转站，其不直接面向灾民分配资源，而是主要承担上一级节点输送的应急资源的短暂储存、再分类、再包装，并根据救灾指挥中心的指令向下级节点输送资源的任务。同时，应急资源配送中心拥有救灾需求信息和供应信息的中枢功能，负责将灾区资源需求信息收集、汇总，上报给救灾指挥中心，方便救灾指挥中心组织未受灾地区有针对性地提供应急资源的种类和数量，尽可能达到应急资源的供需平衡。

（3）第三级节点的设置。受灾点为第三级节点。受灾点可以具体的行政村、居民小区为单位，将村庄内或者小区内比较空旷的地方（如学校操场、打麦场、公园）作为应急资源发放点。第三级节点是应急资源的需求点，直接面向灾民。

由此，应急资源分配网络由应急资源集散点、应急资源配送中心和受灾点三级节点构成，而且彼此之间是多对多关系（庞海云等，2012）。

6.1.2 模型构建

1. 模型假设

本节作如下假设：①为提高应急资源的救援效率，按照现代物流混合配送和共同配送的思想，应急资源集散中心和配送中心已经按照前期救援经验或者科学研究成果，将各种资源进行合理的商品组合化处理，如"一顶帐篷＋三床棉被＋两箱矿泉水＋一箱方便面"是一个组合；②在组织资源配送时，受灾点的资源净需求量（实际需求量－原有储备量）、应急资源集散点的资源可供应量（原有储备量＋新接收的社会捐赠和企业订购）和应急资源配送中心原有的资源储备量，这些救援信息通过救灾物流信息系统的运作已经及时获得；③由于应急资源分配决策目标和决策主体的特性，救援组织能够调度充足的军事和民用设备和车辆来实施配送，故所建应急资源集散点和应急资源配送中心的最大资源处理能力和车辆配置能满足需求；④如图 6.1 所示，三级节点之间只有单向运输，即应急资源集散点到应急资源配送中心运送资源，应急资源配送中心向受灾点配送，而且在各级节点内部不存在水平转运问题；⑤应急资源运输方式有车辆运输、航空运输和人工搬运三种，根据应急资源分配决策目标，选择何种方式时只考虑响应时间，不考虑运输成本。

2. 模型构建

符号说明和已知参数如下所示。

I：灾区外的应急资源集散点（出救点）i 的集合，$i \in I$

Q：灾区应急资源配送中心 q 的集合，$q \in Q$

M：运输方式 m 的集合，$m = 1, 2, 3$

J：资源需求点（受灾点）j 的集合，$j \in J$

$b1_i$：某时刻第 i 个应急资源集散点的应急资源总供应量

$b2_q$：某时刻第 q 个应急资源配送中心原有的资源储备量

D_j：某时刻第 j 个资源需求点的净需求量

ω_j：第 j 个资源需求点对资源的偏好系数

α：灾情指数

e：公平系数，即各受灾点实际接收的应急资源最低保障率

ε：无穷大的正数

T_j：第 j 个资源需求点的配送极限时间，根据需求点对资源的需求紧迫程度及当地政府宏观调控的相关指令确定

spd_m：第 m 种运输方式的平均行驶速度

tl_m：第 m 种运输方式组织或启用，以及装卸资源所耗费的平均时间

β_{iq}、$\beta_{qj} \in \{1, 0\}$：分别表示应急资源集散点与应急资源配送中心、应急资源配送中心与需求点之间的道路通行状况，取 1 表示节点之间的道路连通，取 0 则表示道路不连通。该参数可通过卫星、航空等遥感影像数据和部分实际反馈道路信息来确定

γ_{iq}、γ_{qj}、ϕ：分别表示节点之间的道路破坏率和修复单位距离平均耗费的时间，这几个参数可通过卫星、航空等遥感影像数据和实际反馈道路信息，并计

算施工量来确定

dst_{iq}、dst_{qj}：表示节点之间的距离。实际中，可用 GIS 计算得到

决策变量如下所示。

$u1_{iq}$：0-1 变量，若第 i 个应急资源集散点分配资源给第 q 个应急资源配送中心，则为 1，否则为 0

$u2_{qj}$：0-1 变量，若第 q 个应急资源配送中心分配资源给第 j 个受灾点，则为 1，否则为 0

$S1_{iq}$：第 i 个应急资源集散点分配资源给第 q 个应急资源配送中心的资源量

$S2_{qj}$：第 q 个应急资源配送中心分配资源给第 j 个受灾点的资源量

则可以建立应急资源分配的数学模型如下。

模型 6-1

$$\min L = \sum_{h \in Q} \omega_j \Big(D_j - \sum_{q \in Q} S2_{qj} \Big)^{\alpha}, \ \alpha \geqslant 1 \tag{6.1}$$

$$\mathrm{s.\,t.} \sum_{q \in Q} S1_{iq} \leqslant b1_i, \ \forall i \in I \tag{6.2}$$

$$\sum_{j \in J} S2_{qj} \leqslant b2_q + \sum_{i \in I} S1_{iq}, \ \forall q \in Q \tag{6.3}$$

$$\sum_{q \in Q} S2_{qj} \leqslant D_j, \ \forall j \in J \tag{6.4}$$

$$\sum_{q \in Q} S2_{qj} \geqslant eD_j, \ \forall j \in J \tag{6.5}$$

$$S1_{iq} \leqslant \varepsilon \cdot u1_{iq}, \ \forall i \in I, \ q \in Q \tag{6.6}$$

$$S2_{qj} \leqslant \varepsilon \cdot u2_{qj}, \ \forall q \in Q, \ j \in J \tag{6.7}$$

$$\min\Big\{ \frac{\mathrm{dst}_{iq}}{\mathrm{spd}_1} + \phi\gamma_{iq}\mathrm{dst}_{iq} + \mathrm{tl}_1, \ \frac{\mathrm{dst}_{iq}}{\mathrm{spd}_2} + \phi\gamma_{iq}\mathrm{dst}_{iq} + \mathrm{tl}_2, \ \frac{\mathrm{dst}_{iq}}{\mathrm{spd}_3} \Big\}$$

$$\leqslant \max\{T_j, \ j \in J\} + \varepsilon(1 - u1_{iq}, \ \forall i \in I, \ q \in Q \tag{6.8}$$

$$\min\Big\{ \frac{\mathrm{dst}_{iq}}{\mathrm{spd}_1} + \phi\gamma_{iq}\mathrm{dst}_{iq} + \mathrm{tl}_1 \,|\, u1_{iq} = 1, \ i \in I, \ \frac{\mathrm{dst}_{iq}}{\mathrm{spd}_2} + \phi\gamma_{iq}\mathrm{dst}_{iq} + \mathrm{tl}_2 \,|\, u1_{iq} = 1,$$

$$i \in I, \ \frac{\mathrm{dst}_{iq}}{\mathrm{spd}_3} \Big\} + \min\Big\{ \frac{\mathrm{dst}_{qj}}{\mathrm{spd}_1} + \phi\gamma_{qj}\mathrm{dst}_{qj} + \mathrm{tl}_1, \ \frac{\mathrm{dst}_{qj}}{\mathrm{spd}_2} + \phi\gamma_{qj}\mathrm{dst}_{qj} + \mathrm{tl}_2, \ \frac{\mathrm{dst}_{qj}}{\mathrm{spd}_3} \Big\}$$

$$\leqslant T_j + \varepsilon(1 - u2_{qj}), \ \forall q \in Q, \ j \in J \tag{6.9}$$

$$u1_{iq}、u2_{qj} \in \{0, 1\}, \ \forall i \in I, \ q \in Q, \ j \in J \tag{6.10}$$

$$S1_{iq}、S2_{qj} \geqslant 0 \text{ 且为整数}, \ \forall i \in I, \ q \in Q, \ j \in J \tag{6.11}$$

数学模型的目标函数：用式(6.1)表示，该目标函数表示救灾系统总的损失为最少，损失与受灾点对应急资源的需求紧迫程度、受灾点灾情指数及受灾点的未满足量有关，目标函数的表达式参考葛洪磊等(2010)的研究结果，其假设受灾人员损失对未满足需求量的函数为幂函数。

数学模型的约束条件：式(6.2)表示从集散点运到各应急资源配送中心的量不超过其总供应量；式(6.3)表示从应急资源配送中心运到各受灾点的量不超过其原有的储备量与从各集散点调拨的总量之和；式(6.4)为各受灾点的需求量约束；式(6.5)为各受灾点的公平约束；式(6.6)和式(6.7)表示只有 0-1 变量取 1 时，相应的运输量才可能取正；式(6.8)表示只有 $i \sim q$ 的运输总时间小于与 q 相通的各受灾点的最大配送极限时间时，才能在 i 和 q 之间实施配送；式(6.9)表示只有从各应急资源集散点到 q 再到 j 的运输总时间小于该受灾点的配送极限时间时，才能在 q 和 j 之间实施配送；式(6.10)表示 0-1 决策变量约束；式(6.11)为非负约束。

6.1.3　算法设计

该模型是整数非线性规划模型，同时具有整数规划问题和非线性规划两类问题的求解难度，具有极大的挑战性。解决问题的传统方法主要有以下三种，即分支定界法、广义 Benders 分解法、外逼近法，但是这些方法存在很大的局限。目前演化计算方法被广泛用于解决约束优化问题，且被证明很有效。粒子群优化算法(particle swarm optimization，PSO)是演化计算方法中的一种，目前已被广泛应用于函数优化、神经网络训练、模糊系统控制及其他遗传算法的应用领域。本节借鉴相关文献对 PSO 进行改进，采取能在不同维度上选择不同学习对象的全面学习策略，利用惯性常数控制群体"爆炸"现象，从而使新算法在解决整数非线性规划问题时，具有更高的效率、更优的结果。

在使用 PSO 之前，对模型先进行处理：①因为粒子群的优化对象是目标函数最大化，所以需要把式(6.1)加一个负号，并求其最大值，即 max(−L)。②对约束条件式(6.6)~式(6.9)，编写一个确定 0-1 变量取值的程序。③对其他约束条件，利用罚函数法来处理，则目标函数转化为式(6.12)。

$$\max\Big(-L-\varepsilon\Big\{\max\Big[\sum_{q\in Q}S1_{iq}-b1_i(i\in I),\ 0\Big]$$
$$+\max\Big[\sum_{j\in J}S2_{qj}-b2_q-\sum_{i\in I}S1_{iq}(q\in Q),\ 0\Big]+\cdots\Big\}\Big) \tag{6.12}$$

通过以上处理，则该模型适用 PSO 求解，其中，每个粒子的适应值按照式(6.12)计算得出。在设计 PSO 时，为了使每个粒子都能够找到有利于快速收敛到全局最优解的学习对象，我们采取既可以进行 D-维空间搜索，又能在不同维度上选择不同学习对象的新的学习策略，即为全面学习 PSO，这种算法的具体步骤如下。

步骤 1　微粒初始化。初始化 N 个微粒个体，即随机在问题定义域中产生每个粒子的初始位置和速度，计算每一个微粒的适应值。

步骤 2　停机判断。进行停机条件判断，如果停机条件满足，则停止运行并输出结果；否则，继续。

步骤 3　速度更新。微粒群中的微粒 m 在第 d 个维度的速度按照式（6.13）进行更新。

$$v_{md}(t+1)=wv_{md}(t)+c_1 \cdot r \cdot \left[p\,\text{best}_{f_m(d),d}-x_{md}(t) \right]$$
$$+c_2 \cdot r \cdot \left[g\,\text{best}_d-x_{md}(t) \right] \tag{6.13}$$

其中，w 为惯性常数，Dantzig 和 Ramser（1959）建议随着更新代数的增加从 0.9 线性递减至 0.4，则 $w(n)=0.9-\dfrac{0.5n}{\text{max\_gen}}$（其中，$n$ 为当前迭代数；max_gen 为最大迭代数）；c_1、c_2 为学习因子，通常取 1.494 45；r 为 [0，1] 内的均匀随机数；$f_m(d)$ 表示粒子 m 在第 d 维的学习对象，它通过下面的策略决定：先按照下式确定每个粒子的学习概率：$\text{Pc}_m=0.05+0.45 \cdot \dfrac{\exp\left[\dfrac{10(m-1)}{\text{ps}-1}\right]-1}{\exp(10)-1}$，其中，ps 为种群规模；产生 [0，1] 内的均匀随机数，如果该随机数大于粒子 m 的学习概率，则学习对象为自身历史最佳位置；否则，从种群内随机选取两个个体，按锦标赛选择策略选出两者中最好的历史最佳位置作为学习对象。

步骤 4　位置更新。微粒群中微粒 m 在第 d 个维度的位置更新方式如式（6.14）所示。

$$x_{md}(t+1)=x_{md}(t)+v_{md}(t+1) \tag{6.14}$$

步骤 5　适应值评价。评价每个微粒的适应值，转步骤 2。

从以上步骤看出，改进算法与传统 PSO 只向自身历史最佳位置和邻域历史最佳位置学习不同，这种改进 PSO 的每个粒子都随机地向自身或其他粒子学习，并且其每一维都可以向不同的粒子学习。该学习策略使得每个粒子拥有更多的学习对象，可以在更大的潜在空间飞行，从而有利于快速的全局搜索。

6.1.4　模型应用

1. 参数设置

设某地震灾区有五个受灾点，由于受灾点离震中的距离、地质结构、建筑结构、人口分布、天气情况都有差异，所以受灾程度和受灾人口也不一样。在某时刻，各受灾点对应急资源的净需求量 D_j 分别为 1000 个、2000 个、2500 个、1500 个、3000 个商品组合，设定各受灾点对应急资源的偏好系数 ω_h 分别为 1.0、1.3、1.1、1.2、1.5。有三个应急资源配送中心，并且原有储备量 $b2_q$ 分别为 200、500、300 个商品组合。有两个应急资源集散点，其供应量 $b1_i$ 分别为

3300 个单位和 3500 个单位。从现有信息看，救灾系统总共能够提供 7800 个单位，而总需求为 10 000 个单位，总的满足率为 0.78，由此我们可以设公平系数 e 为 0.7。

设各受灾点的需求极限时间 T_j 分别为 20 小时、30 小时、25 小时、28 小时、31 小时；修复单位距离平均耗费的时间 ϕ 为 3 小时/千米；各种运输方式的速度 spd_m 分别为 50 千米/小时、200 千米/小时、5 千米/小时；车辆运输方式组织或启用以及装卸资源所耗费的平均时间 tl_m 分别为 2 小时、10 小时、0 小时。各节点之间的运输距离如表 6.1 和表 6.2 所示；道路破坏率如表 6.3 和表 6.4 所示。

表 6.1　各应急资源集散点到各配送中心的运输距离　　　单位：千米

应急资源配送中心 应急资源集散点	应急资源配送中心 1	应急资源配送中心 2	应急资源配送中心 3
应急资源集散点 1	100	120	70
应急资源集散点 2	90	150	50

表 6.2　各应急资源配送中心到各受灾点的运输距离　　　单位：千米

受灾点 应急资源配送中心	受灾点 1	受灾点 2	受灾点 3	受灾点 4	受灾点 5
应急资源配送中心 1	110	70	130	90	80
应急资源配送中心 2	30	60	120	70	50
应急资源配送中心 3	30	70	110	60	40

表 6.3　各应急资源集散点到各应急资源配送中心的道路破坏率

应急资源配送中心 应急资源集散点	应急资源配送中心 1	应急资源配送中心 2	应急资源配送中心 3
应急资源集散点 1	0.05	0.3	0.01
应急资源集散点 2	0.04	0.01	0.4

表 6.4　各应急资源配送中心到各受灾点的运输距离的道路破坏率

受灾点 应急资源配送中心	受灾点 1	受灾点 2	受灾点 3	受灾点 4	受灾点 5
应急资源配送中心 1	0.05	0.02	0.4	0.5	0.1
应急资源配送中心 2	0.3	0.03	0.4	0.05	0.08
应急资源配送中心 3	0.1	0.5	0.01	0.6	0.1

2. 模型求解

当 $\alpha=2$ 时，利用 MATLAB7.9 按照以上算法进行编程，设最大迭代次数为 1000；粒子群规模为 40；运行程序 20 次求解得目标函数值均值为 1 267 324；分布情况如图 6.2 所示。可以看出，用该算法每次求得的解比较接近于平均值，具有较强的稳定性。

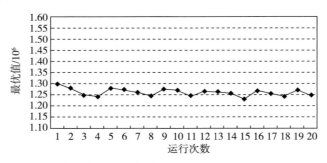

图 6.2 目标函数最优值的分布图

取一组接近平均值的最优解并计算各受灾点的满足率，如下所示。

$$\boldsymbol{\eta}=(0.71 \quad 0.71 \quad 0.76 \quad 0.70 \quad 0.89)$$

从最后结果看，在灾情不能全部消灭的情况下，各受灾点的满足率都在公平系数之上，且在五个受灾点中第五个受灾点的满足率最高（其对资源的需求紧迫程度也越大），说明本节提出的三级网络分配模型在确保系统损失最小的基础上也能够保证各受灾点的相对公平，即使应急资源分配达到效率与公平的统一。

3. 算法性能分析

为了进一步研究和改进 PSO 的优化性能，把改进 PSO、基本 PSO 和遗传算法在不同的迭代次数下各运行 20 次，进行性能比较。

1）收敛曲线比较

图 6.3 给出了最优解平均值的收敛曲线，可以看出，改进算法的收敛速度最快，而且迭代次数 600 次以上时计算结果相当稳定。

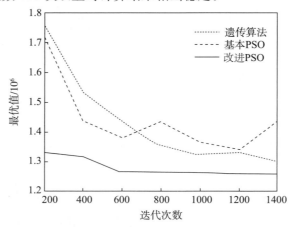

图 6.3 改进 PSO 与其他算法收敛曲线比较

综合这两点得出结论：通过让每个粒子在不同维度上确立不同的学习对象，可以大大提高 PSO 的搜索能力；无论是收敛的速度、稳定性还是最优解的精度，改进 PSO 都明显优于基本 PSO 和遗传算法。

2）均值和标准差比较

表 6.5 给出了最优解的均值和标准差这两项评价指标，从仿真结果看，改进的 PSO 的均值和标准差均最小，即两项指标值最理想。

表 6.5　改进 PSO 与其他算法优化性能比较

迭代次数	200		400		600		800		1000	
比较指标	均值	标准差	均值	标准差	均值	标准差	均值	标准差	均值	标准差
遗传算法	1 757 380	293 456	1 534 278	154 632	1 432 186	81 654	1 356 283	22 456	1 321 456	24 043
基本 PSO	1 637 160	284 220	1 362 336	174 269	1 285 476	43 862	1 273 246	28 872	1 283 841	25 081
改进 PSO	1 333 590	53 952	1 319 516	41 661	1 268 212	35 036	1 258 169	14 712	1 267 324	22 037

取一组目标函数值接近平均值的最优解，并计算各受灾点各种资源的满足率 $\boldsymbol{\eta}$，如下所示。

$$(\boldsymbol{x}_{ij}) = \begin{bmatrix} 298 & 0 & 2999 \\ 277 & 3219 & 0 \end{bmatrix}$$

$$(\boldsymbol{y}_{jk}) = \begin{bmatrix} 0 & 737 & 0 & 0 & 0 \\ 0 & 689 & 0 & 1050 & 1967 \\ 712 & 0 & 1888 & 0 & 698 \end{bmatrix}$$

$$\boldsymbol{\eta} = (0.71 \quad 0.71 \quad 0.76 \quad 0.70 \quad 0.89)$$

从最后结果来看，在灾情不能全部消灭的情况下，各受灾点的满足率都在公平系数之上，且在五个受灾点中，第五个受灾点的满足率最高（其对资源的需求紧迫程度也最大）。这说明，本节提出的分配模型在确保系统损失最小的基础上也能够保证各受灾点的相对公平，即使应急资源分配达到效率与公平的统一。

6.2　基于多种运输方式的应急资源分配动态决策模型

6.2.1　情景描述

在地震等自然灾害发生后，单个出救点的应急资源难以满足多处受灾点的多种应急资源需求。各出救点的资源供应量和配送能力是有限的，配送能力主要体现在可调用运输工具及其运量上，模型需要考虑货车运输、铁路运输、航空运输和航海运输等方式。应急资源配置是一个随时间变化的动态过程。

因此，应急资源配置决策不能一步到位，而是随着灾害发展情况不断跟进的，是在获取相关信息更新基础上进行的动态配置；同时，应急资源配置决策本身具有多周期性，是以"观测—决策—配置"这一过程序贯地推进的。本节所探讨的应急资源"预测—决策—配置"序贯推演方法是基于上一周期的配置结果，根据本周期预测到的信息制订相关资源配置方案，重点在于相关信息预测到之后的应急资源配置决策问题(Ye and Liu，2011)。"多对多"应急资源配置网络如图 6.4 所示，假设出救点是单向地往受灾点配送资源，且不考虑物流成本和观测成本。在应急资源配送中，最大限度地提高有限应急资源的利用率是重中之重，而物流成本等并不是重点考虑的因素。

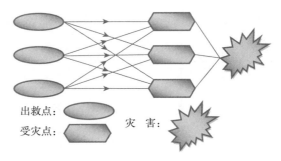

图 6.4 "多对多"应急资源配置网络

6.2.2 模型构建

本节主要符号如下。

(1)集合。

K：阶段 k 的集合，$k \in K$

I：出救点 i 的集合，$i \in I$

J：受灾点 j 的集合，$j \in J$

H：应急资源 h 的集合，$h \in H$

M：运输方式 m 的集合，$m \in M$

O_m：第 m 种运输方式的运输工具 o 的集合，$o \in O_m$

(2)参数。

wei_h：单位第 h 种资源的重量

vol_h：每单位第 h 种资源的体积

cap_{mo}：第 m 种运输方式的运输工具 o 的最大装载重量

vol_{mo}：第 m 种运输方式的运输工具 o 的最大运载体积

t_{ijm}：第 m 种运输方式从出救点 i 到受灾点 j 的运输时间

(3)变量。

LU^k：总应急资源配置效果损失

LT^k：总应急资源运输时间

D_{jh}^k：第 k 阶段，受灾点 j 对资源 h 的需求量

b_{ih}^k：第 k 阶段，出救点 i 中资源 h 的储备库存量

Δb_{ih}^k：第 k 阶段，出救点 i 中资源 h 的新增储备量

v_{imo}^k：在 k 阶段，第 i 个出救点可采用第 m 种配送方式中第 o 种类型运输工具的数量

Δv_{imo}^k：在 k 阶段，第 i 个出救点第 m 种配送方式中新增第 o 种类型运输工具的数量

（4）决策变量。

S_{ijhm}^k：第 k 阶段，从第 i 个出救点采用第 m 种方式配送至第 j 个需求点的第 h 类资源的数量

Z_{ijhmo}^k：第 k 阶段，第 i 个出救点配送至第 j 个需求点的 h 类资源，采用第 m 种配送方式中第 o 种类型运输工具的数量

应急资源配置决策效率用总应急资源配置效果损失 LU^k 和总应急资源运输时间 LT^k 两个指标来衡量。其中，总应急资源配置效果损失 LU^k 定义为受灾点资源需求量与实际供应量之差的平方。以资源供应量与需求量误差之和及资源配送所用的时间最小为目标函数，可以建立如下多目标模型（$\forall k \in K$）。

模型 6-2

目标

$$\overline{\omega}_1 = \min LU^k = \min \sum_{j \in J} \sum_{h \in H} \left(D_{jh}^k - \sum_{i \in I} \sum_{m \in M} S_{ijhm}^k \right)^2 \tag{6.15}$$

$$\overline{\omega}_2 = \min LT^k = \min \sum_{h \in H} \sum_{i \in I} \sum_{j \in J} \sum_{m \in M} \left(S_{ijhm}^k \cdot t_{ijm} \right) \tag{6.16}$$

满足

供应量限制：

$$\sum_{j \in J} \sum_{m \in M} S_{ijhm}^k \leqslant b_{ih}^k, \ \forall h \in H, \ i \in I \tag{6.17}$$

运输能力限制：

$$\sum_{h \in H} \sum_{j \in J} S_{ijhm}^k \cdot \mathrm{wei}_h \leqslant \sum_{o \in O_m} v_{imo}^k \cdot \mathrm{cap}_{mo}, \ \forall i \in I, \ m \in M \tag{6.18}$$

$$\sum_{h \in H} \sum_{j \in J} S_{ijhm}^k \cdot \mathrm{vol}_h \leqslant \sum_{o \in O_m} v_{imo}^k \cdot \mathrm{vol}_{mo}, \ \forall i \in I, \ m \in M \tag{6.19}$$

配送资源与运输工具关系：

$$S_{ijhm}^k = \min \left\{ \frac{\left(\sum_{o \in O_m} Z_{ijhmo}^k \cdot \mathrm{cap}_{mo} \right)}{\mathrm{wei}_h}, \ \frac{\left(\sum_{o \in O_m} Z_{ijhmo}^k \cdot \mathrm{vol}_{mo} \right)}{\mathrm{vol}_h} \right\},$$

$$\forall h \in H, \ i \in I, \ j \in J, \ m \in M \tag{6.20}$$

$$\sum_{h \in H} \sum_{j \in J} Z_{ijhmo}^k = \lambda \cdot Ca_{mo}, \; \lambda \in \mathbf{N}^+, \; \forall i \in I, \; m \in M, \; o \in O_m \quad (6.21)$$

前后阶段出救点的资源和运输工具拥有量平衡：

$$b_{hi}^k = b_{hi}^{k-1} + \Delta b_{hi}^k - \sum_{j \in J} \sum_{m \in M} S_{ijhm}^{k-1}, \; \forall h \in H, \; i \in I, \; k \geqslant 2 \quad (6.22)$$

$$v_{imo}^k = v_{imo}^{k-1} + \Delta v_{imo}^k - \sum_{h \in H} \sum_{j \in J} Z_{hijmo}^{k-1}, \; \forall i \in I, \; m \in M, \; o \in O_m, \; k \geqslant 2$$

$$(6.23)$$

变量取值范围：

$$S_{ijhm}^k, \; b_{hi}^k, \; \Delta b_{hi}^k, \; d_{hi}^k, \; Z_{hijmo}^k, \; v_{imo}^k, \; \Delta v_{imo}^{k+1} \in \mathbf{N}^+,$$

$$\forall h \in H, \; i \in I, \; j \in J, \; m \in M, \; o \in O_m \quad (6.24)$$

每种运输方式都有若干种运输工具，将它们分为两类：第一类为一次只运输一种资源；第二类为一次可运输若干种资源。将第二类运输工具分为若干部分，使得每个部分只装一种资源。在式(6.21)中，Ca_{mo} 表示第二类运输工具中第 m 种配送方式中第 o 种类型运输工具每部分的装载量；λ 为该出救点所有这样的部分之和。

6.2.3 算法设计

本节建立的模型为非线性混合整数多目标规划模型，同时考虑了多出救点、多受灾点应急资源配置中的运输路径、运输方式、运输量、多阶段等问题；且要求所有受灾点必须被若干个出救点覆盖，各受灾点的需求满足度和资源配送时间尽可能低。因此，该模型类似于集覆盖模型，而又比普通集覆盖问题复杂。集覆盖模型是 NP-Hard 问题，已有多种不同的算法，如基于对偶的启发式算法、次梯度优化法和拉格朗日松弛算法结合、遗传算法等。本节将多目标转换为单目标，应用基于矩阵编码的遗传算法对模型求解。

1. 模型的整数化处理

在模型中，资源配置效果损失体现了各受灾点需求的满足情况。现实中，出救点难以完全满足所有需求点的需求，只能尽可能使各受灾点的需求均达到一定满足。为兼顾公平原则，将目标式(6.15)转换为需求被满足程度的约束。

$$\sum_{h \in H} \left(D_{jh}^k - \sum_{i \in I} \sum_{m \in M} S_{ijhm}^k \right)^2 \leqslant \beta_j^k, \; \forall j \in J \quad (6.25)$$

其中，β_j^k 为参数，$\beta_j^k = 2 \cdot P_j \cdot \sum_{j \in J} \sum_{h \in H} \left(D_{jh}^k - \sum_{i \in I} \sum_{m \in M} S_{ijhm}^k \right)^2$；$P_j = \dfrac{Population_j}{\sum\limits_{j \in J} Population_j}$。

若只是采用式(6.25)，将目标函数式(6.16)最小化的结果为 $S_{hijm}^k = 0$，显然是不可行的。因此，只能增加以下两个条件，来保证出救点的资源都被配送到受灾点。

$$\sum_{j \in J} \sum_{i \in I} \sum_{m \in M} S_{ijhm}^k = b_{ih}^k,\ \text{当} \sum_i b_{ih}^k \leqslant \sum_{j \in J} D_{jh}^k,\ \forall h \in H,\ i \in I \quad (6.26)$$

$$\sum_{i \in I} \sum_{m \in M} S_{ijhm}^k = D_{jh}^k,\ \text{当} \sum_j D_{ji}^k < \sum_{i \in I} b_{jh}^k,\ \forall h \in H,\ j \in J \quad (6.27)$$

设模型 M2 为将模型 6-2 的目标式(6.15)转换为约束式(6.25)～式(6.27)，其他条件不变。

定理 6.1　若 $\overline{S}^k$ 为模型 M2 的最优解，则 $\overline{S}^k$ 为模型 6-2 的弱有效解。

证明： 设 $\overline{S}^k$ 是模型 M2 的最优解，但不是模型 6-2 的弱有效解，则 $\exists \overline{S}'^k \in S$($S$ 为模型 6-2 的可行域)，s.t. $\forall i \in \{1, 2\}$，有 $\overline{\omega}_i(\overline{S}'^k) < \overline{\omega}_i(\overline{S}^k)$。取 $\beta_j = \max\{\beta_j,\ \sum_{j \in J} \mu_j^k(\overline{S}'^k)\}$，故有

$$\mu_j^k(\overline{S}'^k) \leqslant \beta_j \quad (6.28)$$

记 $\mu^k(S_{hijm}^k) = \sum_{j \in J} \mu_j^k(S_{hijm}^k)$；$\mu_2^k(S_{hijm}^k) = \sum_{j \in J} \sum_{h \in H} \left(D_{jh}^k - \sum_{i \in I} \sum_{m \in M} s_{hijm}^k\right)^2$。因为 $\overline{S}^k$ 为模型 M2 的最优解，所以 $\overline{S}^k$ 在式(6.25)中成立，即有 $\mu_j^k(\overline{S}^k) \leqslant \beta_j$，于是有

$$\mu^k(\overline{S}'^k) < \mu^k(\overline{S}^k) = \sum_{j \in J} \mu_j^k(\overline{S}^k) \leqslant \sum_{j \in J} \beta_j = \beta \quad (6.29)$$

由式(6.28)和式(6.29)易知，$\overline{S}'^k$ 亦为模型 M2 的可行解，且 $\overline{\omega}_2(\overline{S}'^k) < \overline{\omega}_2(\overline{S}^k)$，这与 $\overline{S}^k$ 是模型 M2 的最优解相矛盾，证明完毕。

2. 基于矩阵编码的遗传算法设计

以下设计基于矩阵编码的遗传算法对其进行求解。

(1) 编码方案、适应度函数。采用整数编码方案，染色体共为 $|I| \times |C|$ 个矩阵，每个矩阵有 $|J| \times |M|$ 个元素。设 $|I| = p$；$|J| = q$；$|H| = n$；$|M| = l$；则 $p,\ q,\ n,\ l \in \mathbf{Z}^+$。

引理 6.1　若矩阵 $\mathbf{A} = (A_r)_{1 \times pn}$，将其转换为矩阵 $\mathbf{Z} = (a_{ih})_{p \times n}$，使得 $\forall i = 1,\ 2,\ \cdots,\ p$；$h = 1,\ 2,\ \cdots,\ n$，有 $a_{ih} = A_k$，则有

$$h = \begin{cases} n, & r\%n = 0 \\ r\%n, & r\%n \neq 0 \end{cases} \quad (6.30)$$

$$i = \begin{cases} \lfloor r/n \rfloor, & r\%n = 0 \\ \lfloor r/n \rfloor - 1, & r\%n \neq 0 \end{cases} \quad (6.31)$$

$$r = (i-1)n + h \quad (6.32)$$

证明： 略。

设矩阵 $\mathbf{A} = (A_r)_{1 \times pn}$ 的第 r 个元素 $A_r = r$，表示 $p \times n$ 个矩阵组成的染色体

中第 r 个矩阵，由此可得引理 6.2。

引理 6.2　矩阵染色体 $A=(A_r)_{1\times pn}$ 中，第 r 个矩阵表示第 i 个出救点中第 h 类资源的配送方案，其中，i 与 h 的取值由式(6.30)和式(6.31)求得。

证明：略。

引理 6.3　设矩阵 $A_r=(a_{jm})_{q\times l}$ 为矩阵染色体 A 的第 r 个矩阵基因，则其元素 a_{jm} 表示第 i 个出救点中有 a_{jm} 单位 h 类资源采用第 m 种配送方式运往需求点 j。

证明：略。

由引理 6.1～引理 6.3 可得矩阵染色体 $A=(A_r)_{1\times pn}$，$A_r=(a_{jm}^{(i-1)n+h})_{q\times l}$ 的构造如表 6.6 所示。

表 6.6　矩阵染色体 A 的构造

i			1				⋯			p		
h		1		⋯		n			1		⋯	n
m		1	⋯	l	⋯	1	⋯	l	⋯	1	⋯	l	⋯	1	⋯	l
j	1 ⋮ q	$A_1=$ $(a_{jm}^1)_{q\times l}$			⋯	$A_n=$ $(a_{jm}^n)_{q\times l}$			⋯	$A_{(p-1)n+1}=$ $(a_{jm}^{(p-1)n+1})_{q\times l}$			⋯	$A_{pn}=$ $(a_{jm}^{pn})_{q\times l}$		

定理 6.2　设矩阵染色体为 $A=(A_r)_{1\times pn}$，$A_r=(a_{jm}^{(i-1)n+h})_{q\times l}$，则 $S_{cijm}^k=a_{jm}^{(i-1)n+h}$。其中，$h$ 与 i 的取值由式(6.30)和式(6.31)求得。

适应度函数采用目标函数式(6.16)。

(2)复制操作与选择策略。根据适应度函数值对染色体进行排序，分为五组，第一组复制两份，同时去除最后两组。

(3)交叉操作。以一定的概率进行交叉操作，采用单点交叉法。

(4)变异操作。以一定的概率 p 对矩阵染色体进行变异。

(5)染色体可行性操作。不论是交叉还是变异产生的子个体，都有可能是不可行解。当出现这种情况时，可随机生成一个初始基因个体以取代此不可行个体。

(6)种群规模和初始种群。使用染色体长度的两倍为种群规模数。考虑到在现实中，不可能每个出救点都向各受灾点配送资源，而是根据"就近原则"(高效率)，仅若干个出救点向某一受灾点配送资源。因此，在生成初始基因码时，根据经验，只考虑由若干个出救点向受灾点配送资源，其他出救点的配送量为零，以提高算法效率。

(7)迭代终止策略。设定最大迭代次数 $N_{\max}$。当迭代次数达到此值时，输出最优个体。

6.2.4　模型应用

以 2008 年"5·12"汶川大地震为背景，本部分将应用序贯决策模型和算法对

10 个极重灾区在 2008 年 5 月 19 日和 23 日两天的粮食（以大米为例）的资源配置情形进行数值仿真分析，如图 6.5 所示。以成都市、德阳市、绵阳市和广元市为出救点，往汶川县、北川县、绵竹市、什邡市、青川县、茂县、安县、都江堰市、平武县和彭州市配送。

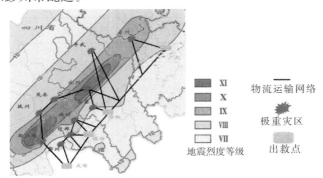

图 6.5　汶川地震极重灾区与主要出救点分布图

正常情况下，受灾点人口及出救点到受灾点的运输时间如表 6.7 所示（运输时间数据由谷歌地图驾车行驶功能查得近似距离、时间；人口数据来自中国第五次人口普查）。其他数据设置如下：表 6.8 为运输工具信息；表 6.9 为资源信息；表 6.10 为出救点资源和运输工具拥有量。

表 6.7　受灾点人口及出救点到受灾点的运输时间

描述		汶川	北川	绵竹	什邡	青川	茂县	安县	都江堰	平武	彭州
人口/千人		112	161	516	433	25	104	484	622	186	770
成都/分钟	陆运	149	185	121	89	309	204	120	62	329	52
	空运	35	45	28	21	77	40	37	22	65	17
德阳/分钟	陆运	186	127	57	34	252	240	63	99	211	62
	空运	30	28	14	12	159	29	20	28	48	19
绵阳/分钟	陆运	227	92	86	85	220	235	28	141	239	126
	空运	36	19	20	24	46	30	10	40	37	31
广元/分钟	陆运	360	199	218	213	173	340	172	237	317	258
	空运	76	49	65	70	23	67	53	85	42	77

表 6.8　运输工具信息

运输工具	陆运		空运	
类型	Ⅰ	Ⅱ	Ⅰ	Ⅱ
装载重量/吨	5	10	4	9
运载体积/立方米	23	44	35	75

表 6.9 资源信息

描述	人均需求	单位重量/千克	单位体积/立方米
粮食/吨	0.0005	1000	1.333
帐篷/顶	0.05	4513	0.14
棉被/床	0.5	3	0.015

表 6.10 出救点资源和运输工具拥有量

日期	出救点	陆运/辆		空运/架		粮食/吨	帐篷/顶	棉被/床
		I	II	I	II			
5月19日	成都	120	42	19	5	1000	2281	500
	德阳	48	16	8	2	400	912	200
	绵阳	48	16	8	2	400	912	200
	广元	24	8	4	1	200	456	100
	总量	240	82	39	10	2000	4561	1000
5月20日	成都	131	49	20	5	1067	2659	4613
	德阳	52	19	8	2	427	1063	1845
	绵阳	52	19	8	2	427	1063	1845
	广元	26	9	4	1	213	531	922
	总量	261	96	40	10	2134	5316	9223

这样，运用基于矩阵编码的遗传算法，可以求得配置方案如表 6.11 和表 6.12所示。

表 6.11 成都与德阳配置方案

受灾点 \ 资源配置方案 出救点	成都						德阳					
	粮食/吨		帐篷/顶		棉被/床		粮食/吨		帐篷/顶		棉被/床	
	第一天配置方案											
	G.	A.	G.	A.	G.	A.	G.	A.	G.	A.	G.	A.
汶川	0	0	0	178	0	24	0	0	0	0	0	0
北川	0	0	0	0	0	0	0	0	0	0	0	0
绵竹	0	0	872	0	292	0	274	0	642	0	74	0
什邡	0	0	0	0	0	0	97	0	124	0	71	0
青川	0	34	0	161	0	1	0	0	0	0	0	0
茂县	0	0	0	0	0	75	0	34	0	146	0	0
安县	0	0	0	0	0	0	0	0	0	0	0	0
都江堰	280	0	132	0	97	0	0	0	0	0	0	0
平武	0	52	0	117	0	0	0	0	0	0	0	85
彭州	70	0	821	0	11	0	0	0	0	0	0	0

续表

出救点 资源配置方案 受灾点	成都						德阳					
	粮食/吨		帐篷/顶		棉被/床		粮食/吨		帐篷/顶		棉被/床	
	第二天配置方案											
	G.	A.	G.	A.	G.	A.	G.	A.	G.	A.	G.	A.
汶川	0	7	14	365	0	9	0	0	0	0	0	0
北川	0	0	0	0	0	0	0	0	0	0	0	0
绵竹	0	0	0	0	75	0	215	0	173	0	832	0
什邡	0	0	1019	0	0	0	70	0	740	0	918	0
青川	0	33	0	7	0	24	0	0	0	0	0	0
茂县	0	0	0	0	0	1067	0	37	0	150	0	0
安县	0	0	0	0	0	0	0	0	0	0	0	0
都江堰	333	0	815	0	26	0	0	0	0	0	0	0
平武	0	62	0	260	0	0	0	0	0	0	0	95
彭州	85	0	193	0	3412	0	0	0	0	0	0	0

表 6.12　绵阳与广元配置方案

出救点 资源配置方案 受灾点	绵阳						广元					
	粮食/吨		帐篷/顶		棉被/床		粮食/吨		帐篷/顶		棉被/床	
	第一天配置方案											
	G.	A.	G.	A.	G.	A.	G.	A.	G.	A.	G.	A.
汶川	0	0	0	0	0	0	0	0	0	0	0	0
北川	102	0	323	0	41	0	0	0	110	0	0	0
绵竹	0	0	0	0	0	0	0	200	346	0	0	0
什邡	0	0	0	0	0	0	0	0	0	0	0	0
青川	0	0	0	0	0	0	6	0	0	0	98	0
茂县	0	0	31	0	0	0	0	0	0	0	0	0
安县	36	0	187	0	109	0	0	0	0	0	0	0
都江堰	0	0	0	0	0	0	0	0	0	0	0	0
平武	0	31	0	197	0	224	0	0	0	0	0	0
彭州	0	0	0	0	0	0	0	0	0	0	0	0

出救点 资源配置方案 受灾点	绵阳						广元					
	粮食/吨		帐篷/顶		棉被/床		粮食/吨		帐篷/顶		棉被/床	
	第二天配置方案											
	G.	A.	G.	A.	G.	A.	G.	A.	G.	A.	G.	A.
汶川	0	0	0	0	0	0	0	0	0	0	0	0
北川	27	0	796	0	129	0	0	0	66	0	0	0
绵竹	0	0	0	0	0	0	0	199	318	0	903	0

续表

出救点 资源配置方案 受灾点	绵阳						广元					
	粮食/吨		帐篷/顶		棉被/床		粮食/吨		帐篷/顶		棉被/床	
	第二天配置方案											
	G.	A.	G.	A.	G.	A.	G.	A.	G.	A.	G.	A.
什邡	0	0	0	0	0	0	0	0	0	0	0	0
青川	0	0	0	0	0	0	6	0	174	0	0	0
茂县	0	0	0	0	0	0	0	0	0	0	0	0
安县	167	0	81	0	990	0	0	0	0	0	0	0
都江堰	0	0	0	0	0	0	0	0	0	0	0	0
平武	0	28	0	163	0	426	0	0	0	0	0	0
彭州	0	0	0	0	0	0	0	0	0	0	0	0

从以上分析可以得出，应用本部分所建立的模型，决策者可以将预测获取的资源需求信息、供应信息及运输时间信息等代入模型，以获取相关资源配置方案。

6.3　本章小结

在现有应急资源分配决策模型的基础上，本章着重解决具有复杂路网结构的应急资源分配决策问题，强调应急资源分配网络的复杂性，使得应急资源分配模型更加符合现实的应急资源配置决策。具有复杂路网结构的应急资源分配模型求解比较困难，因此，本章分别对 PSO 和遗传算法进行改进，以提高求解效率。本章的创新点主要包括以下两方面。

(1)本章强调了应急资源分配网络的复杂性。应急资源分配网络的复杂性主要表现在三个方面：一是考虑由多出救点、多应急资源配送中心、多受灾点构成的多级分配网络；二是考虑货车运输、铁路运输、航空运输和航海运输等多种运输方式以及在每种运输方式中使用的不同类型的运输工具；三是考虑应急资源配置决策本身具有多周期性，需要进行动态决策。

(2)本章针对具有复杂路网结构的应急资源分配模型设计了求解效率较高的进化算法。本章针对基于多级分配网络的应急资源分配决策模型，对 PSO 进行改进，采取能在不同维度上选择不同学习对象的全面学习策略，利用惯性常数控制群体"爆炸"现象，从而使新算法在解决整数非线性规划问题时，具有更高的效率、更优的结果。另外，本章针对基于多种运输方式的应急资源分配动态决策模型，设计了基于矩阵编码的遗传算法进行求解。

第 *7* 章

基于动态需求的应急资源分配决策模型

地震灾害等非常规突发事件发生后，重灾人员存活率往往与救援时间成反比，因此，这些重灾人员对一些应急资源的需求呈现出随时间递减的规律，如应急药品、血液、手术设备等。而很多关于地震灾后应急响应和应急资源分配问题的相关研究仍然存在两点不足：一是忽略突发事件发生后的受灾点对应急资源需求的可变性；二是在应急资源分配问题中忽略应急资源配送时间(Fiedrich et al.，2000)。鉴于此，本章将基于重灾人员成活率的变化特征建立应急资源动态需求函数，并考虑配送时间对应急资源需求的动态影响，建立应急资源分配模型。

基于第 4 章、第 5 章对简单路网问题的研究以及第 6 章对复杂路网问题的研究，将动态需求的应急资源分配决策模型分为简单路网和复杂路网两类，有五个由简单到复杂的模型，如图 7.1 所示。

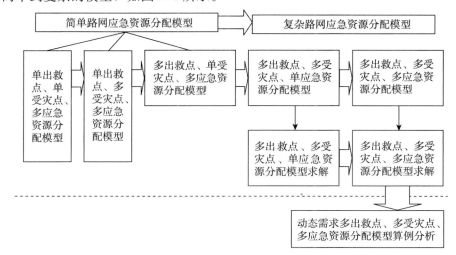

图 7.1　本章模型框架图

对于动态需求的应急资源，简单路网应急资源分配模型包括三个模型，即单出救点、单受灾点、多应急资源分配模型，单出救点、多受灾点、多应急资源分配模型，多出救点、单受灾点、多应急资源分配模型。与复杂路网应急资源分配模型相比，简单路网应急资源分配模型比较简单，是一类特殊的复杂路网应急资源分配模型。对于动态需求的应急资源，需在第一部分简单路网应急资源分配模型的基础上研究多出救点、多受灾点构成的复杂路网模型，其包括两个模型，即多出救点、多受灾点、单应急资源分配模型和多出救点、多受灾点、多应急资源分配模型。

本章中，后面模型的求解和算法都建立在前面模型的基础上。多出救点、多受灾点、多应急资源分配模型是前四种模型的一般情况，只要改变模型参数就可以转化为前四种模型。最后针对多出救点、多受灾点、多应急资源分配模型进行算例分析。

7.1　基于动态需求的简单路网应急资源分配模型

7.1.1　单出救点、单受灾点、多应急资源分配模型

单出救点、单受灾点的模型最为常见，也最为简单。由于单出救点、单受灾点、单应急资源分配模型较为简单，本部分不再赘述，以下主要分析单出救点、单受灾点、多应急资源分配模型。在该问题中，有一个受灾点发生突发事件，需要多种应急资源。由于受灾点受灾程度不太严重，或者受灾点附近仅有一个出救点，故只有一个出救点为该受灾点提供应急资源。例如，某工厂发生小规模的火灾，仅需要一个消防站出动消防车的应急资源分配问题就属于该类问题。该问题的路网结构如图 7.2 所示。

图 7.2　单出救点、单受灾点应急资源分配问题的路网结构

1. 符号定义

h 表示应急资源代号，$h \in H$；t_1 表示出救点到受灾点所需的响应时间；t_e 表示受灾点存活率和应急资源需求为 0 的时刻；C 表示出救点到受灾点的运力限制；b_h 表示出救点应急资源 h 的存储量；$f_h(t)$ 表示灾点对资源 h 的需求函数；$f_h^{(1)}(t)$ 表示灾点对资源 h 的初始需求函数；ω_h 表示资源系数，表示资源 h 的重要性；S_h 表示出救点对受灾点应急资源 h 的分配量。

2. 需求函数

许多应急资源分配模型将需求定义为静态需求，而事实上，突发事件发生后，受灾点对应急资源的需求是随着时间的变化而不断变化的。假设救援时间和重灾人员存活率之间存在密切关系，突发事件发生后，若无应急响应和救援，重灾人员的存活率会在几天的时间内由 100% 降至 0。由于存活人数随时间而减少，故重灾人员对应急资源 h 的需求 $f_h^{(1)}(t)$ 就是一个减函数。在突发事件刚发生时，$f_h^{(1)}(t)$ 与 y 轴的交点 $f_h^{(1)}(0)$ 为资源 h 的初始需求。如果不考虑次生灾害，在突发事件刚刚发生后，受灾点对应急资源 h 的需求是最大的。在没有应急救援的情况下，重灾人员的存活率会逐步降至 0，因此，初始需求函数的函数值最后会随时间递减为 0，此时的时间定义为 t_e。t_e 的大小与受灾点的灾害严重程度成反比，灾害越严重，t_e 的值越小。

假设应急资源具有稀缺性，不能完全满足受灾点需求。因此，当出救点的资源送达受灾点时，需求函数就会发生变化。假设需求函数 $f_h^{(1)}(t)$ 为时间的线性递减函数，如图 7.3 所示。

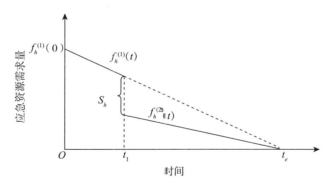

图 7.3　受灾点应急资源需求函数动态变化示意图

突发事件刚发生时，受灾点对 h 资源的需求函数为 $f_h^{(1)}(t)$。在经过 t_1 时段的运输响应时间，有 S_h 单位应急资源 h 送达受灾点，由于资源短缺和运力限制，此时的应急资源分配量 S_h 小于这一时间点受灾点对 h 资源的需求 $f_h^{(1)}(t)$，故下一个阶段动态需求函数将不再是 $f_h^{(1)}(t)$，而是 $f_h^{(2)}(t)$。每次资源送达时，对于该时点，需求函数左端连续，而右端不连续，如图 7.3 所示。

$f_h^{(2)}(t)$ 满足式(7.1)的递归条件，因此需求函数本身也是动态变化的。

$$f_h^{(2)}(t) = \frac{f_h^{(1)}(t_1) - S_h}{f_h^{(1)}(t_1)} f_h^{(1)}(t) \tag{7.1}$$

$f_h^{(2)}(t)$ 的表达式是由初始需求函数 $f_h^{(1)}(t)$、应急资源配送量 S_h 及其送达受灾点的时间共同决定的。因此，应急资源需求函数 $f_h(t)$ 是一个不连续的分段递归函数。其中，$f_h^{(1)}(t)$ 和 $f_h^{(2)}(t)$ 均为分段函数 $f_h(t)$ 的组成部分。需求函数 $f_h(t)$ 本身具有不确定性，其由初始函数和应急资源配送决策共同决定，式(7.1)中分段函数的递归关系就很好地说明了这一点。需求函数 $f_h(t)$、$f_h^{(1)}(t)$ 及 $f_h^{(2)}(t)$ 均为本章的重要记号，代表着重要的意义，在后面的建模过程中将会反复提及。

3. 目标函数——系统损失

研究静态需求的阶段模型往往将系统损失作为目标函数，即未满足需求——受灾点需求量减去应急资源分配量。而当需求动态变化时，系统损失可以定义为累积未满足需求，即未满足需求的时间累积量，用未满足需求的积分形式表示。在上述的需求动态变化示意图中表现为需求函数 $f_h^{(1)}(t)$、$f_h^{(2)}(t)$ 与坐标轴所围部分的面积。

式(7.2)表达的含义即为第 h 种资源的累积未满足需求，由于 $f_h(t)$ 为分段函数，故式(7.2)可以具体表达为式(7.3)。

$$\int_0^{te} f_h(t)\mathrm{d}t \tag{7.2}$$

$$\int_0^{t1} f_h^{(1)}(t)\mathrm{d}t + \int_{t1}^{te} f_h^{(2)}(t)\mathrm{d}t \tag{7.3}$$

由于资源的重要性和单位效用并不相同，使用资源系数 ω_h 进行调整，就可得到多种资源未满足需求造成的受灾点系统损失。

$$L = \sum_{h \in H} \omega_h \left(\int_0^{t1} f_h^{(1)}(t)\mathrm{d}t + \int_{t1}^{te} f_h^{(2)}(t)\mathrm{d}t \right) \tag{7.4}$$

4. 数学模型

基于对问题的描述，可以建立一个决策模型，目标是多种资源未满足需求造成的受灾点系统损失最小。

模型 7-1

$$\min L = \sum_{h \in H} \omega_h \left(\int_0^{t1} f_h^{(1)}(t)\mathrm{d}t + \int_{t1}^{te} f_h^{(2)}(t)\mathrm{d}t \right) \tag{7.5}$$

$$\mathrm{s.t.}\ S_h \leqslant b_h, \ \forall h \in H \tag{7.6}$$

$$\sum_{h \in H} S_h \leqslant C \tag{7.7}$$

$$S_h \leqslant f_h^{(1)}(t_1), \ \forall h \in H \tag{7.8}$$

$$f_h^{(2)}(t) = \frac{f_h^{(1)}(t_1) - S_h}{f_h^{(1)}(t_1)} f_h^{(1)}(t), \ \forall h \in H \tag{7.9}$$

$$S_h \geqslant 0, \ \forall h \in H \tag{7.10}$$

其中，式(7.5)为目标函数，即使总的系统损失最小；式(7.6)表示应急资源 h 的分配量不大于其在出救点的储备量；式(7.7)表示分配到受灾点的各类资源的数量不大于出救点到受灾点的运力；式(7.8)表示分配给受灾点的资源 h 的数量不超过其在 t_1 时刻的实际需求量；式(7.9)为动态应急资源需求函数的递推公式；式(7.10)为非负约束。

本模型及以下所有模型的求解不适用拉格朗日约束，因为需求函数在资源到达受灾点的时候，发生了递归变化。因此，每次资源送达时，对于该时点，函数左端连续，而右端不连续，函数可积但不可微。所以本模型的求解将运用组合优化算法进行求解，在后续解决多出救点问题时，将证明相关定理，并给出详细的推导过程和模型求解算法。

本模型为单出救点、单受灾点的简单路网问题。因此，模型本身也比较简单，主要为后面多出救点模型的研究做铺垫。多出救点模型的解法和算法同样适用于单出救点问题，此处不再赘述。

7.1.2　单出救点、多受灾点、多应急资源分配模型

单受灾点、单出救点的模型最为常见也最为简单，在处理小规模的突发事件，或者受灾点比较集中时，也最为实用。但在面临多个受灾点的突发事件情景时，该模型会由于过于简单而不能解决实际问题。下面在单出救点、单受灾点、多应急资源分配问题的基础上进一步研究单出救点、多受灾点、多应急资源分配问题。该问题中有多个受灾点，各受灾点需要多种应急资源，由于受灾点附近的出救点仅有一个，或某一出救点应急资源的储备相对丰富，故只有一个出救点参与救援。例如，一个城市由于暴雨导致城市多个地点发生内涝，抗旱防汛指挥部从城市应急储备中心仓库分配救生艇到各个内涝发生点的应急资源配置活动就属于该问题。又如，一个小型城市仅有一个消防站，当该城市同时发生几起火灾事故时，需要从该消防站分配消防车到各个火灾事故点，也属于该问题。该问题的路网结构如图 7.4 所示。

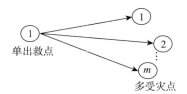

图 7.4　单出救点、多受灾点、多应急资源分配问题的路网结构

1. 符号定义

j 表示受灾点代号，$j \in J$；h 表示应急资源代号，$h \in H$；t_{1j} 表示出救点到第 j 个受灾点所需的响应时间；t_{je} 表示受灾点 j 存活率和应急资源需求为 0 的时刻；C_j 表示出救点到受灾点 j 的运力限制；b_h 表示出救点应急资源 h 的存储量；$f_{jh}(t)$ 表示受灾点 j 对资源 h 的需求函数；$f_{jh}^{(1)}(t)$ 表示受灾点 j 对资源 h 的初始需求函数；ω_{jh} 表示受灾点资源系数，表达受灾点 j 对资源 h 的偏好系数；S_{jh} 表示出救点对受灾点 j 应急资源 h 的分配量。

2. 系统损失

与式(7.3)类似，资源 h 未满足给受灾点 j 造成的损失可以表达为式(7.11)。

$$\int_0^{t_{1j}} f_{jh}^{(1)}(t)\mathrm{d}t + \int_{t_{1j}}^{t_{je}} f_{jh}^{(2)}(t)\mathrm{d}t \qquad (7.11)$$

使用受灾点资源系数 ω_{jh} 进行加权，得到各类资源未满足对所有受灾点造成的系统损失为

$$L = \sum_{j\in J}\sum_{h\in H}\omega_{jh}\left(\int_0^{t_{1j}} f_{jh}^{(1)}(t)\mathrm{d}t + \int_{t_{1j}}^{t_{je}} f_{jh}^{(2)}(t)\mathrm{d}t\right) \qquad (7.12)$$

3. 模型建立

基于对问题的描述，可以建立单出救点、多受灾点、多应急资源分配模型。

模型 7-2

$$\min L = \sum_{j\in J}\sum_{h\in H}\omega_{jh}\left(\int_0^{t_{1j}} f_{jh}^{(1)}(t)\mathrm{d}t + \int_{t_{1j}}^{t_{je}} f_{jh}^{(2)}(t)\mathrm{d}t\right) \qquad (7.13)$$

$$\text{s. t.}\ \sum_{j\in J}S_{jh}\leqslant b_h,\ \forall h\in H \qquad (7.14)$$

$$\sum_{h\in H}S_{jh}\leqslant C_j,\ \forall j\in J \qquad (7.15)$$

$$S_{jh}\leqslant f_{jh}^{(1)}(t_{1j}),\ \forall j\in J,h\in H \qquad (7.16)$$

$$f_{jh}^{(2)}(t)=\frac{f_{jh}^{(1)}(t_{1j})-S_{jh}}{f_{jh}^{(1)}(t_{1j})}f_{jh}^{(1)}(t),\ \forall j\in J,h\in H \qquad (7.17)$$

$$S_{jh}\geqslant 0,\ \forall j\in J,h\in H \qquad (7.18)$$

其中，式(7.13)为目标函数，即使总的系统损失最小；式(7.14)表示出救点应急资源 h 总的分配量不大于其在出救点的储备量；式(7.15)表示出救点分配到受灾点 j 的资源数量不大于出救点到该受灾点的运力；式(7.16)表示出救点分配给受灾点 j 的资源 h 的数量不超过其在 t_{1j} 时刻的实际需求量；式(7.17)为动态应急资源需求函数的递推公式；式(7.18)为非负约束。

该模型主要是在前一个模型的基础上对受灾点数量进行拓展，符合在突发事件发生后，受灾地区范围较广，有多个受灾点的情况，使得模型更具实际意义。

7.1.3 多出救点、单受灾点、多应急资源分配模型

在该问题中，只有一个受灾点，需求多种应急资源，由于该受灾点灾害比较严重，受灾人员众多，对每种资源的需求量比较大，故需要从多个出救点调集资源进行救援。例如，某地发生地震等严重自然灾害，需要生活、救援、工程等各类应急资源，由于本地的应急储备资源受到破坏，需要从临近的城市或省份调集各类应急资源进行救援，这就是一个典型的多出救点、单受灾点、多应急资源分配问题。该问题的路网结构如图 7.5 所示。

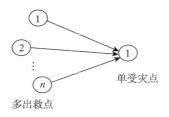

图 7.5 多出救点、单受灾点、多应急资源分配问题的路网结构

1. 符号定义

i 表示出救点的代号，$i \in I$；n 表示出救点总数；h 表示应急资源代号，$h \in H$；t_{i1} 表示第 i 个出救点到受灾点所需的响应时间；t_{he} 表示受灾点应急资源 h 需求为 0 的时刻；C_i 表示出救点 i 到受灾点的运力限制；b_{ih} 表示第 i 个出救点应急资源 h 的存储量；$f_h(t)$ 表示受灾点对资源 h 的需求量；$f_h^{(1)}(t)$ 表示受灾点对资源 h 的初始需求函数；ω_h 表示资源系数，表达资源 h 的重要性；S_{ih} 表示出救点 i 对受灾点应急资源 h 的分配量。

2. 需求函数

因为有 n 个出救点，受灾点应急资源 h 的初始需求函数 $f_h^{(1)}(t)$ 最多变化 n 次，所以动态需求函数 $f_h(t)$ 为分段非连续函数。由于将应急资源的响应时间作为主要的影响变量，故需求函数的多次变化是多出救点区别于单个出救点的主要差别，也是建模和模型求解过程中的关键点和难点。在突发事件刚发生时，$f_h^{(1)}(t)$ 与 y 轴的交点 $f_h(0)$ 为受灾点对 h 资源的初始需求量，这个需求量与重灾区受灾人员存活人数有关。在没有应急救援的情况下，重灾人员的存活率会降至 0，因此，初始需求函数最后会随时间递减为 0，此时的时间定义为 t_e。需求函数的具体变化情况如图 7.6 所示。

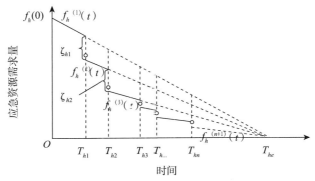

图 7.6 受灾点应急资源 h 需求函数动态变化示意图

此处出现了 T_{h1}、ζ_{h1} 等单出救点应急资源分配模型中未出现的符号。T_{h1} 是

在应急资源 h 的分配中所有出救点中的最短响应时间；同样可得，T_{h2} 即为在应急资源 h 的分配中所有出救点中的次短响应时间；以此类推，T_{hl} 即为在应急资源 h 的分配中所有出救点中的响应时间由短到长排在第 l 位的响应时间，一直到 T_{hn} 为止；T_{he} 表达的意义是应急资源 h 的需求变为 0 的时间。ζ_{h1} 表示响应时间最短的出救点向受灾点分配的应急资源 h 的数量；ζ_{hl} 表示响应时间排在第 l 位的出救点向受灾点分配的应急资源 h 的数量，所以此处的符号区别于 S_{ih}。这里的 ζ_{hl} 和 T_{hl} 是一一对应的关系。假设 t_{i1} 的大小排在整个队列的第 l 位，那么 T_{hl} 与 t_{i1}，ζ_{hl} 与 S_{ih} 之间存在这样的映射关系，即 $T_{hl}=t_{i1}$，$\zeta_{hl}=S_{ih}$。

3. 系统损失

应急资源 h 的未满足需求造成的受灾点损失如下：

$$\int_0^{T_{h1}} f_k^{(1)}(t)\mathrm{d}t + \int_{T_{h1}}^{T_{h2}} f_k^{(2)}(t)\mathrm{d}t + \cdots + \int_{T_{hn}}^{T_{he}} f_k^{(n+1)}(t)\mathrm{d}t \tag{7.19}$$

使用资源系数 ω_h 进行加权，得到各类资源未满足对受灾点造成的系统损失为

$$L = \sum_{h \in H} \omega_h \left(\int_0^{T_{h1}} f_k^{(1)}(t)\mathrm{d}t + \sum_{l=1}^{n-1} \int_{T_{hl}}^{T_{h(l+1)}} f_k^{(l+1)}(t)\mathrm{d}t + \int_{T_{hn}}^{T_{he}} f_k^{(n+1)}(t)\mathrm{d}t \right) \tag{7.20}$$

4. 模型建立

基于对问题的描述，可以建立一个多出救点、单受灾点、多应急资源分配决策模型，目标是综合考虑出救点的各种资源导致的综合系统损失最小。

模型 7-3

$$\min L = \sum_{h \in H} \omega_h \left(\int_0^{T_{h1}} f_k^{(1)}(t)\mathrm{d}t + \sum_{l=1}^{n-1} \int_{T_{hl}}^{T_{h(l+1)}} f_k^{(l+1)}(t)\mathrm{d}t + \int_{T_{hn}}^{T_{he}} f_k^{(n+1)}(t)\mathrm{d}t \right) \tag{7.21}$$

$$\text{s. t. } S_{ih} \leqslant b_{ih}, \quad \forall i \in I, h \in H \tag{7.22}$$

$$\sum_{h \in H} S_{ih} \leqslant C_i, \quad \forall i \in I \tag{7.23}$$

$$\zeta_{hl} \leqslant f_h^{(l)}(T_{hl}), \quad \forall l \in I, h \in H \tag{7.24}$$

$$f_h^{(l+1)}(t) = \frac{f_h^{(l)}(T_{hi}) - \zeta_{hl}}{f_h^{(l)}(T_{hl})} f_h^{(l)}(t), \quad \forall l \in I, h \in H \tag{7.25}$$

$$S_{ih}, \ \zeta_{hi} \geqslant 0, \quad \forall i \in I, l \in I, h \in H \tag{7.26}$$

其中，式(7.21)为目标函数，即使总的系统损失最小；式(7.22)表示出救点 i 应急资源 h 的分配量不大于其在出救点的储备量；式(7.23)表示出救点 i 分配到受灾点的资源数量不大于该出救点到该受灾点的运力；式(7.24)表示出救点 l 分配给受灾点的资源 h 的数量不超过其在 T_{hl} 时刻的实际需求量；式(7.25)为动态应急资源需求函数的递推公式；式(7.26)为非负约束。

7.2　基于动态需求的复杂路网应急资源分配模型

7.1 节研究了简单路网的应急资源分配问题，该类问题相对比较简单。很多情况下，灾害发生范围比较广，多个受灾点应急资源需求量比较大，需要多个出救点参与救援。下面分析多出救点、多受灾点组成的复杂路网情景下的应急资源分配问题。

7.2.1　多出救点、多受灾点、单应急资源分配模型

1. 问题描述

本部分建立多出救点、多受灾点、单应急资源分配模型。在该类应急资源分配问题中，有多个区域分布相对集中的受灾点，这些受灾点仅需求一种应急资源，该类应急资源存储在多个区域分布相对集中的出救点，需要确定每个出救点分配到各个受灾点的应急资源的数量。例如，一个大中型城市中有多个消防站，每个消防站所能服务的区域是相互重叠的，当该城市的不同地点同时发生多起火灾时，就面临着从不同消防站出动消防车到不同的火灾点救援的问题。该问题的路网结构如图 7.7 所示。

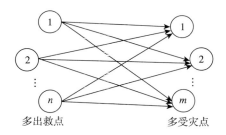

图 7.7　多出救点、多受灾点、单应急资源分配问题的路网结构

2. 符号定义

i 表示出救点的代号，$i \in I$；n 表示出救点总数；m 表示受灾点总数；j 表示受灾点代号，$j \in J$；t_{ij} 表示出救点 i 到受灾点 j 所需的响应时间；t_{je} 表示受灾点 j 需求为 0 的时刻；C_{ij} 表示出救点 i 到受灾点 j 的运力限制；b_i 表示第 i 个出救点应急资源的存储量；$f_j(t)$ 表示受灾点 j 对资源的需求函数；$f_j^{(1)}(t)$ 表示受灾点 j 对资源的初始需求函数；S_{ij} 表示出救点 i 对受灾点 j 应急资源的分配量。

3. 需求函数

与图 7.6 表达的应急资源的需求函数类似，因为有 n 个出救点，受灾点 j 的应急资源的初始需求函数 $f_j^{(1)}(t)$ 最多变化 n 次，所以动态需求函数 $f_j(t)$ 为分段非连续函数，如图 7.8 所示。t_{1j}，t_{2j}，t_{3j}，$\cdots$，$t_{(n-1)j}$，t_{nj} 事实上是一个无序

的排列，然而在动态需求模型中，由于需求函数是不连续的分段函数，每一段函数的函数关系都取决于上一阶段资源送达的时间和分配的量。因此，各个出救点的出救时间长短会影响模型的建立和优化。将无序排列 t_{1j}，t_{2j}，t_{3j}，…，$t_{(n-1)j}$，t_{nj} 按升序排列，便得到一个有序排列 T_{j1}，T_{j2}，T_{j3}，…，$T_{j(n-1)}$，T_{jn}。其中，T_{j1} 为受灾点 j 在得到的所有出救点的应急资源分配中响应时间最短的；同样可得，T_{j2} 即为受灾点 j 在得到的所有出救点的应急资源分配中响应时间次短的；依次类推，T_{jl} 为受灾点 j 在得到的所有出救点的应急资源分配中响应时间由短到长排在第 l 位，一直到 T_{jn} 为止。具有 T_{jl} 的响应时间的出救点对受灾点 j 的配送资源供给量为 ζ_{jl}。当 t_{1j}，t_{2j}，t_{3j}，…，$t_{(n-1)j}$，t_{nj} 按升序排列后，t_{ij} 的大小排在整个队列的第 l 位，那么它们之间存在这样的映射关系，即 $T_{jl} = t_{ij}$，$\zeta_{jl} = S_{ij}$。在模型求解和实证分析时，只要对排列 t_{1j}，t_{2j}，t_{3j}，…，$t_{(n-1)j}$，t_{nj} 按升序排列即可解决这个问题。

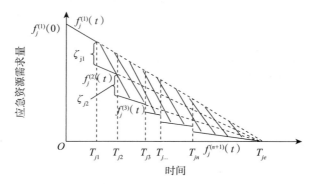

图 7.8　受灾点 j 应急资源需求动态变化示意图

4. 系统损失

应急资源需求未满足给受灾点 j 造成的损失可以表达为

$$\int_0^{T_{j1}} f_j^{(1)}(t)\,\mathrm{d}t + \int_{T_{j1}}^{T_{j2}} f_j^{(2)}(t)\,\mathrm{d}t + \cdots + \int_{T_{jn}}^{T_{je}} f_j^{(n+1)}(t)\,\mathrm{d}t \tag{7.27}$$

从而得到应急资源未满足对所有受灾点造成的系统损失为

$$L = \sum_{j \in J} \left(\int_0^{T_{j1}} f_j^{(1)}(t)\,\mathrm{d}t + \sum_{l=1}^{n-1} \int_{T_{jl}}^{T_{j(l+1)}} f_j^{(l+1)}(t)\,\mathrm{d}t + \int_{T_{jn}}^{T_{je}} f_j^{(n+1)}(t)\,\mathrm{d}t \right) \tag{7.28}$$

5. 模型建立

基于对问题的描述，可以建立一个多出救点、多受灾点、单应急资源分配决策模型，如下所示。

模型 7-4

$$\min L = \sum_{j \in J} \left(\int_0^{T_{j1}} f_j^{(1)}(t) \mathrm{d}t + \sum_{l=1}^{n-1} \int_{T_{jl}}^{T_{j(l+1)}} f_j^{(l+1)}(t) \mathrm{d}t + \int_{T_{jn}}^{T_{je}} f_j^{(n+1)}(t) \mathrm{d}t \right)$$

$$(7.29)$$

$$\mathrm{s.\,t.} \sum_{j \in J} S_{ij} \leqslant b_i, \quad \forall i \in I \tag{7.30}$$

$$S_{ij} \leqslant C_{ij}, \quad \forall i \in I, j \in J \tag{7.31}$$

$$\zeta_{jl} \leqslant f_j^{(l)}(T_{jl}), \quad \forall l \in I, j \in J \tag{7.32}$$

$$f_j^{(l+1)}(t) = \frac{f_j^{(l)}(T_{jl}) - \zeta_{jl}}{f_j^{(l)}(T_{jl})} f_j^{(l)}(t), \quad \forall l \in I, j \in J \tag{7.33}$$

$$S_{ij}, \; \zeta_{jl} \geqslant 0, \quad \forall i \in I, l \in I, j \in J \tag{7.34}$$

其中，式(7.29)为目标函数，即使总的系统损失最小；式(7.30)表示出救点 i 应急资源总分配量不大于其在出救点的储备量；式(7.31)表示出救点 i 分配到受灾点 j 的资源数量不大于该出救点到该受灾点的运力；式(7.32)表示出救点 l 分配给受灾点 j 的资源数量不超过其在 T_{jl} 时刻的实际需求量；式(7.33)为动态应急资源需求函数的递推公式；式(7.34)为非负约束。

6. 模型求解准备

定理 7.1　为了达到系统最优，每个出救点趋于向应急响应时间最短的受灾点分配资源，由于需求被满足或运输约束而导致的资源分配剩余则向离自己应急响应时间次短的点分配，以此类推，直到应急响应时间最远的点。

证明：由于目标函数表达了某受灾点应急资源的未满足需求的时间累积量最小，即需求函数 $f_j(t)$ 与坐标轴围成的面积（如图 7.8 中空白图形所示）最小。故该问题可以等价为该受灾点已满足需求量的时间累积量最大，而该部分在图 7.8 中即可表示为某受灾点初始需求函数 $f_j^{(1)}(t)$ 与该受灾点的阶段性需求函数所围成的面积，如图 7.8 中虚线阴影的图形所示，该部分的面积可以划分为若干个三角形的面积。每个受灾点的已满足需求的时间累积量之和最大，即为目标函数中的系统损失最小。式(7.35)表达的意义为受灾点 j 已满足需求的时间累积量，在此基础上对不同的受灾点求和。因此，式(7.36)所代表的意义即为所有受灾点已满足需求的时间累积量。因此，式(7.29)系统损失最小的目标函数可以转化为式(7.37)。

$$\frac{1}{2} \sum_{i \in I} S_{ij}(t_{je} - t_{ij}) \tag{7.35}$$

$$U = \frac{1}{2} \sum_{j \in J} \sum_{i \in I} S_{ij}(t_{je} - t_{ij}) \tag{7.36}$$

$$\max U = \frac{1}{2} \sum_{j \in J} \sum_{i \in I} S_{ij}(t_{je} - t_{ij}) \tag{7.37}$$

对式(7.36)进一步分析，可得到

$$2U = S_{11}(t_{1e} - t_{11}) + \cdots + S_{1j}(t_{je} - t_{1j}) + \cdots + S_{1m}(t_{me} - t_{1m}) +$$
$$\vdots$$
$$+ S_{i1}(t_{1e} - t_{i1}) + \cdots + S_{ij}(t_{je} - t_{ij}) + \cdots + S_{im}(t_{me} - t_{im}) + \quad (7.38)$$
$$\vdots$$
$$+ S_{n1}(t_{1e} - t_{n1}) + \cdots + S_{nj}(t_{je} - t_{nj}) + \cdots + S_{nm}(t_{me} - t_{nm})$$

式(7.38)的第 i 行表示由第 i 个出救点分别向不同受灾点分配资源所得到的已满足需求的时间累积量。为使式(7.38)的值最大，出救点趋于向应急响应时间最短的受灾点分配资源，分配后如有剩余资源则向应急响应时间次短的受灾点分配资源，以此类推，直到应急响应时间最长的受灾点。分别用类似方法分析公式的每一行，可以得出类似结论，该算法对于每个出救点都成立，每个出救点均趋向于向其最近的受灾点分配应急资源。

证明完毕。

定理 7.2　为了达到系统最优，每个受灾点趋于从应急响应时间最短的点获得分配的应急资源，若由于出救点资源限制或运力限制，需求得不到满足，受灾点会趋于向应急响应时间次短的出救点获得应急资源，以此类推，直到该受灾点的动态需求得到满足或递减为 0。

证明： t_{1j}，t_{2j}，t_{3j}，$\cdots$，$t_{(n-1)j}$，t_{nj} 是一个无序的排列，按照应急时间由小到大排列得到一个有序排列 T_{j1}，T_{j2}，T_{j3}，$\cdots$，$T_{j(n-1)}$，T_{jn}。当 t_{1j}，t_{2j}，t_{3j}，$\cdots$，$t_{(n-1)j}$，t_{nj} 按升序排列后，t_{ij} 的大小排在整个队列的第 l 位。那么，则有 $T_{jl} = t_{ij}$，$\zeta_{jl} = S_{ij}$。重新对式(7.38)化简并重新排列，得到式(7.39)，两者的值并未发生改变，改变的只是排序。

$$2U = \zeta_{11}(t_{1e} - T_{11}) + \cdots + \zeta_{j1}(t_{je} - T_{j1}) + \cdots + \zeta_{m1}(t_{me} - T_{m1}) +$$
$$\vdots$$
$$+ \zeta_{1l}(t_{1e} - T_{1l}) + \cdots + \zeta_{jl}(t_{je} - T_{jl}) + \cdots + \zeta_{ml}(t_{me} - T_{ml}) + \quad (7.39)$$
$$\vdots$$
$$+ \zeta_{1n}(t_{1e} - T_{1n}) + \cdots + \zeta_{jn}(t_{je} - T_{jn}) + \cdots + \zeta_{mn}(t_{me} - T_{mn})$$

上文是对排列 T_{j1}，T_{j2}，T_{j3}，$\cdots$，$T_{j(n-1)}$，T_{jn} 按升序排列的，因此，$t_{je} - T_{j1}$，$t_{je} - T_{j2}$，$t_{je} - T_{j3}$ $\cdots$，$t_{je} - T_{jn}$ 是按降序排列的。其中，$t_{je} - T_{j1}$ 为最大项。式(7.39)中每一列的系数 $t_{je} - T_{jl}$ 按降序排列，ζ_{jl} 代表的意义为具有 T_{jl} 的响应时间的出救点对应配送给受灾点 j 的资源供给量，因此，要先从响应时间最短的出救点尽可能多地给受灾点 j 配送应急资源。若由于出救点资源限制或运力限制需求得不到满足，则受灾点会趋于向应急响应时间次短的出救点获得应急资源，以此类推，直到该受灾点的动态需求得到满足或递减为 0，才能保证每一列的值取到最大。

证明完毕。

7. 算法设计

由定理 7.1 和定理 7.2 可知，为了达到系统最优，每个出救点趋于向应急响应时间最短的受灾点分配资源。考虑到应急资源供给量小于交通运力、应急资源供给量小于出救点资源存储量、应急资源供给量小于受灾点需求量等约束条件，若应急资源初次分配后仍有剩余，则趋于向应急响应时间次短的受灾点分配，以此类推，直到应急响应时间最长的受灾点；每个受灾点趋于从应急响应时间最短的出救点获得分配的应急资源，若由于出救点资源限制或运力限制需求得不到满足，其会趋于向应急响应时间次短的出救点获得应急资源，以此类推，直到该受灾点的应急资源得到满足或递减为 0。求解该问题的组合优化算法步骤如下。

步骤 1　对于某个出救点 i，确定应急响应时间最短的受灾点。

步骤 2　记该受灾点为 j，响应时间为 t_{ij}，查询该点以前所接受的别的出救点的救援计划。

步骤 3　对于 j 受灾点，与别的出救点的响应时间进行比较，看是否有比 t_{ij} 更小的，若无，转步骤 6。

步骤 4　假设受灾点 j 有 p 个受灾点的响应时间比 t_{ij} 更小，$p \geqslant 1$，计算 $f_j^{(p+1)}(T_{j(p+1)})$。

步骤 5　比较 $f_j^{(p+1)}(T_{j(p+1)})$ 与 0 的大小，若 $f_j^{(p+1)}(T_{j(p+1)}) > 0$，转步骤 7；若否，转步骤 9。

步骤 6　比较 t_{ij} 与 t_{je}，若 $t_{ij} \geqslant t_{je}$，转步骤 9。

步骤 7　向受灾点 j 运输资源，大小为

$$S_{ij} = \min\left\{ f_j^{(p+1)}(T_{j(p+1)}), C_{ij}, b_i - \sum_{\substack{j* \in \{已接受 \\ 过i救援的点\}}} S_{ij*} \right\}$$

步骤 8　比较 $b_i - \sum\limits_{\substack{j* \in \{已接受 \\ 过i救援的点\}}} S_{ij*}$ 和 0 的大小，若小于 0，停止。

步骤 9　确定另一个受灾点，使其在所有未接受出救点 i 救援的点中响应时间最短。

步骤 10　是否找到满足步骤 9 的点，找到，转步骤 2；没找到，停止。

该搜索算法对所有的出救点同时搜索，由于出救点和受灾点均只有有限个数，因此递归和循环均可在搜索中实现。但由定理 7.1 和定理 7.2 可知，可以从 $\max\limits_i \max\limits_j (t_{je} - t_{ij})$ 所对应的出救点和受灾点开始搜索算法。该算法可以编程运行，但出救点和受灾点数量较少时的手工运算并不复杂。详细的算法逻辑结构图如图 7.9 所示。

7.2.2　多出救点、多受灾点、多应急资源分配模型

多出救点、多受灾点、多应急资源分配模型是本章中最复杂的情景，但也最

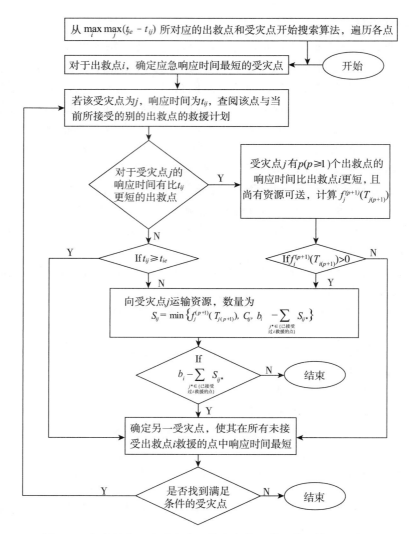

图 7.9 多出救点、多受灾点、单应急资源分配模型算法示意图

具一般性。在发生大规模的突发性事件时，为应对多个受灾点的各类应急资源需求，多出救点的多应急资源分配是最合理的，其能够最小化系统损失。本章的前四个模型均为多出救点、多受灾点、多应急资源分配模型的特例，只需要调整该模型出救点、受灾点和资源种类的个数，就能得到以上四种情况。本部分将在前四个模型的研究基础上，建立多出救点、多受灾点、多应急资源分配模型，并对模型求解。

1. 问题描述

多出救点、多受灾点、多应急资源分配问题中有多个受灾点，每个受灾点需要多种应急资源，这些应急资源储备在不同的应急出救点，或者单一出救点的应急资源不能满足受灾点的需求，需要多个出救点参与救援。例如，汶川地震发生后，极重灾区有 10 个县（市），较重灾区有 41 个县（市、区），受灾范围比较广，受灾人口众多，需要的应急资源种类多、数量大，这时需要动员全国甚至国际力量提供各类应急资源，这是一个非常复杂的多出救点、多受灾点、多应急资源分配问题。该问题的路网结构与多出救点、多受灾点、单应急资源分配模型相同，如图 7.7 所示。

2. 符号定义

i 表示出救点的代号，$i \in I$；n 表示出救点总数；j 表示受灾点代号，$j \in J$；m 表示受灾点总数；h 表示应急资源代号，$h \in H$；g 表示应急资源种类总数；t_{ij} 表示出救点 i 到受灾点 j 所需的响应时间；t_{je} 表示受灾点 j 需求为 0 的时刻；C_{ij} 表示出救点 i 到受灾点 j 的运力限制；b_{ih} 表示第 i 个出救点应急资源 h 的存储量；$f_{jh}(t)$ 表示受灾点 j 对资源 h 的需求函数；$f_{jh}^{(1)}(t)$ 表示受灾点 j 对资源 h 的初始需求函数；ω_{jh} 表示受灾点资源系数，表达受灾点 j 对资源 h 的偏好程度；S_{ijh} 表示出救点 i 对受灾点 j 应急资源 h 的分配量。

3. 需求函数

设受灾点 j 对资源 h 的需求函数 $f_{jh}(t)$ 为不连续的分段函数，每段函数间存在递归关系，需求函数的值随时间增加而逐步递减为 0，如图 7.10 所示。$f_{jh}^{(i+1)}(t)$ 表示受灾点 j 在收到第 i 次应急资源 h 的分配后，在收到第 $i+1$ 次应急资源 h 的分配前，受灾点 j 对应急资源 h 的需求函数；而 $f_{jh}^{(i)}(t)$ 则表示受灾点 j 在收到第 $i-1$ 次应急资源 h 的分配后，在收到第 i 次应急资源 h 的分配前，受灾点 j 对应急资源 h 的需求函数。因此，$f_{jh}^{(i+1)}(t) = \dfrac{f_{jh}^{(i)}(T_{ji}) - \zeta_{jhi}}{f_{jh}^{(i)}(T_{ji})} f_{jh}^{(i)}(t)$ 表示受灾点 j 在收到第 i 次应急资源补给前后分段需求函数的递归关系。当 t_{1j}，t_{2j}，t_{3j}，$\cdots$，$t_{(n-1)j}$，t_{nj} 按升序排列后，t_{ij} 的大小排在整个队列的第 l 位，那么，它们之间存在这样的映射关系，即 $T_{jl} = t_{ij}$，$\zeta_{jhl} = S_{ijh}$。

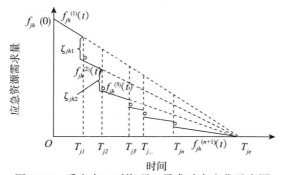

图 7.10　受灾点 j 对资源 h 需求动态变化示意图

$f_{jh}(t)$ 这一分段函数本身的性质和我们前面提到的两个多出救点模型——多出救点、单受灾点、多应急资源分配模型中的 $f_h(t)$ 及多受灾点、多出救点、单应急资源分配模型中的 $f_j(t)$ 并没有很大差异，只是由于多资源、多出救点，所以各受灾点中应急资源的需求函数各不相同，所要建立的模型要比上述两个模型更复杂。

4. 系统损失

根据式(7.28)，应急资源 h 未满足对所有受灾点造成的系统损失为

$$\sum_{j \in J} \Big(\int_0^{T_{j1}} f_{jh}^{(1)}(t)\mathrm{d}t + \sum_{l=1}^{n-1} \int_{T_{jl}}^{T_{j(l+1)}} f_{jh}^{(l+1)}(t)\mathrm{d}t + \int_{T_{jn}}^{T_{je}} f_{jh}^{(n+1)}(t)\mathrm{d}t \Big) \qquad (7.40)$$

则各类应急资源对所有受灾点造成的系统损失为

$$L = \sum_{h \in H} \sum_{j \in J} \omega_{jh} \Big(\int_0^{T_{j1}} f_{jh}^{(1)}(t)\mathrm{d}t + \sum_{l=1}^{n-1} \int_{T_{jl}}^{T_{j(l+1)}} f_{jh}^{(l+1)}(t)\mathrm{d}t + \int_{T_{jn}}^{T_{je}} f_{jh}^{(n+1)}(t)\mathrm{d}t \Big)$$

$$(7.41)$$

5. 模型建立

根据问题描述，可以建立一个多出救点、多受灾点、多应急资源分配决策模型，如下所示。

模型 7-5

$$\min L = \sum_{h \in H} \sum_{j \in J} \omega_{jh} \Big(\int_0^{T_{j1}} f_{jh}^{(1)}(t)\mathrm{d}t + \sum_{l=1}^{n-1} \int_{T_{jl}}^{T_{j(l+1)}} f_{jh}^{(l+1)}(t)\mathrm{d}t + \int_{T_{jn}}^{T_{je}} f_{jh}^{(n+1)}(t)\mathrm{d}t \Big)$$

$$(7.42)$$

$$\text{s. t. } \sum_{j \in J} S_{ijh} \leqslant b_{ih}, \quad \forall i \in I, \; h \in H \qquad (7.43)$$

$$\sum_{h \in H} S_{ijh} \leqslant C_{ij}, \quad \forall i \in I, \; j \in J \qquad (7.44)$$

$$\zeta_{jhl} \leqslant f_{jh}^{(l)}(T_{jl}), \quad \forall l \in I, \; j \in J, \; h \in H \qquad (7.45)$$

$$f_{jh}^{(l+1)}(t) = \frac{f_{jh}^{(l)}(T_{ji}) - \zeta_{jhl}}{f_{jh}^{(l)}(T_{jl})} f_{jh}^{(l)}(t), \quad \forall l \in I, \; j \in J, \; h \in H \qquad (7.46)$$

$$S_{ijh} \geqslant 0, \; \zeta_{jhl} \geqslant 0, \; \forall i \in I, \; l \in I, \; j \in J, \; h \in H \qquad (7.47)$$

其中，式(7.42)为目标函数，即使总的系统损失最小；式(7.43)表示出救点 i 应急资源 h 总的分配量不大于其在该出救点的储备量；式(7.44)表示出救点 i 分配给受灾点 j 的资源数量不大于该出救点到该受灾点的运力；式(7.45)表示出救点 l 分配给受灾点 j 应急资源 h 的数量不超过其在 T_{jl} 时刻的实际需求量；式(7.46)为动态应急资源需求函数的递推公式；式(7.47)为非负约束。

6. 模型求解准备

由于目标函数(7.42)表示每个受灾点所有种类资源的未满足需求的时间累积

量加权求和最小，该部分在图 7.10 中即可表示为每个受灾点需求函数与坐标轴围成的面积的加权之和最小。该问题拆分到每个受灾点、每种资源，可以等价为某受灾点某种资源已满足需求时间累积量加权后的和最大，而该部分可以表示为需求函数与初始需求函数之间围成的面积的加权之和，在图 7.10 中，即为需求函数与虚线组成的若干个三角形的面积加权求和。每个受灾点的已满足需求的时间累积量加权之和最大，等价于目标函数中的系统损失最小。因此，式(7.42)可以等价为式(7.48)。

$$\min L = \frac{1}{2}\sum_{h\in H}\sum_{j\in J}\omega_{jh}f^1_{jh}(0)t_{je} - \frac{1}{2}\sum_{h\in H}\sum_{j\in J}\sum_{i\in I}\omega_{jh}S_{ijh}(t_{je}-t_{ij}) \quad (7.48)$$

式(7.48)有两项，前一项为常数项，因此目标函数式(7.48)可以进一步转化为式(7.49)。

$$\max U = \sum_{h\in H}\sum_{j\in J}\sum_{i\in I}\omega_{jh}S_{ijh}(t_{je}-t_{ij}) \quad (7.49)$$

定理 7.3　为了达到系统最优，对于同一种资源，每个出救点趋于向应急响应时间最短的受灾点分配该应急资源，若由于需求被满足或运输约束而导致的该资源分配剩余，则会趋于向应急响应时间次短的受灾点分配该资源，以此类推，直到应急响应时间最远的受灾点。

定理 7.4　为了达到系统最优，对于同一种资源，每个受灾点趋于从应急响应时间最短的出救点获得该应急资源，若由于出救点资源限制或运力限制导致该受灾点对该资源的需求得不到满足，则该受灾点会趋于向应急响应时间次短的出救点获得该应急资源，以此类推，直到该受灾点的动态需求得到满足或递减为 0。

定理 7.5　每个受灾点都趋于由出救点分配该受灾点具有最大偏好的资源，对同一个出救点而言，若其资源还没有耗尽，同时运力瓶颈没有到达上限，就必须向该受灾点分配该资源。只有当该受灾点最大偏好资源的动态需求被满足了，才能分配该受灾点资源偏好次大的资源，以此类推。

定理 7.3 的证明与定理 7.1 的证明同理。

定理 7.4 的证明与定理 7.2 的证明同理。

定理 7.5 可根据目标函数的推导过程进行理解，因为在目标函数中有 v_{jh}。而 v_{jh} 在前面的模型中也介绍了，这个系数代表的意思是，由于受灾情况不同而导致的各个受灾点对不同资源的需求偏好，不同受灾点对不同应急资源的偏好也不相同。因此对于同一个受灾点，v_{jh} 越大，所获得的效用越大。因为每种资源的系数相同，均为 $t_{je}-t_{ij}$，所以资源的分配优先级只由 v_{jh} 决定。

7. 算法设计

综合 7.2.1 部分对模型的转化及定理的证明，可以得出这个多出救点、多受灾点、多资源分配模型的算法。该模型与算法与多出救点、多受灾点、单资源分配模型很相似，唯一的区别在于，每个受灾点对不同资源的偏好程度决定了一个出救点分配资源的优先级。此外，在多资源分配问题中，交通运力约束的重要性更加明显。下面将根据模型的特点设计组合优化算法。

算法步骤如下。

步骤 1　对于某个出救点 i，确定应急响应时间最短的受灾点。

步骤 2　记该受灾点为 j，响应时间为 t_{ij}，查询该点之前所接受的别的出救点的救援计划。

步骤 3　对于受灾点 j 所需要的资源由急到缓（定理所证明的按照其受灾资源需求系数排列）排列为 j_1，j_2，$\cdots$，j_q，记 $q=1$。

步骤 4　对于受灾点 j，比较别的出救点的响应时间，看是否有比 t_{ij} 更小的，若有，转步骤 5；若无，转步骤 6。

步骤 5　设满足步骤 4 的出救点有 p 个（$p \geqslant 1$）。

步骤 6　记 $h=j_q$，计算 $f_{jh}^{(p+1)}(T_{j(p+1)})$。

步骤 7　若 $f_{jh}^{(p+1)}(T_{j(p+1)}) > 0$，转步骤 9；若否，转步骤 11。

步骤 8　比较 t_{ij} 与 t_{je}，若 $t_{ij} \geqslant t_{je}$，转步骤 13；若否，转步骤 9。

步骤 9　出救点 i 向受灾点 j 运输 h 资源，分配量的大小为

$$S_{ijh} = \min\left\{ f_{jh}^{(p+1)}(T_{j(p+1)}), \ C_{ij} - \sum_{\substack{h* \in \{\text{记向}j \\ \text{分配过的资源}\}}} S_{ijh*}, \ b_{ih} - \sum_{\substack{j* \in \{\text{已接受过} \\ \text{点}i\text{资源}h\text{的点}\}}} S_{ij*h} \right\}$$

(7.50)

步骤 10　若 $S_{ijh} < C_{ij} - \sum_{h*} S_{ijh*}$，转步骤 11；若否，转步骤 13。

步骤 11　令 $q=q+1$，转向同一个出救点下一种资源的分配。

步骤 12　判断 $q > g$（资源是否分配完成，应急资源总共有 g 种），若成立，转步骤 13；若否，转步骤 6。

步骤 13　确定另一个受灾点，使其在所有未接受出救点 i 救援的受灾点中，响应时间最短。

步骤 14　是否找到满足步骤 13 的点，若找到，转步骤 2；若没找到，停止。

$$\max_i \max_j (t_{je} - t_{ij})$$

(7.51)

该搜索算法为所有的出救点同时搜索，递归和循环均可在搜索中实现。该算法可以编程运行，但出救点、受灾点和应急资源种类较少时的运算并不复杂，可以手工进行计算。通常从式(7.51)计算得出的最大值所对应的出救点和受灾点开始搜索算法，第一种供给的资源为受灾点 j 有着最大偏好的应急资源，这也是根据定理 7.3～定理 7.5 得出的，可以在最短时间内满足算法的搜索。

详细的算法逻辑结构图如图 7.11 所示。

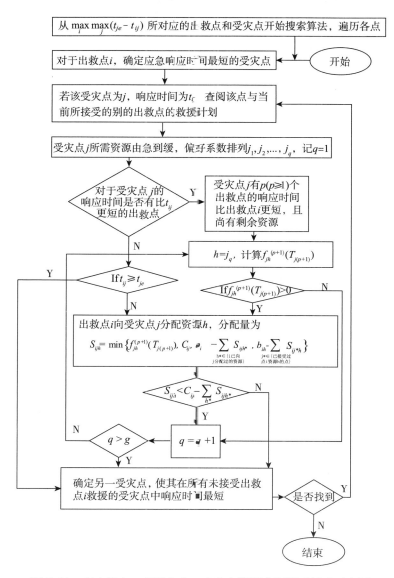

图 7.11　多出救点、多受灾点、多应急资源分配模型算法示意图

7.3　模型应用

本章建立了在动态需求情况下的应急资源分配模型，其分为简单路网模型和复杂路网模型两部分，由简单到复杂分别建立了五个应急资源分配模型，并对复杂路网情况下两个模型的求解设计了算法。因为其他四个模型均为多出救

点、多受灾点、多应急资源分配模型的特殊形式，本节将针对最复杂的多出救点、多受灾点、多应急资源分配模型进行算例分析，以验证模型和算法的有效性。

7.3.1 问题描述

假设某次重大地震发生后，房屋倒塌严重，人员伤亡惨重，直接经济损失难以估量。地震造成的主要受灾地区为 3 个重灾区，3 个重灾区的人员伤亡比例非常高，基础设施被大量破坏。而出救点方面，该地区有 2 个主要出救点，储备有 4 种应急资源。出救点与受灾点的路网结构如图 7.12 所示。

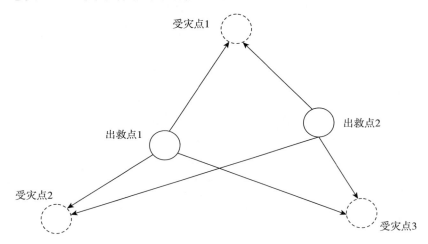

图 7.12　出救点与受灾点的路网结构

7.3.2 参数设置

各出救点 4 种应急资源的储存量如表 7.1 所示；各出救点到各个受灾点的运力限制如表 7.2 所示。

表 7.1　各出救点 4 种应急资源的储备量　　　　　　单位：吨

应急资源 出救点	资源 1	资源 2	资源 3	资源 4
出救点 1	2000	200	3000	2500
出救点 2	4000	350	2000	1500

表 7.2　各出救点到各个受灾点的运力限制　　　　　　单位：吨

出救点 受灾点	出救点 1	出救点 2
受灾点 1	3000	1500
受灾点 2	2000	5000
受灾点 3	2500	1000

表 7.3 为各个出救点与各个受灾点之间在突发事件发生后的应急响应时间，同时包括了受灾点的需求结束时间，并列出了需求结束时间与响应时间的差值。

表 7.3　各出救点与各个受灾点之间的应急响应时间　　　　　　单位：天

出救点 受灾点	出救点 1	出救点 2	需求结束时间 t_{je}	$t_{je}-t_{1j}$	$t_{je}-t_{2j}$
受灾点 1	2	4	7	5	3
受灾点 2	3.5	2	6	2.5	4
受灾点 3	1.5	4.5	8	6.5	3.5

各受灾点对应急资源的初始需求量如表 7.4 所示。

表 7.4　各受灾点对应急资源的初始需求量　　　　　　单位：吨

应急资源 受灾点	资源 1	资源 2	资源 3	资源 4
受灾点 1	2400	210	1800	2700
受灾点 2	4000	350	3000	4500
受灾点 3	1600	140	1200	1800

假设应急资源的需求函数为时间的线性递减函数，由表 7.3 的需求结束时间和表 7.4 的初始需求可以得到受灾点 j 对应急资源 h 的初始需求函数 $f_{jh}^{(i)}(t)$。这里只能计算出各个受灾点的初始需求函数，后续动态变化的函数表达式要根据资源分配决策情况给出。受灾点的初始需求函数变化是影响应急资源分配的重要约束条件，具体每个点的初始资源需求函数公式如下所示。

$$f_{11}^{(1)}(t)=2400(1-t/7)$$
$$f_{12}^{(1)}(t)=210(1-t/7)$$
$$f_{13}^{(1)}(t)=1800(1-t/7)$$
$$f_{14}^{(1)}(t)=2700(1-t/7)$$

$$f_{21}^{(1)}(t)=4000(1-t/6)$$
$$f_{22}^{(1)}(t)=350(1-t/6)$$
$$f_{23}^{(1)}(t)=3000(1-t/6)$$
$$f_{24}^{(1)}(t)=4500(1-t/6)$$
$$f_{31}^{(1)}(t)=1600(1-t/8)$$
$$f_{32}^{(1)}(t)=140(1-t/8)$$
$$f_{33}^{(1)}(t)=1200(1-t/8)$$
$$f_{34}^{(1)}(t)=1800(1-t/8)$$

各受灾点对不同应急应急资源的偏好系数如表 7.5 所示。

表 7.5   各受灾点对不同应急资源的偏好系数

应急资源 受灾点	资源 1	资源 2	资源 3	资源 4
受灾点 1	1.70	1.60	1.25	1.15
受灾点 2	1.80	1.70	1.20	1.25
受灾点 3	1.65	1.55	1.20	1.10

7.3.3 结果分析

对上文提出的算法在 MATLABR2007b 中编程，得到各出救点与受灾点不同资源的分配方案如表 7.6 所示。

表 7.6   各出救点与受灾点不同资源的分配方案   单位：吨

出救点 i 受灾点 j	出救点 1				出救点 2			
	资源 1	资源 2	资源 3	资源 4	资源 1	资源 2	资源 3	资源 4
受灾点 1	700	345/4	9000/7	25 985/28	4260/7	153/4	0	0
受灾点 2	0	0	5175/7	1875/2	8000/3	700/3	600	1500
受灾点 3	1300	455/4	975	445/4	0	0	0	0

此外，表 7.7 表示的是，各个出救点分配的各种应急资源量的多少是分别由什么约束条件导致的；s 表示出救点向受灾点配送资源后受灾点对该资源的动态需求已被满足；a 表示配送这些资源后，该受灾点对该资源的需求并没有被满足，主要原因在于出救点该资源已分配完毕；而 c 则表示受灾点有资源需求，出救点有资源可送，但交通情况导致的运力不足约束了分配量。

表 7.7　各出救点与受灾点不同资源分配结束原因表

受灾点 ＼ 出救点	出救点 1				出救点 2			
	资源 1	资源 2	资源 3	资源 4	资源 1	资源 2	资源 3	资源 4
受灾点 1	a	a	s	c	s	s	—	—
受灾点 2	—	—	a	s	s	s	c	a
受灾点 3	s	s	s	c	—	—	—	—

　　计算结果表明，该模型得到了好的检验。我们可以发现，地震灾害发生后，出救点的资源储备总量大大小于受灾点的各类资源需求总和，由于受灾点的需求是动态变化的，若按照其初始需求进行应急资源分配可能会导致应急资源的浪费而导致达不到系统损失最小。运用本章提供的模型，可以规避这个问题，使得应急资源用在最该用的地方。如表 7.7 所示，几乎每个受灾点的动态需求最终都被满足，仅在 3 个分配决策中，资源需求由于各种限制没被满足，受灾点 1 的第 4 种资源由于交通运力的限制，其动态需求没有被完全满足；受灾点 2 的第 3 种资源的动态需求由于交通运力和出救点资源存量的限制没有被满足；受灾点 3 的第 4 种资源由于交通运力的限制没有被满足。在 24 个资源分配决策（$2 \times 3 \times 4 = 24$）中，仅有 3 个决策在资源有限的情况下没有被满足，受灾点的动态需求满足率达到 87.5%。可见，在需求动态变化下，本章所建立的应急资源分配模型能减少系统损失，提升救援效果。

7.4　本章小结

　　本章系统地研究了应急资源需求动态变化情况下的应急资源分配问题，分别建立了单出救点、单受灾点、多应急资源分配模型，单出救点、多受灾点、多应急资源分配模型，多出救点、单受灾点、多应急资源分配模型，多出救点、多受灾点、单应急资源分配模型，多出救点、多受灾点、多应急资源分配模型五个模型，并给出了求解算法和算例，具有较好的应用效果。

　　本章的创新点主要包括以下两方面。

　　(1)考虑了受灾点对应急资源需求的动态变化。很多资源分配模型都建立在静态需求的基础上，忽略了需求的动态变化。很多情况下，在应急资源的配送过程中，受灾点资源的需求已经发生了改变，若按照静态需求分配应急资源会导致在资源短缺情况下的应急资源的局部分配过剩问题，从而难以很好地发挥应急资源的作用，无法使整体系统损失最小化。本章基于受灾人员成活率的变化特征建立了应急资源动态需求函数，并根据多个出救点的应急资源到达受灾点的时序结构对动态需求函数的影响，来描述应急资源需求的动态变化，使得应急资源分配模型更接近实际情况。

（2）设计了在动态需求情况下的应急资源分配模型的组合优化算法。多资源分配问题组合优化的实质是为在不同出救点与受灾点之间，不同应急资源的分配设置优先顺序。优先顺序的设置标准是受灾点对应急资源的偏好、应急响应时间，考虑的约束条件主要是运力约束。

第三篇

应急资源配置的效率和公平分析

第 8 章

简单路网应急资源分配决策的效率-公平模型

应急资源分配的公平性问题在实践中被置于非常重要的地位。《人道主义宪章与赈灾救助标准》强调，救助资源必须公正发放，以避免各种负面影响。例如，对于供水点及其公平性的要求，如果供水点距居民点太远，人们就无法获得足够的水以满足其最低需水量；水必须限量供应，以保证每一个人的基本需求都得到满足；所有的灾民都应明白他们的权利，也应参与供水公平性的监督。又如，合理的食品分发方法是保证食品救助有效性的关键因素，要确保分发过程中的公正性，应鼓励灾民参与项目决策和实施；应让灾民知晓要分发的食品的数量和种类，以便让他们确信分发过程的公平性；定量如有不同，必须向灾民解释清楚以便得到理解；对于食品救助分发的公平性，认为受助者(家庭或团体)之间的差异在 20％以内的，属于可接受的范围。

而在我国的应急资源分配实践中，应急资源分配存在着一些不公平的现象，这已经造成了受灾人员的不满并引起了相关学者的关注。通过对汶川地震灾区的调研发现，一些受灾地区由于赈灾物资大量到达而产生物资浪费，而另一些受灾地区则由于物资奇缺造成灾民基本生活难以保障，个别地方甚至出现了哄抢物资的现象(孙云展和陈宏，2009)。同时，有 54.84％的民众认为，政府工作人员发放应急救灾物资有厚亲优友现象；有 43.01％的民众认为，政府工作人员发放应急救灾物资不公平。有 51.61％的人认为，政府发放救灾物资存在不足的主要原因是应急救灾物资发放不公平，其位于各种原因之首(瞿音等，2010)。同时，在汶川地震抗震救灾初期，由于时间紧迫，政府仅按照受灾程度将灾区进行分类，基本上没有按照灾区居民的需求、意愿进行划分(如"101"政策，即每人每天 10元钱 1 斤粮，是灾区居民大多享有的)，这种"一刀切"、"普惠制"政策可能带来事实上的不公平(陈升等，201_)。如何使得有限资源向最需要的受灾群众倾斜，同时保证公平在可接受的范围内，是救援工作必须考虑的重大问题。

鉴于此，本章将建立应急资源分配决策的效率-公平模型，研究应急资源分配中效率与公平的均衡关系。本章首先建立一个不包含公平目标或公平约束的单出救点、多受灾点、多应急资源的应急资源分配效率模型作为基础模型，以便和其他效率-公平模型相对比。其次，依次建立具有非线性目标函数的效率模型、具有公平约束的效率模型、具有多目标的效率-公平模型等。本章的模型使用受灾点损失作为效率的度量指标，损失越小表示效率越高。同时，以基尼系数作为公平程度的度量指标，基尼系数越小，表示公平程度越高。这些模型基本使用同样的目标函数或约束条件，以便于相互比较。

■ 8.1　基本的应急资源分配效率模型

8.1.1　情景描述

假设应急资源分配体系相对比较完善，已形成了由区域性应急资源分配中心、临时的应急资源分配中心、受灾点所构成的多级应急资源分配网络，形成了逐级分配应急资源的制度。因此，本节将关注上级出救点将应急资源分配到多个下级出救点或多个受灾点的应急资源分配的效率与公平问题，即单出救点、多受灾点、多应急资源分配的效率与公平问题。设由一个出救点向多个受灾点分配多种应急资源，其路网结构如图 8.1 所示。本章其他部分的应急资源分配问题也具有单出救点、多受灾点的特征，其路网结构也如图 8.1 所示。假设出救点到受灾点有运力限制，但各种应急资源可以混载。要求给出一个方案，确定出救点分配给各受灾点的各种应急资源的数量，以减少各受灾点受灾人员的损失，并提高分配的公平程度。

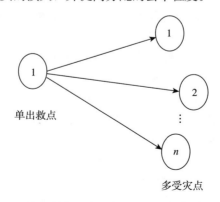

图 8.1　单出救点、多受灾点的应急资源分配网络

8.1.2　符号定义

h：应急资源代号，$h \in H$

j：受灾点代号，$j \in J$

n：总的受灾点数量

b_h：出救点应急资源 h 的存储量

C_j：出救点到受灾点 j 的运力

D_{jh}：受灾点 j 对应急资源 h 的需求量

R_{jh}：受灾点 j 应急资源 h 的满足率

ω_{jh}：受灾点 j 对应急资源 h 的偏好系数

α：灾害强度系数，表示不同灾害强度，如地震震级、台风等级等

S_{jh}：出救点对受灾点 j 应急资源 h 的分配量

8.1.3　应急资源分配的效率模型

设由一个出救点向多个受灾点分配多种应急资源，出救点到受灾点有运力限制，但各种应急资源可以混载。要求给出一个方案，确定出救点分配给各个受灾点的各种应急资源的数量，以减少各受灾点的损失。

假设受灾点的损失函数为

$$L = \sum_{j \in J} \sum_{h \in H} \omega_{jh} \frac{1}{D_h} (D_{jh} - S_{jh}) \tag{8.1}$$

其中，$D_h = \sum_{j \in J} D_{jh}$，表示所有受灾点对应急资源 h 的总需求量；ω_{jh} 为灾害评价要素的定量化标志；$\dfrac{1}{D_h}$ 用于对资源的计量单位进行标准化和归一化处理（Yi and Özdamar，2007；葛洪磊等，2010）。该损失函数用于表达应急资源分配的效率，损失越小，效率越大。

同时，为了测量应急资源分配的公平程度，还需要选择一个公平测度指标。而基尼系数符合标度不变性和转移原则，并且容易解释。同时，本章的应急资源分配不涉及组内与组间的公平性问题，不需要公平测度指标具有可分解性。因此，可以使用基尼系数作为公平测度指标（葛洪磊和刘南，2012）。本部分以受灾点作为应急资源的分配主体，由于各受灾点的应急资源需求量差异比较大，这时以应急资源分配量来计算基尼系数不太合理，而使用应急资源满足率来计算基尼系数更加合理。

受灾点 j 对应急资源 h 的满足率 $R_{jh} = \dfrac{S_{jh}}{D_{jh}}$。应急资源 h 分配的公平程度可以表示为

$$G_h = \frac{1}{2n^2 \overline{R}_h} \sum_{j=1}^{n} \sum_{l=1}^{n} |R_{jh} - R_{lh}|$$

其中，$\overline{R}_h$ 为各受灾点应急资源 h 满足率的均值（Ramjerdi，2005）。

设各受灾点对应急资源 h 公平分配的偏好为 λ_h，且 $\sum_{h \in H} \lambda_h = 1$。则可以得到各类应急资源分配总的公平程度为

$$E = \sum_{h \in H} \lambda_h G_h = \frac{1}{2n^2} \sum_{h \in H} \left(\frac{\lambda_h}{\overline{R}_h} \sum_{j=1}^{n} \sum_{l=1}^{n} |R_{jh} - R_{lh}| \right) \qquad (8.2)$$

基于对问题的描述，可以建立一个决策模型，其目标是使所有受灾点的受灾人员损失最小。本模型作为一个基本模型，其他效率-公平模型都是在这一模型的基础上建立的，并与该模型进行比较分析，该模型设为模型 8-1。

模型 8-1

$$\min L = \sum_{j \in J} \sum_{h \in H} \omega_{jh} \frac{1}{D_h} (D_{jh} - S_{jh}) \qquad (8.3)$$

$$\text{s. t.} \sum_{j \in J} S_{jh} \leqslant b_h, \ \forall h \in H \qquad (8.4)$$

$$\sum_{h \in H} S_{jh} \leqslant C_j, \ \forall j \in J \qquad (8.5)$$

$$S_{jh} \leqslant D_{jh}, \ \forall j \in J, h \in H \qquad (8.6)$$

$$S_{jh} \geqslant 0, \ \forall j \in J, h \in H \qquad (8.7)$$

其中，式（8.3）为目标函数，即使各受灾点的受灾人员损失最小；式（8.4）表示应急资源 h 总的分配量不大于其在出救点的储备量；式（8.5）表示分配到受灾点 j 的资源 h 的数量不大于出救点到该受灾点的运力；式（8.6）表示分配给受灾点 j 的资源 h 的数量不超过其实际需求量；式（8.7）为非负约束。

8.1.4　算法设计

该线性规划模型可以由任意线性规划的算法求解，但简单的贪婪算法就能给出该问题的最优解。设 $G = (V_1, V_2)$ 为完全二部图 $l = m \times n$，记 G 的边集为 $Q = \{q_1, q_2, \cdots, q_l\}$。其中，$V_1$ 为应急资源集合，$V_1 = \{x_1, x_2, \cdots, x_m\}$；$V_2$ 为受灾点集合，$V_2 = \{y_1, y_2, \cdots, y_n\}$。若 b_i 的两个端点分别为 x_h 和 y_j，则定义其权重为 $W(q_i) = \dfrac{\omega_{jh}}{D_h}$，$i = 1, 2, \cdots, l$；另外，定义 G 每个顶点的权重为 $W(x_h) = b_h$，$W(y_j) = C_j$。

该算法的具体步骤如下。

步骤 1　$G_0 = G$，$i = 0$。

步骤 2　如果 G_i 为空图，结束。

步骤 3　在 G_i 中，选取权重最大的边 $q = x_h y_j$，令 $S_{jh} = \min\{D_{jh}, W(x_h),$
$W(y_j)\}$；$D_{jh} = D_{jh} - S_{jh}$；$W(x_h) = W(x_h) - S_{jh}$；$W(y_j) = W(y_j) - S_{jh}$。

步骤 4　删去 G_i 中权重为 0 的顶点和容量为 0 的边 [若 $D_{jh} = 0$，则删去 q；
若 $W(x_h) = 0$，则删去 x_h；若 $W(y_j) = 0$，则删去 y_j]，记新的图为 G_{i+1}。设 $i =$
$i + 1$，返回步骤 2。

定理 8.1　上述贪婪算法得到的解是最优的，其运行时间为 $O(m^2 n^2)$。

证明： 设 $W(q_1) \geqslant W(q_2) \geqslant \cdots \geqslant W(q_l)$。我们将证明存在一个最优解，其
在每条边上取到的 S_{jh} 的值与本算法的一致。设该贪婪算法给出的解为 $S(q_1)$，
$S(q_2)$，$\cdots$，$S(q_l)$，其最优解为 $S^*(q_1)$，$S^*(q_2)$，$\cdots$，$S^*(q_l)$。

设图 $G_i (i \geqslant 0)$ 之前对应的 S 与 S^* 值相同；而在图 G_i 中，S 与 S^* 不同。这
也就是说，$S(q_r) = S^*(q_r)$，$r = 1, 2, \cdots, i$；而 $S(q_{i+1}) \neq S^*(q_{i+1})$。根据算
法中 $S^*(q_{i+1})$ 的取法，在约束条件下其值已经是最大的，所以 $S^*(q_{i+1}) <$
$S(q_{i+1})$。注意到 q_{i+1} 是 G_i 中权重最大的边，通过增加 $S^*(q_{i+1})$ 的值使其等于
$S(q_{i+1})$，同时减少（等量）其他 S 的值。目标函数不会增加，所以我们总可以保
证一个最优解与算法的解一致。

该算法的运行时间为 $O(m^2 n^2)$。若预先对权重排序，算法的计算时间为
$O[mn(\log m + \log n)]$。

8.1.5　模型应用

设在应急恢复阶段，某地震灾区有五个受灾点，各受灾点对食用油、方便食
品、粮食、衣物和帐篷五种应急资源的需求情况 D_{jh} 如表 8.1 所示；仅有一个出
救点，出救点储存的应急资源的数量 b_h 如表 8.2 所示；出救点到各受灾点的运
力 C_j 如表 8.3 所示；受灾点对应急资源的偏好系数 ω_{jh} 如表 8.4 所示。

表 8.1　各受灾点对应急资源的需求情况　　　　　单位：吨

资源 受灾点	食用油	方便食品	粮食	衣物	帐篷
受灾点 1	3.5	53.8	379.8	593.4	466.5
受灾点 2	8.3	43.7	1094.3	1709.9	1361.2
受灾点 3	4.7	30.1	588.8	920.1	731.4
受灾点 4	2.9	56.3	254.4	397.5	309.3
受灾点 5	1.8	30.0	177.2	276.9	216.9

表 8.2　出救点储存的应急资源的数量　　　　　单位：吨

资源	食用油	方便食品	粮食	衣物	帐篷
b_h	15.5	135.0	1600.0	2507.0	2165.0

表 8.3　出救点到各受灾点的运力　　　　　　　单位：吨

受灾点	受灾点 1	受灾点 2	受灾点 3	受灾点 4	受灾点 5
C_j	800.0	2450.0	1350.0	650.0	550.0

表 8.4　受灾点对应急资源的偏好系数

资源　　受灾点	食用油	方便食品	粮食	衣物	帐篷
受灾点 1	2.10	1.82	1.68	1.54	1.40
受灾点 2	1.95	1.69	1.56	1.43	1.30
受灾点 3	1.80	1.56	1.44	1.32	1.20
受灾点 4	1.65	1.43	1.32	1.21	1.10
受灾点 5	1.50	1.30	1.20	1.10	1.00

　　使用 MATLABR2007b 对上文提出的贪婪算法进行编程，求得的最优解如表 8.5 所示。此时目标函数值为 2.5692，应急资源分配总量为 5800。

表 8.5　模型 8-1 的最优解　　　　　　　单位：吨

资源　　受灾点	食用油	方便食品	粮食	衣物	帐篷
受灾点 1	3.5	53.8	379.8	0.0	362.9
受灾点 2	8.3	43.7	1094.3	290.0	1013.7
受灾点 3	3.7	30.1	69.7	920.1	326.4
受灾点 4	0.0	7.4	0.0	397.5	245.1
受灾点 5	0.0	0.0	56.2	276.9	216.9

　　根据表 8.5 可以得到模型 8-1 各受灾点的应急资源满足率，如表 8.6 所示。

表 8.6　模型 8-1 各受灾点的应急资源满足率

资源　　受灾点	食用油	方便食品	粮食	衣物	帐篷
受灾点 1	1.0000	1.0000	1.0000	0.0000	0.7779
受灾点 2	1.0000	1.0000	1.0000	0.1696	0.7447
受灾点 3	0.7872	1.0000	0.1184	1.0000	0.4463
受灾点 4	0.0000	0.1314	0.0000	1.0000	0.7924
受灾点 5	0.0000	0.0000	0.3172	1.0000	1.0000

　　由表 8.6 可以发现，一些应急资源如食用油、方便食品、粮食、衣物等应急资源满足率差别很大，最高的为 1，最低的为 0，可以大体上判断出应急资源分配的公平程度不高。设各受灾点对任何应急资源 h 公平分配的偏好系数 $\lambda_h =$ 0.2，可以求出该模型最优方案时的公平程度，即加权基尼系数为 0.3501，相对

较大。由此，可以判断，应急资源分配效率模型如果以追求效率最大化为目标，忽略公平因素，可能会导致应急资源分配的不公平程度较大。

8.2　具有非线性目标函数的应急资源分配效率模型

8.2.1　模型与算法

假设本模型使用的非线性损失函数为二次函数的形式，则有

$$L' = \sum_{j \in J} \sum_{h \in H} \omega_{jh} \frac{1}{D_h^2} (D_{jh} - S_{jh})^2 \tag{8.8}$$

其中，$D_h = \sum_{j \in J} D_{jh}$，表示所有受灾点对应急资源 h 的总需求量。与式(8.1) 相比，这一损失函数可以看做灾害相对严重时的受灾点损失(葛洪磊等，2010)。

在模型 8-1 的基础上，我们可以得到具有非线性目标函数的应急资源分配效率模型，即模型 8-2。

模型 8-2

$$\min L' = \sum_{j \in J} \sum_{h \in H} \omega_{jh} \frac{1}{D_h^2} (D_{jh} - S_{jh})^2 \tag{8.9}$$

$$\text{s.t. } \sum_{j \in J} S_{jh} \leqslant b_h, \quad \forall h \in H \tag{8.4}$$

$$\sum_{h \in H} S_{jh} \leqslant C_j, \quad \forall j \in J \tag{8.5}$$

$$S_{jh} \leqslant D_{jh}, \quad \forall j \in J, h \in H \tag{8.6}$$

$$S_{jh} \geqslant 0, \quad \forall j \in J, h \in H \tag{8.7}$$

该模型与模型 8-1 相比，只有目标函数有差异，约束条件都相同。该模型为带有不等式约束的二次非线性最优化问题。由于模型的目标函数和约束条件都在可行域内可以求解微分，都是凸函数，且目标函数为严格凸函数，所以 Kuhn-Tucker 驻点条件即为全局最优解的充分必要条件。同时，所有的约束都是线性的，满足约束规格，在最优点上 Kuhn-Tucker 驻点条件成立，存在全局最优解。该问题可以使用 Lemke 方法、内点法、有效集法、椭球算法等求解。本节则直接使用 MATLAB R2007b 中的 quadprog()函数进行求解，并可得到其全局最优解。

8.2.2　模型应用

使用 MATLAB R2007b 中的 quadprog()函数进行求解，设模型 8-1 的最优解为给定的初始点，得到模型 8-2 的最优解如表 8.7 所示，目标函数值为 0.2726，应急资源分配量为 5800。

表 8.7　模型 8-2 的最优解　　　　　　　　　　　单位：吨

资源 受灾点	食用油	方便食品	粮食	衣物	帐篷
受灾点 1	2.5362	40.4201	222.1317	282.6185	252.2936
受灾点 2	7.2514	28.0387	739.8199	883.3667	791.5234
受灾点 3	3.5744	14.3522	384.5202	503.3731	444.1800
受灾点 4	1.6788	39.9073	147.5777	251.8972	208.9390
受灾点 5	0.4593	12.2817	105.9504	239.9035	191.4051

根据表 8.7 可以得到模型 8-2 各受灾点的应急资源满足率如表 8.8 所示。

表 8.8　模型 8-2 各受灾点的应急资源满足率

资源 受灾点	食用油	方便食品	粮食	衣物	帐篷
受灾点 1	0.7246	0.7513	0.5849	0.4763	0.5408
受灾点 2	0.8737	0.6416	0.6761	0.5166	0.5815
受灾点 3	0.7605	0.4768	0.6531	0.5471	0.6073
受灾点 4	0.5789	0.7088	0.5801	0.6337	0.6755
受灾点 5	0.2551	0.4094	0.5979	0.8664	0.8825

设备受灾点对任何应急资源 h 公平分配的偏好系数 $\lambda_h = 0.2$，可以求出该模型最优方案时的公平程度，即加权基尼系数为 0.1093。

8.2.3　与基本模型的对比分析

（1）应急资源分配总量的比较。模型 8-2 的最优解（表 8.7）与模型 8-1 的最优解（表 8.5）相比，应急资源分配总量都是 5800，说明应急资源分配总量没有变化，但是应急资源分配方案却发生了变化。这说明，应急资源分配总量并不能代表受灾点损失，当应急资源分配总量不变，而应急资源分配方案发生变化时，受灾点损失仍然可能会变化。因此，单纯以资源分配量最大或未满足需求量最小作为应急资源分配的目标是不尽合理的。

（2）效率比较。由于模型 8-2 与模型 8-1 目标函数使用的损失函数形式不同，因此很难对两个模型的效率（受灾点损失）进行直接比较分析。我们可以将模型 8-1 最优解时的分配方案（表 8.5）代入损失函数式（8.8），得到的受灾点损失为 0.4897；而模型 8-2 取得最优解时的受灾点损失为 0.2726。在灾害强度增加的情况下，通过方案的调整，效率提高了 44.33%。这说明，当受灾点的灾害强度发生变化时，应急资源分配方案也要相应进行调整，才能尽可能地减少受灾点损失，提高应急资源分配效率。

（3）公平比较。模型 8-2 的最优应急资源分配方案的加权基尼系数为 0.1093；

而模型 8-1 的则为 0.3501。可见，模型 8-2 的应急资源分配方案的公平程度更高。在灾害强度增加的情况下，通过方案的调整，不公平程度下降了 68.78%。也就是说，当灾害比较严重时，需要兼顾各个受灾点，才能降低总的受灾人员损失；如果分配到某个受灾点的资源特别少，造成的损失会非常大。

通过比较可以发现，在灾害强度发生变化时，尽管应急资源分配总量可能保持不变，但必须调整应急资源分配方案，才能降低受灾点损失，提高效率。同时，从某种意义上讲，当灾害比较严重时，兼顾公平才能保证效率，此时公平与效率是一种促进关系，而不是悖反关系。

8.3　具有公平约束的应急资源分配效率模型

8.3.1　模型与算法

为了使得每个受灾点都能获得一定的应急资源，可以认为每个受灾点资源需求的满足率达到一定程度时，公平性是可以接受的（Ge and Liu，2011）。设各受灾点每种资源的满足率大于或等于 $e(0<e<1)$ 时，方案的公平性是可以接受的，那么 e 称为公平阀值，则可以得到一个公平约束条件：$R_{jh}=\dfrac{S_{jh}}{D_{jh}}\geqslant e$。

将以上公平约束条件加入模型 8-1 □，就可以得到具有公平约束的应急资源分配效率模型，见模型 8-3。

模型 8-3

$$\min L = \sum_{j\in J}\sum_{h\in H} a_{jh}\frac{1}{D_h}(D_{jh}-S_{jh}) \tag{8.3}$$

$$\text{s. t. } \sum_{j\in J}S_{jh}\leqslant b_h,\ \forall h\in H \tag{8.4}$$

$$\sum_{h\in H}S_{jh}\leqslant C_j,\ \forall j\in J \tag{8.5}$$

$$S_{jh}\leqslant D_{jh},\ \forall j\in J,\ h\in H \tag{8.6}$$

$$S_{jh}\geqslant eD_{jh},\ \forall j\in J,\ h\in H \tag{8.10}$$

该模型与模型 8-1 相比，只有约束条件式(8.10)与模型 8-1 的式(8.7)不同，目标函数和其他约束条件都相同。模型 8-1 的约束条件式(8.7)为非负约束，而模型 8-3 中约束条件式(8.10)则是公平约束。

定理 8.2　模型 8-3 可以转化为模型 8-1 的形式，并可使用 8.2.3 部分给出的贪婪算法求解。

证明：设 $D'_{jh}=D_{jh}-eD_{jh}$；$S'_{jh}=S_{jh}-eD_{jh}$；$b'_h=b_h-eD_h$；$C'_j=C_j-eD_j$。其中，$D_j=\sum_{h\in H}D_{jh}$；e 的取值能够保证 S'_{jh}、b'_h、C'_j 三个变量皆大于或等

于 0（当 S'_{jh}、b'_h、C'_j 三个变量中有一个小于 0 时，则模型 8-3 无可行解）。将以上代数式代入模型 8-3 中，可以得到模型 8-4。

模型 8-4

$$\min L = \sum_{j \in J} \sum_{h \in H} \omega_{jh} \frac{1}{D_h} (D'_{jh} - S'_{jh})$$

$$\text{s. t. } \sum_{j \in J} S'_{jh} \leqslant b'_h, \ \forall h \in H$$

$$\sum_{h \in H} S'_{jh} \leqslant C'_j, \ \forall j \in J$$

$$S'_{jh} \leqslant D'_{jh}, \ \forall j \in J, h \in H$$

$$S'_{jh} \geqslant 0, \ \forall j \in J, h \in H$$

该模型的形式与模型 8-1 相同，因此可以使用 8.2.3 部分给出的贪婪算法求解。

证明完毕。

假设该模型的最优解为 S'^*_{jh}，则可以得到模型 8-3 的最优解为

$$S^*_{jh} = S'^*_{jh} + eD_{jh}$$

可见，对于具有公平约束的应急资源分配模型（模型 8-3），其应急资源分配过程可以分为两个阶段：第一阶段根据公平阀值 e 分配给受灾点 j 应急资源 h 的数量为 eD_{jh}；第二阶段对剩余的资源 D'_{jh} 以受灾点损失最小为目标进行分配。因此，应急资源分配在第一阶段追求公平，而在第二阶段则注重效率。具有公平约束的应急资源分配效率模型在一定程度上兼顾了公平与效率之间的平衡。

8.3.2　模型应用

设公平阀值 $e = 0.5$。使用 MATLABR2007b 对模型 8-4 运用贪婪算法进行编程求解，并根据式（8.11）求得模型 8-3 的最优解如表 8.9 所示。此时，目标函数值为 2.6657；应急资源分配总量为 5800。

表 8.9　模型 8-3 的最优解　　　　　　　　　　　　单位：吨

资源 受灾点	食用油	方便食品	粮食	衣物	帐篷
受灾点 1	3.50	53.80	212.75	296.70	233.25
受灾点 2	7.30	23.00	877.05	854.95	687.70
受灾点 3	2.35	15.05	294.40	460.05	578.15
受灾点 4	1.45	28.15	127.20	198.75	294.45
受灾点 5	0.90	15.00	88.60	228.60	216.90

根据表 8.9 可以得到模型 8-3 各受灾点的应急资源满足率如表 8.10 所示。

表 8.10　模型 8-3 各受灾点的应急资源满足率

资源 受灾点	食用油	方便食品	粮食	衣物	帐篷
受灾点 1	1.0000	1.0000	0.5602	0.5000	0.5000
受灾点 2	0.8795	0.5263	0.8015	0.5000	0.5052
受灾点 3	0.5000	0.5000	0.5000	0.5000	0.7905
受灾点 4	0.5000	0.5000	0.5000	0.5000	0.9520
受灾点 5	0.5000	0.5000	0.5000	0.8256	1.0000

设各受灾点对任何应急资源 h 公平分配的偏好系数 $\lambda_h = 0.2$，可以求出该模型最优方案时的公平程度，即加权基尼系数为 0.1276。

8.3.3　与基本模型的对比分析

(1) 应急资源分配总量比较。模型 3-3 的最优解(表 8.9)与模型 8-1 的最优解(表 8.5)相比，应急资源分配总量都是 5800，说明应急资源分配总量没有变化，但是应急资源分配方案发生了变化。这说明，当通过增加公平约束兼顾公平时，应急资源分配总量并没有减少，应急资源分配总量并不能代表应急资源分配的公平性。当应急资源分配总量不变，而应急资源分配方案发生变化时，应急资源分配的公平性仍然可能会变化。这也说明，单纯以资源分配量最大或未满足需求量最小作为应急资源分配的目标是不尽合理的。

(2) 效率比较。模型 8-3 最优方案时的效率(受灾点损失)为 2.6657，而模型 8-1 最优方案时的效率(受灾点损失)为 2.5692。可见，在增加公平约束兼顾公平时，由于最优应急资源分配方案的调整，效率降低了 3.76%。当增加公平约束兼顾公平时，由于应急资源分配分为两个阶段：第一阶段根据公平阈值平均分配；第二阶段才对剩余的资源以受灾点损失最小(效率最大)为目标进行分配。因此，其会在一定程度上降低应急资源分配的效率。

(3) 公平比较。模型 8-3 最优应急资源分配方案的加权基尼系数为 0.1276，而模型 8-1 的则为 0.3501。可见，模型 8-3 的应急资源分配方案公平程度更高，在增加公平约束兼顾公平时，由于最优应急资源分配方案的调整，不公平程度降低了 63.55%。这就说明，当设定了比较适当的公平阈值时，由于应急资源分配首先按照公平阈值进行分配，因此应急资源分配的公平性能够得到较好的保障。在模型 8-3 中，以效率降低 3.76% 作为代价，不公平程度降低了 63.55%，应该是一个比较好的权衡。

通过比较可以发现，当设定适当的公平阈值时，通过增加公平约束的方式可以在一定程度上取得效率与公平的均衡。这是一种比较简单的实现效率与公平均衡的应急资源两阶段的分配策略：第一阶段按照相同的应急资源满足率进行分配；第二阶段将剩余的资源按照效率最大化原则进行分配。尽管公平的提升是以降低效率为代价的，但是如果公平提升的幅度远远高于效率降低的幅度，或者公平提升造成效率的降低在可接受的范围内，那么以效率换取公平往往还是值得的。

公平与效率的关系到底如何权衡，8.4 节将建立一个以效率与公平为双目标的应急资源分配的效率-公平均衡模型，并求解其有效解的集合，分析效率与公平的悖反关系和权衡策略。

8.4 应急资源分配的效率-公平均衡模型

8.4.1 模型构建

一般来讲，效率与公平是相互矛盾的，存在悖反关系。为了进一步研究应急资源分配中效率与公平的关系，本节将建立一个以受灾点损失最小作为效率目标、以加权基尼系数最小作为公平目标的双目标规划模型，并求解其帕累托有效解。所谓帕累托有效解是指在没有使一个目标变坏的前提下，不可能使得至少另一个目标变得更好的解。多目标规划的相关研究可以参考 Miettinen(1999)、徐玖平和李军(2005)的著作。

在模型 8-1 的基础上加入公平目标，就可以得到具有多目标的应急资源分配效率-公平模型，见模型 8-5。

模型 8-5

$$\min L = \sum_{j \in J} \sum_{h \in H} \omega_{jh} \frac{1}{D_h}(D_{jh} - S_{jh}) \tag{8.3}$$

$$\min E = \frac{1}{2n^2} \sum_{h \in H} \left(\frac{\lambda_h}{\overline{R}_h} \sum_{j=1}^{n} \sum_{l=1}^{n} |R_{jh} - R_{lh}| \right) \tag{8.11}$$

$$\text{s. t.} \sum_{j \in J} S_{jh} \leqslant b_h, \quad \forall h \in H \tag{8.4}$$

$$\sum_{h \in H} S_{jh} \leqslant C_j, \quad \forall j \in J \tag{8.5}$$

$$S_{jh} \leqslant D_{jh}, \quad \forall j \in J, h \in H \tag{8.6}$$

$$\sum_{j \in J} \sum_{h \in H} S_{jh} = S_0 \tag{8.12}$$

$$R_{jh} = \frac{S_{jh}}{D_{jh}}, \quad \forall j \in J, h \in H \tag{8.13}$$

$$S_{jh} \geqslant 0, \quad \forall j \in J, h \in H \tag{8.7}$$

该模型与模型 8-1 相比，增加了一个公平性目标函数式(8.11)、应急资源分配总量约束式(8.12)、应急资源满足率的定义式(8.13)，其他目标函数和约束条件都相同。其中，式(8.12) 表示应急资源分配总量等于 S_0，表示在应急资源分配总量不变的情况下，应急资源分配方案调整对效率和公平的影响。这里的 S_0 可以按照模型 8-1 取得最优解时的应急资源分配总量来确定。

8.4.2　算法设计

本节将使用约束法求解这一多目标规划问题。约束法又称为参考目标法，其基本思想如下：根据决策者的偏好，选择一个主要目标，通过设定约束参数将其他目标函数放到约束条件中(Chankong and Haimes，1983；徐玖平和李军，2005)，从而将多目标规划问题转化为单目标规划问题。约束法的优点是通过适当地选择约束参数，问题的每一个有效解都可以求出来。因此，使用约束法可以将模型 8-5 的有效解集合求出来，便于分析效率与公平的悖反关系。求解步骤具体如下。

步骤 1　确定约束参数的有效范围。为了有效地选择约束参数，首先求解以一个目标函数为单一目标时的目标函数的最大值和最小值，并将其作为约束参数的范围。假设 L^*、L_* 分别是模型 8-5 以式(8.3) 为单一目标函数时求得的受灾点损失的最小值和最大值，即效率的最优值和最差值。则将式(8.3) 作为约束条件时，约束参数 ε_L 取值的有效范围为 $[L^*，L_*]$。同样，假设 E^*、E_* 分别是模型 8-5 以式(8.11) 为单一目标函数时求出的加权基尼系数的最小值和最大值，即公平的最优值和最差值。则将式(8.11) 作为约束条件时，约束参数 ε_E 取值的有效范围为 $[E^*，E_*]$。

步骤 2　使用约束法将模型 8-5 转化为单目标模型：以式(8.3) 为单一目标，将式(8.11) 转化为约束条件(8.14)，得到模型 8-6-1；以式(8.11) 为单一目标，将式(8.3) 转化为约束条件(8.15)，得到模型 8-6-2。

模型 8-6-1

$$\min L = \sum_{j \in J} \sum_{h \in H} c_{jh} \frac{1}{D_h} (D_{jh} - S_{jh}) \tag{8.3}$$

$$\text{s. t.} \sum_{j \in J} S_{jh} \leqslant b_h，\ \forall h \in H \tag{8.4}$$

$$\sum_{h \in H} S_{jh} \leqslant c_j，\ \forall j \in J \tag{8.5}$$

$$S_{jh} \leqslant D_{jh}，\ \forall j \in J，h \in H \tag{8.6}$$

$$\sum_{j \in J} \sum_{h \in H} S_{jh} = S_0 \tag{8.12}$$

$$R_{jh} = \frac{S_{jh}}{D_{jh}}，\ \forall j \in J，h \in H \tag{8.13}$$

$$\frac{1}{2n^2} \sum_{h \in H} \left(\frac{\lambda_h}{\overline{R}_h} \sum_{j=1}^{n} \sum_{l=1}^{n} |R_{jh} - R_{lh}| \right) \leqslant \varepsilon_E \tag{8.14}$$

$$S_{jh} \geqslant 0, \ \forall j \in J, \ h \in H \tag{8.7}$$

模型 8-6-2

$$\min E = \frac{1}{2n^2} \sum_{h \in H} \left(\frac{\lambda_h}{\overline{R_h}} \sum_{j=1}^{n} \sum_{l=1}^{n} | R_{jh} - R_{lh} | \right) \tag{8.11}$$

$$\text{s. t.} \sum_{j \in J} S_{jh} \leqslant b_h, \ \forall h \in H \tag{8.4}$$

$$\sum_{h \in H} S_{jh} \leqslant C_j, \ \forall j \in J \tag{8.5}$$

$$S_{jh} \leqslant D_{jh}, \ \forall j \in J, \ h \in H \tag{8.6}$$

$$\sum_{j \in J} \sum_{h \in H} S_{jh} = S_0 \tag{8.12}$$

$$R_{jh} = \frac{S_{jh}}{D_{jh}}, \ \forall j \in J, \ h \in H \tag{8.13}$$

$$\sum_{j \in J} \sum_{h \in H} \omega_{jh} \frac{1}{D_h} (D_{jh} - S_{jh}) \leqslant \varepsilon_L \tag{8.15}$$

$$S_{jh} \geqslant 0, \ \forall j \in J, \ h \in H \tag{8.7}$$

定理 8.3 模型 8-6-1(模型 8-6-2)的最优解是模型 8-5 的有效解。

定理 8.4 对于模型 8-5 的有效解,则存在一个约束参数 $\varepsilon_E(\varepsilon_L)$ 使得该有效解为模型 8-6-1(模型 8-6-2)的最优解。

定理 8.3 和定理 8.4 的证明可以参考徐玖平和李军(2005)的著作。

步骤 3 约束参数 ε_E 在 $[E^*, E_*]$ 范围内取值,求解模型 8-6-1 的最优解,得到模型 8-5 的有效解,代入模型 8-5 的目标函数,得到效率与公平的目标函数值,记为 (L_i, E_i)。通过 (L_i, E_i) 的集合得到效率与公平关系曲线。同理,也可以求解模型 8-6-2,从而得到同样的结果。

8.4.3 模型应用

根据 8.1.5 部分的算例分析结果,取 $S_0 = 5800$。先以式(8.3)为模型 8-5 的单一目标函数求效率的最优值和最差值 L^* 和 L_*,得到 L^* 为 2.5692,L_* 为 5.1706。则约束参数 ε_L 的取值范围为 $[2.5692, 5.1706]$。而以式(8.11)为模型 8-5 的单一目标函数时,使用 MATLABR2007b 的 BNB20 分支定界工具箱求解,求出公平的最优值和最差值 E^* 和 E_*,得到 E^* 为 0.0689,E_* 为 0.5331。则约束参数 ε_E 的取值范围为 $[0.0689, 0.5331]$。

对约束参数在取值范围内取不同的值,使用 MATLAB 的 BNB20 分支定界工具箱求解模型 8-6-1(模型 8-6-2)的最优解,得到模型 8-5 的有效解。计算效率与公平的目标函数值,并得到模型 8-5 取得有效解时效率与公平的关系曲线,如图 8.2 所示。

从图 8.2 可以看出,效率与公平呈现悖反关系,公平程度越高(加权基尼系数越小），则效率越低(受灾点损失越大)。因此，公平程度的提高是以牺牲效率为代价的，效率的提高则是以牺牲公平为代价的。当然，这一结论的前提是模型8-5 取得了有效解。如果模型 8-5 的应急资源分配方案不是有效解，那么从非有效解转化成有效解时，公平和效率有可能都会得到提升。例如，对于 L_* 为5.1706 时对应的效率-公平点(5.1706，0.2851)，当转化为图 8.2 曲线上的点时，可以同时提升效率和公平。

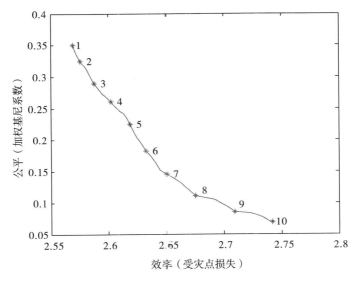

图 8.2 模型 8-5 效率与公平的关系曲线

在图 8.2 效率与公平的关系曲线上取 10 个点进行具体分析，代号分别为点1～点 10。其中，点 1 为效率最高(受灾点损失最小)的点；点 10 为公平最高(加权基尼系数最小)的点。10 个点的受灾点损失 L 和加权基尼系数 E 如表 8.11 所示。同时，以点 1 为基点，计算其他点受灾点损失 L 增加的百分比和加权基尼系数 E 减少的百分比；以点 10 为基点，计算其他点受灾点损失 L 减少的百分比和加权基尼系数 E 增加的百分比。当以点 1 为基点时，从点 1(效率最高的点)到点 10(公平程度最高的点)，受灾点损失仅仅增加了 6.73%，而加权基尼系数却减少了 80.32%，即效率的小幅度降低带来了公平程度的大幅度增加；当以点 10为基点时，从点 10(公平程度最高的点)到点 1(效率最高的点)，基尼系数增加了408.13%，受灾点损失却仅仅减少了 3.31%，即尽管公平程度大幅度下降，但效率却仅有很小幅度的增加。可以发现，当有效解在有效解集合中移动或变换时，效率与公平的变化程度与选择的基点相关，以不同的点作为基点时，效率与公平的变化幅度不同。当以效率较高点(受灾点损失较小点)为基点时，效率的变化幅度会相对较大；当以公平较高点(加权基尼系数较小点)为基点时，公平的变化幅度会相对较大。

表 8.11　受灾点损失值和加权基尼系数值的变化情况

点	L（效率）	E（公平）	L 增加百分比（以点1为基点）/%	E 减少百分比（以点1为基点）/%	L 减少百分比（以点10为基点）/%	E 增加百分比（以点10为基点）/%
1	2.5692	0.3501	0.00	0.00	6.31	408.13
2	2.5759	0.3246	0.26	7.28	6.06	371.12
3	2.5879	0.2903	0.73	17.08	5.62	321.34
4	2.6021	0.2608	1.28	25.51	5.11	278.52
5	2.6188	0.2251	1.93	35.70	4.50	226.71
6	2.6325	0.1825	2.46	47.87	4.00	164.88
7	2.6507	0.1455	3.17	58.44	3.33	111.18
8	2.6755	0.1108	4.14	68.35	2.43	60.81
9	2.7095	0.0857	5.46	75.52	1.19	24.38
10	2.7421	0.0689	6.73	80.32	0.00	0.00

在对效率与公平的悖反关系进行平衡时，可以考虑以下三个准则。

（1）在不同的有效解之间进行选择时，可以以效率和公平的变化幅度作为选择标准：当效率增加的幅度大于公平降低的幅度时，选择效率更高的方案；而当公平增加的幅度大于效率降低的幅度时，选择公平程度更高的方案。在本例中，从点1～点10，后一个点与前一个点相比，公平的增加幅度大于效率的减少程度。因此，在10个点中应该选择点10。按照这一选择标准，在选择方案时，会受到基点的影响，当基点不同时，变化幅度会有差异，有效解的选择也会不同。

（2）由于应急资源分配的最终目的是降低受灾点损失，因此在不同的有效解之间进行选择时，可以以效率作为主要目标，根据决策者偏好考虑将效率降低幅度控制在一定的限度内。假设选择有效解的标准如下：有效解的效率降低幅度与最高效率点相比不能大于 2.46%，则根据表8.11，应该选择点6。当然，也可以通过取适当的约束参数 ε_L，求解模型 8-6-2，获得该有效解。

（3）在不同的有效解之间进行选择时，可以将受灾点对不公平的容忍程度设为加权基尼系数的最大值。假设选择有效解的标准如下：受灾点能够容忍的最大不公平程度（加权基尼系数）为 0.2608，则根据表8.13，应该选择点4。当然，也可以通过取适当的约束参数 ε_E，求解模型 8-6-1，获得该有效解。

在对模型 8-5 的效率（受灾点损失）与公平（加权基尼系数）进行平衡以后，可以选择出满意的有效解。以图8.2中点5为例，其应急资源分配方案如表8.12所示；其应急资源满足率如表8.13所示。

表 8.12　点 5 的应急资源分配方案　　　　　　　单位：吨

资源　受灾点	食用油	方便食品	粮食	衣物	帐篷
受灾点 1	3.5000	53.8000	353.1867	218.0745	171.4388
受灾点 2	8.3000	38.4230	871.8162	628.3883	903.0725
受灾点 3	1.9727	11.0618	216.3840	389.1815	731.4000
受灾点 4	1.0658	20.6903	93.4920	371.9557	162.7963
受灾点 5	0.6615	11.0250	65.1210	276.9000	196.2925

表 8.13　点 5 的应急资源满足率

资源　受灾点	食用油	方便食品	粮食	衣物	帐篷
受灾点 1	1.0000	1.0000	0.9299	0.3675	0.3675
受灾点 2	1.0000	0.8792	0.7967	0.3675	0.6634
受灾点 3	0.4197	0.3675	0.3675	0.4230	1.0000
受灾点 4	0.3675	0.3675	0.3675	0.9357	0.5263
受灾点 5	0.3675	0.3675	0.3675	1.0000	0.9050

模型 8-5 与模型 8-1 相比，其应急资源分配总量没有变化，都是 5800，但是应急资源分配方案发生了变化。应急资源分配方案的变化带来了效率与公平的变化，也使得应急资源分配能够兼顾效率与公平。模型 8-1 可以看做模型 8-5 的一种特殊情况，当模型 8-6-1 中 ε_E 取比较大的值时，就等价于模型 8-1。因此，模型 8-1 的最优解也是模型 8-5 的一个有效解，即图 8.1 中的点 1。

8.5　本章小结

与一般的资源分配问题相比，应急资源分配的公平性问题尤为突出。本章首先建立了一个不包含公平目标或公平约束的单出救点、多受灾点、多应急资源分配效率模型作为基础模型。然后，以该模型为基础，依次建立了具有非线性目标函数的效率模型、具有公平约束的效率模型、具有多目标的效率-公平模型等。这些模型都使用受灾点损失作为效率的度量指标，使用基尼系数作为公平的度量指标。同时，这些模型基本使用同样的约束条件，以便于相互比较。本章的创新点包括以下几方面。

（1）建立了一组相关但又存在差异的应急资源分配模型，对应急资源分配方案的效率与公平进行了综合评价和比较，对不同应急资源分配模型的关系进行了分析。这种建立一组相关模型并对其进行综合评价与比较的建模思路，对于资源分配问题建模具有一定的借鉴意义。

（2）提出了一种比较简单的实现效率与公平均衡的应急资源两阶段分配策略：第一阶段按照相同的应急资源满足率分配；第二阶段将剩余的资源按照效率最大化分配。这样，应急资源分配在第一阶段追求公平，而在第二阶段则注重效率，在一定程度上实现了效率与公平的均衡。

（3）提出了对效率与公平的悖反关系进行平衡时可以考虑的三个准则：以效率和公平的变化幅度作为选择标准；将效率降低幅度控制在一定的水平上；考虑受灾点对不公平的容忍程度。

（4）针对本章建立的应急资源分配线性规划模型设计了比较简单的贪婪算法，可以有效提高求解的效率。

第 9 章

复杂路网应急资源定位-分配决策的随机规划模型

应急准备活动应该涵盖应急管理全过程，应急准备应该成为支撑应急全过程的基础性行动。因此，在应急准备阶段的应急资源配置决策除了应该考虑应急资源的设施定位和储备决策以外，还应该考虑应急响应阶段应急资源的预分配问题，即应急资源准备计划应该将应急资源的设施定位、储备决策和应急响应阶段资源的预分配问题作为一个系统进行统筹决策，才能保证应急准备计划的有效性和针对性。因此，应急准备阶段的应急资源分配决策问题是一个定位-分配问题，其包括应急资源的设施定位决策、应急资源库存决策和突发事件发生后应急资源的预分配决策。应急准备阶段灾害还没有发生，灾情信息是不确定的。因此，在灾害准备阶段可以使用概率分布来表达灾害及其影响的不确定性，随机规划模型是在这一阶段进行应急决策的有效工具。对于应急计划制订者来说，灾害强度、灾害范围、灾害时间、受灾人口、道路和应急设施损毁情况、应急资源需求等信息在事前都是随机的、不完备的，所以应急资源的定位-分配问题是一个复杂的随机决策问题。

在第 8 章简单路网应急资源分配决策的效率-公平模型的基础上，本章将考虑进行以下扩展：第一，考虑应急资源配置路网的复杂性，将单出救点、多受灾点的简单路网扩展为多出救点、多受灾点的复杂路网；第二，在应急资源分配的研究基础上，考虑出救点定位、应急资源储备、应急资源分配问题的联合决策；第三，将应急资源配置的效率目标进一步细分为经济性目标和及时性目标；第四，考虑灾情信息的动态观测与更新特征，本章首先建立基于模糊目标规划的应急资源定位-分配随机规划模型，然后在此基础上考虑灾情信息的动态观测与更新特征，建立基于灾情信息更新的应急资源定位-分配随机规划模型。应急资源定位-分配决策问题具有明显的两阶段特征，应急资源的设施定位决策和应急资源的库存决策为第一阶段决策；突发事件发生后，应急资源的预分配决策为第二阶段决策。第一阶段决策需要考虑第二阶段决策，第二阶段决策需要以第一阶段决策为前提。

9.1 基于模糊目标规划的应急资源定位-分配随机规划模型

9.1.1 情景描述

本节将研究多出救点、多受灾点、多应急资源的应急设施选址、资源配送问题。供应链成员包括出救点和受灾点，构成了双层应急资源配送网络。应急资源的多样性更加符合灾害发生后灾民对资源的实际需求，包括食物、药品、帐篷等不同类型和作用的物品。出救点具有若干个已知位置的候选地址，决策者需要在灾害发生之前做出出救点选择决策，在灾害发生之后做出资源配送决策(詹沙磊和刘南，2011)。应急物流路网结构如图 9.1 所示。

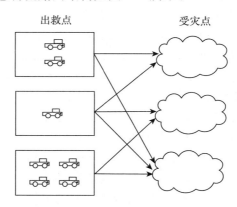

图 9.1　应急物流路网结构

9.1.2 模型构建

1. 假设

(1)当随机规划问题含有连续型随机变量时很难求解，故假设本模型的随机变量为离散型，同时假设存在有限个已知发生概率的灾害情景，在不同的灾害情景下，应急资源需求及配送路线有所不同。

(2)受灾点的地理位置已知，可以通过 GIS 等技术测得。

(3)鉴于及时性是应急资源配送问题的重要目标，将出救点定位在离受灾点一定标准距离范围之内的地方是实现配送及时性的有效方法，因此假设出救点对受灾点有最大覆盖范围限制。

（4）出救点选择决策和出救点车辆数量确定后，各出救点的事先资源储备量随之确定，其值取决于出救点所确定的车辆数量。

2. 符号定义

（1）集合。I：出救点 i 的集合，$i \in I$；J：受灾点 j 的集合，$j \in J$；H：应急资源 h 的集合，$h \in H$；Ξ：灾害情景 ξ 的集合，$\xi \in \Xi$；Ω：目标函数 ϖ 的集合，$\varpi \in \Omega$。

（2）参数。T_{ij}：出救点 i 到受灾点 j 的距离；T：出救点对受灾点的覆盖范围的阈值，即出救点只对距离 T 以内的受灾点进行资源配送，对距离超过 T 的受灾点不安排资源配送；f_i：出救点 i 的固定开设成本；c_i：车辆在出救点 i 的单位增设成本；g_o：车辆在单位距离的运输时间；f_o：车辆在单位距离的运输成本；U_i：出救点 i 的最大车队规模；wei_h：每单位第 h 种资源的重量；cap：车辆 o 的最大装载重量；$p(\xi)$：灾害情景的发生概率；$D_{jh}(\xi)$：情景 ξ 下受灾点 j 对应急资源 h 的需求；$E_{ij}(\xi)$：情景 ξ 下出救点 i 到受灾点 j 的连通性，为简单起见，$E_{ij}(\xi)$ 只能取 0 或 1，即当 i 到 j 连通时取 1，当 i 到 j 不连通时取 0；$F_{ij}(\xi)$：情景 ξ 下出救点 i 到受灾点 j 的有效距离。当路径连通时，$F_{ij}(\xi)$ 等于实际距离 T_{ij}；当路径不连通时，$F_{ij}(\xi)$ 取无穷大。

（3）决策变量。P_i：为 0-1 变量，表示是否选择 i 开设出救点；V_i：整数变量，表示安排车辆在出救点 i 的数量；$S_{ijh}(\xi)$：情景 ξ 下应急资源 h 通过车辆由出救点 i 到受灾点 j 的运输数量；$G_{ij}(\xi)$：为 0-1 变量，表示情景 ξ 下出救点 i 到受灾点 j 的应急资源流量是否存在。

3. 模型描述

模型 9-1

目标函数为

$$\min(\varpi_1, \varpi_2, \varpi_3)$$

$$\varpi_1 = \sum_i (f_i \cdot P_i + c_i V_i) + \sum_i \sum_j \sum_\xi f_o \cdot F_{ij}(\xi) \cdot p(\xi) \cdot G_{ij}(\xi) \quad (9.1)$$

$$\varpi_2 = \sum_i \sum_j \sum_\xi g_o \cdot F_{ij}(\xi) \cdot p(\xi) \cdot G_{ij}(\xi) \quad (9.2)$$

$$\varpi_3 = \frac{\sum_j \sum_h \sum_\xi p(\xi) \cdot \left[D_{jh}(\xi) - \sum_i S_{ijh}(\xi) \right]}{\sum_j \sum_h \sum_\xi p(\xi) \cdot D_{jh}(\xi)} \quad (9.3)$$

约束条件为

$$V_i \leqslant U_i \cdot P_i, \quad \forall i \quad (9.4)$$

$$\sum_j \sum_h \text{wei}_h \cdot S_{ijh}(\xi) \leqslant \text{cap} \cdot V_i, \ \forall i, \xi \tag{9.5}$$

$$\sum_i S_{ijh}(\xi) \leqslant D_{ih}(\xi), \ \forall i, h, \xi \tag{9.6}$$

$$F_{ij}(\xi) = \begin{cases} T_{ij}, & E_{ij}(\xi) = 1 \\ +\infty, & E_{ij}(\xi) = 0 \end{cases}, \ \forall i, j, \xi \tag{9.7}$$

$$S_{ijh}(\xi) \begin{cases} \geqslant 0, & F_{ij}(\xi) \leqslant T \\ = 0, & F_{ij}(\xi) > T \end{cases}, \ \forall i, j, h, \xi \tag{9.8}$$

$$G_{ij}(\xi) = \begin{cases} 1, & S_{ijh}(\xi) > 0 \\ 0, & S_{ijh}(\xi) = 0 \end{cases}, \ \forall i, j, h, \xi \tag{9.9}$$

$$P_i \in \{0, 1\}, \ \forall i \tag{9.10}$$

$$X_i \text{为非负整数}, \ \forall i \tag{9.11}$$

本模型有三个目标函数,分别为经济性目标、及时性目标和公平性目标。式(9.1)为最小化总成本,包括开设出救点的固定成本、可变成本以及应急资源的运输成本,其值反映了应急资源配送活动的经济性;式(9.2)为最小化应急资源配送的总时间,反映了应急资源配送活动的及时性;式(9.3)为最小化未满足需求占总需求的比重,可以反映应急资源配送活动的公平性。这三个目标可以分为两类,其中,经济性目标和及时性目标表示应急资源配置的效率,而公平性目标则表示应急资源配置的公平。

在所有约束条件中,式(9.4)为出救点的最大车队规模约束,限定只能在已经开设的出救点安排车队;式(9.5)为出救点对应急资源的最大承载重量约束,表示当出救点没有安排车队时,该出救点将无法配送资源;式(9.6)表示对应急资源的供应量不超过需求量;式(9.7)为出救点到受灾点的畅通性的表达式,当两者之间不畅通时,其有效距离为无穷大;式(9.8)为出救点对受灾点的最大覆盖范围约束,当两者之间有效距离大于覆盖范围阈值时,两者之间不存在流量,并且式(9.8)也规定了决策变量 $S_{ijh}(\xi)$ 的取值范围;式(9.9)为流量规模与流量存在性的转换公式;式(9.10)与式(9.11)定义了决策变量的取值范围,其中,式(9.10)为 P_i 的 0-1 约束;式(9.11)为 X_i 的非负整数约束。

不难发现,该模型是带补偿的两阶段随机规划模型。根据决策时间与灾害发生的先后顺序不同,我们可以将本模型的决策变量分为两种类型:P_i、V_i 等变量的确定发生在灾害发生之前,我们称之为第一阶段决策,或称"here-and-now"决策;而 $D_{ijh}(\xi)$、$G_{ij}(\xi)$ 等变量的取值随情景的不同而不同,对其进行确定发生在灾害发生之后,我们称之为第二阶段决策,或称"wait-and-see"决策。将本模型设计成带补偿的两阶段随机规划模型,使得不确定性得以消除。本模型等价于多目标确定性模型,可以运用模糊网格划分(fazzy grid partition,FGP)等多目标求解方法求解。

9.1.3　算法设计

在 FGP 的各种解法中，加权法弥补了取小法没有考虑目标之间重要性差别的不足，仅考虑横向比较（即只考虑同一层次目标的重要性差别），未考虑纵向比较（未考虑不同层次间目标的重要性差别），而且加权法在权重改变时可能会获得不满意的结果。排序法则仅考虑纵向比较，未考虑横向比较。本节结合两者的优点，提出了基于加权排序法的 FGP。为使原模型获得满意解，设计解法如下。

1. 为每一目标设定目标隶属函数 $\mu_{\overline{\omega}}$

为每一目标函数设定一个模糊目标值区间 $[f_{\overline{\omega}}^*, f_{\overline{\omega}}']$，设 $f_{\overline{\omega}}^* = \min \overline{\omega}$，$f_{\overline{\omega}}' = \max \overline{\omega}$。

$$\mu_{\overline{\omega}} = \begin{cases} 1, & \overline{\omega} \leqslant f_{\overline{\omega}}^* \\ \dfrac{f_{\overline{\omega}}' - \overline{\omega}}{f_{\overline{\omega}}' - f_{\overline{\omega}}^*}, & f_{\overline{\omega}}^* < \overline{\omega} < f_{\overline{\omega}}' \\ 0, & \overline{\omega} \geqslant f_{\overline{\omega}}' \end{cases} \tag{9.12}$$

目标隶属函数可以看做目标接近理想目标值的程度，即理想目标的实现程度。目标隶属函数值越大，表明目标越接近理想目标，从而理想目标的实现程度越大。

2. 用基于加权排序方法的 FGP 求解原模型

将原模型的多目标函数转化为如式（9.13）所示的单目标函数。目标函数的含义是最大化加权的理想目标实现程度，即

$$\max \sum_{\overline{\omega}} \lambda_{\overline{\omega}} \cdot \mu_{\overline{\omega}} \tag{9.13}$$

其中，$\lambda_{\overline{\omega}}$ 为反映同一层次目标重要性的权重，且 $\sum_{\overline{\omega}} \lambda_{\overline{\omega}} = 1$。

约束条件包括原模型的约束条件，即式（9.4）～式（9.11），以及

$$\mu_{\overline{\omega}'} \geqslant \mu_{\overline{\omega}''}，当 \overline{\omega}' 优于 \overline{\omega}'' 时 \tag{9.14}$$

其中，式（9.14）用来反映不同层次之间目标重要性的优先级差别。

式（9.13）和式（9.14）使 FGP 兼顾了目标重要性的横向比较和纵向比较，使得决策结果更加符合决策者的心理预期。在后面的算例分析中将会给出论证。

9.1.4　模型应用

1. 算例描述

某地拟在 4 个候选地址设立出救点，以服务附近 4 个居民区域。灾害发生时，需要为受灾区配送 3 种应急资源（药品、食物、帐篷），有 3 种灾害情景（轻度、中度、重度），各参数设置见表 9.2～表 9.5，另有，cap = 20 000 千克/辆；$f_o = 0.1$ 元/米；$g_o = 0.06$ 秒/米；$T = 30 000$ 米。

表 9.1　T_{ij} 参数设置　　　　　　　　　单位：米

j	i			
	1	2	3	4
1	10 000	30 000	20 000	35 000
2	10 000	10 000	20 000	20 000
3	15 000	35 000	10 000	30 000
4	20 000	25 000	10 000	5000

表 9.2　$d_{jh}(2)$ 参数设置　　　　　　　　　单位：件

j	h		
	1	2	3
1	30 000	10 000	1000
2	15 000	5000	500
3	54 000	18 000	1800
4	6000	2000	200

表 9.3　$E_{ij}(\xi)$ 参数设置

ξ	1				2				3			
j	i											
	1	2	3	4	1	2	3	4	1	2	3	4
1	1	1	1	1	0	1	0	1	0	1	1	0
2	1	1	1	1	1	1	1	1	0	0	1	0
3	1	1	1	1	1	0	1	1	0	0	0	1
4	1	1	1	1	1	1	0	1	0	0	1	1

表 9.4　其他参数设置

	1	2	3
ξ	轻度	中度	重度
h	药品	食物	帐篷
$p(\xi)$	0.25	0.5	0.25
$D_{jh}(\xi)$ /件	$0.8 \cdot d_{jh}(2)$	$1 \cdot d_{jh}(2)$	$1.2 \cdot d_{jh}(2)$
wei_h /千克	2	5	100

表 9.5　其他参数设置

i	1	2	3	4
f_i /元	150 000	130 000	140 000	120 000
c_i /(元/辆)	1000	800	900	700
U_i /辆	15	25	20	30

2. 结果分析

本模型属于整数非线性规划问题，通过 LINGO 9.0 进行编程求解。为设定各目标的模糊目标值区间 $[f_{i\overline{0}}^*, f_{i\overline{0}}']$，先分别进行单目标求解，得到 $[f_1^*, f_1'] = [0, 632\,500]$；$[f_2^*, f_2'] = [0, 11\,100]$；$[f_3^*, f_3'] = [0, 1]$。

对于目标的权重设置，考虑到应急物流的弱经济性，经济性目标的重要性应排在最末。本节认为公平性目标比及时性目标更重要，理由在于：公平性由"未满足需求占总需求的比重"来量化，其值反衬出部分灾民"长期"无法得到需求的满足，意味着未满足需求的长期延误；及时性则反衬出应急资源配送的"短期"延迟，意味着未满足需求的短期延误；"长期延误"比"短期延误"严重性更大。故置 $\lambda_1 = 0.2$；$\lambda_2 = 0.3$；$\lambda_3 = 0.5$；且目标优先级排序为 $\mu_3 \geqslant \mu_2 \geqslant \mu_1$（即目标 3 优于目标 2 优于目标 1）。

在 CPU 为 2.5 吉赫、内存为 2 GB① 的计算机上进行运算，仅花费 6 秒钟，即可得到求解结果。加权理想目标的实现程度的最大值为 0.77。此时，灾民对应急资源的需求几乎得到了完全满足（$\mu_3 = 0.96$），在此前提下较好地保持了应急资源配送的及时性（$\mu_2 = 0.61$），而只是牺牲了一定的经济利益（$\mu_1 = 0.55$）。这很好地符合了决策者设定的目标重要性预期。

图 9.2～图 9.4 分别描绘了在不同灾害情景下的选址-配送决策。正如前面所述，由于应急设施的选址（即 P_i 的确定）和车辆数量的确定（即 X_i 的确定）发生在灾害发生之前，属于第一阶段决策。因此，其取值不受灾害情景变化的影响，图 9.2～图 9.4 显示了这一事实：选择在候选地址 2 和地址 4 开设出救点，并且在这两个出救点分别确定车辆数为 15 辆和 21 辆。区别于 P_i 和 X_i 在不同灾害情景下的高度统一性，应急资源的配送和车辆路径的存在性则会依不同情景的变化而变化，图 9.2～图 9.4 描绘了这种变化。当灾害由轻度转到中度时，由于灾民对应急资源的需求量增大，在既有资源配送路径上的应急资源流量也增大；当灾害进一步加重时，在既有配送路径上的资源流量增大的同时，某些配送路径的有效性因被破坏而失去畅通性。因此，实际存在流量的应急资源配送路径会减少。

可见，本节提出的模型和解法可以灵活应对不同的灾害情景，以便决策者做出合理的应急资源配送决策，且决策结果很好地符合了决策者设定的目标重要性预期。

3. 方法比较

为对基于不同解法的 FGP 进行比较，分别运用这些方法对本节的模型进行求解，得到如图 9.5 和图 9.6 所示的求解结果。由图 9.5 可看出，取小法无法反映决策者原先规定的目标之间的重要性差异；加权法和排序法则有所反映，而加

---

① 1GB 表示 1 千兆个 bit。

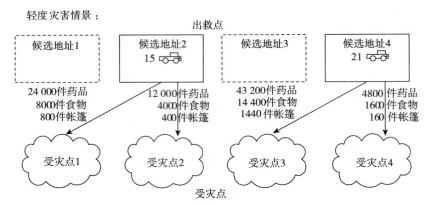

图 9.2　轻度灾害情景下的选址-配送决策

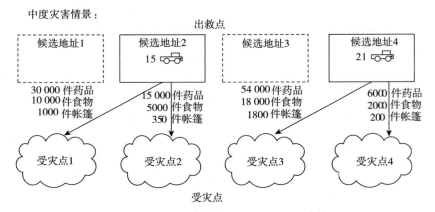

图 9.3　中度灾害情景下的选址-配送决策

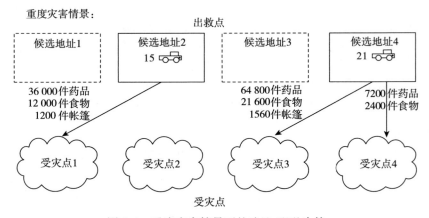

图 9.4　重度灾害情景下的选址-配送决策

权排序法使得这种差异更加凸显。图 9.6 则表明，加权排序法求得的加权理想目标的实现程度最大。这说明，基于加权排序法的 FGP 不仅比其他方法更加符合决策者设定的目标重要性预期，且最终的目标重要性的总体实现程度也为最优。这意味着，在四种方法当中，基于加权排序法的 FGP 的求解效果最好，最适合应用于解决在应急资源配送过程中的公平与效率问题。

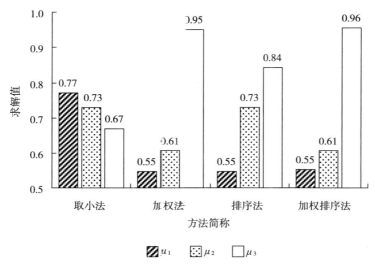

图 9.5　四种方法求解结果的对比——μ_1、μ_2、μ_3

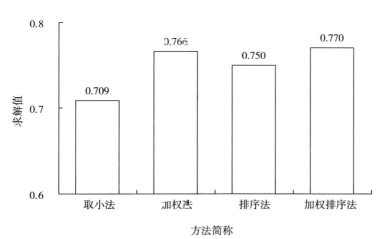

图 9.6　四种方法求解结果的对比——$\sum_{\varpi} \lambda_{\varpi} \cdot \mu_{\varpi}$

9.2 基于灾情信息更新的应急资源定位-分配随机规划模型

9.2.1 情景描述

本节研究多出救点、多受灾点、多应急资源、多车型的车辆选址、路径选择和应急资源配送问题。应急资源配送网络体系如图 9.7 所示。在灾害发生之前，决策者在既有的出救点上进行车辆数量和类型的安排；在灾害发生之后，决策者在合适的时间做出车辆路径选择和资源配送决策。本节将整个应急决策过程划分为两个阶段，即灾前阶段与灾后阶段。与之相对应，在灾害发生之前的车辆选址决策（包括对车辆数量与类型的安排）称为第一阶段决策，亦称"here-and-now"决策；在灾情发生之后的车辆路径选择和资源配送决策称为第二阶段决策，亦称"wait-and-see"决策。这样，本节研究的问题通过建模可以设计成两阶段带补偿的随机规划模型（詹沙磊和刘南，2013）。

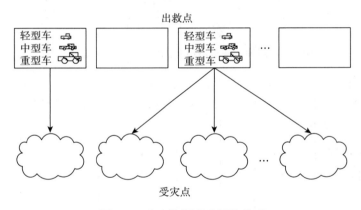

图 9.7　应急资源配送网络体系

此外，本节通过设定多个具有固定时间间隔的观测时刻，将第二阶段划分为多个具有固定时长的时段。决策者在观测时刻可通过观测某些反映灾情特征的信息，来对目前所掌握的（不一定准确的）灾情信息进行更新和修正，并选择是否继续等待、观测、更新信息，还是停止观测，做出车辆路径选择和应急资源配送决策，如图 9.8 所示。因此，本节研究的问题是建立在多个观测时刻上的单次决策问题。

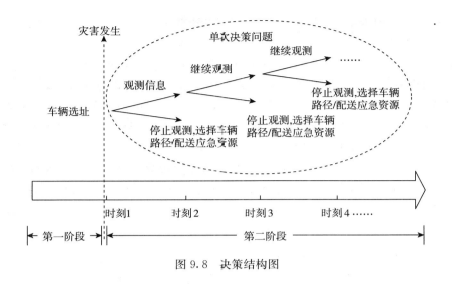

图 9.8　决策结构图

9.2.2　模型构建

1. 假设

(1)假设存在有限种灾害情景。需求和路径连通性的随机性质通过离散的灾害情景来表达。

(2)在一定时间范围内，应急车辆只能到达距离出救点较近的受灾点以提高应急服务水平。因此，假设出救点对受灾点具有最大覆盖范围限制。

(3)在出救点进行车辆选址的时间忽略不计。

(4)更新后的灾害情景信息比更新前的灾害情景信息更加准确。

2. 符号定义

(1)集合。I：出救点 i 的集合，$i \in I$；J：受灾点 j 的集合，$j \in J$；H：应急资源 h 的集合，$h \in H$；O：车辆类型 o 的集合，$o \in O$；$\varXi$：灾害情景 ξ 的集合，$\xi \in \varXi$。

(2)参数。n：灾情信息观测时刻(次数)；N：灾情信息最大观测时刻(次数)；T_{ij}：出救点 i 到受灾点 j 的距离；T：出救点对受灾点的覆盖范围的阈值，即出救点只对距离 T 以内的受灾点进行资源配送，对距离超过 T 的受灾点不安排资源配送；g_o：车辆 o 单位距离的运输时间；f_o：车辆 o 单位距离的运输成本；c_{io}：车辆 o 在出救点 i 的单位增设成本；U_{io}：车辆 o 在出救点 i 的最大规模；wei_h：每单位第 h 种资源的重量；cap_o：车辆 o 的最大装载重量；$D_{jh}(\xi)$：情景 ξ 下受灾点 j 对应急资源 h 的需求；$p(\xi)$：情景 ξ 的初始发生概率；$p_n(\xi)$：时刻 n 情景 ξ 的发生概率；$\varGamma$：每两个观测时刻之间的固定时间间隔；$E_{ij}(\xi)$：情景 ξ 下出救点 i 到

受灾点 j 的连通性。为简单起见，$E_{ij}(\xi)$ 只能取 0 或 1：当 i 到 j 连通时取 1，当 i 到 j 不连通时取 0；$F_{ij}(\xi)$：情景 ξ 下出救点 i 到受灾点 j 的有效距离。当路径连通时，$F_{ij}(\xi)$ 等于实际距离 T_{ij}；当路径不连通时，$F_{ij}(\xi)$ 取无穷大。

（3）决策变量。V_{io}：整数变量，表示安排车辆 o 在出救点 i 的数量；$Z_{ijo}(\xi)$：整数变量，表示情景 ξ 下负责出救点 i 到受灾点 j 资源配送的车辆 o 的数量；$S_{ijho}(\xi)$：情景 ξ 下应急资源 h 通过车辆 o 由出救点 i 到受灾点 j 的运输数量；$y_{jh}(\xi)$：情景 ξ 下受灾点 j 对应急资源 h 的未满足需求量。

（4）其他符号。$L(\xi, a, n)$：行为 a 的损失函数；$E^{p_n(\xi)}(*)$：对 $*$ 按后验概率 $p_n(\xi)$ 取数学期望；$\rho(p_n(\xi), a, n)$：时刻 n 行为 a 的后验期望损失；$r^{(n)}$：时刻 n 的名义贝叶斯风险；$r^{(n)}_{\text{real}}$：时刻 n 的实际贝叶斯风险；$\Phi^{(n)}$：贝叶斯风险 $r^{(n)}$ 的最优解集。

3. 灾害情景信息的贝叶斯更新

假设当灾害情景 ξ 发生时，其某一可观测信息 θ 发生的概率已知，即 $p_{\theta|\xi}$ 已知，其值可以通过历史统计数据得出。例如，每次洪涝灾害时，通过观测在不同严重程度的灾害情景下的降水量可以得到降水量的条件概率分布。因此，可以通过观测某一特定信息在不同阶段的取值 $\theta^{(n)}$，对灾害情景 ξ 的发生概率进行更新和修正。设 N 为最大的观测时刻，由贝叶斯定理，得到时刻 n 灾害情景 ξ 的发生概率为

$$p_n(\xi) = \begin{cases} p(\xi), & n=1 \\ \dfrac{[p(\xi) \cdot p_{\theta^{(n)}} \mid \xi]}{\left(\sum\limits_{\xi} p(\xi) \cdot p_{\theta^{(n)}} \mid \xi\right)}, & n=2, 3, \cdots, N \end{cases} \tag{9.15}$$

$p(\xi)$ 实质上为灾害情景 ξ 发生的先验概率；$p_n(\xi)$ 为经过贝叶斯更新的灾害情景 ξ 发生的后验概率。

4. 基于灾情信息更新的应急资源配送模型

模型 9-2

目标函数为

$$\min(\overline{\varpi}_1^{(n)}, \overline{\varpi}_2^{(n)}, \overline{\varpi}_3^{(n)})$$

$$\overline{\varpi}_1^{(n)} = \sum_i \sum_j \sum_o \sum_{\xi} p_n(\xi) \cdot T_{ij} \cdot g_o \cdot Z_{ijo}(\xi) + (n-1) \cdot \Gamma \tag{9.16}$$

$$\overline{\varpi}_2^{(n)} = \sum_j \sum_h \sum_{\xi} p_n(\xi) \cdot y_{jh}(\xi) \tag{9.17}$$

$$\overline{\varpi}_3^{(n)} = \sum_i \sum_o c_{io} \cdot V_{io} + \sum_i \sum_j \sum_o \sum_{\xi} p_n(\xi) \cdot T_{ij} \cdot f_o \cdot Z_{ijo}(\xi) \tag{9.18}$$

约束条件为

$$V_{io} \leqslant U_{io}, \quad \forall i, o \tag{9.19}$$

$$\sum_j Z_{ijo}(\xi) \leqslant V_{io}, \quad \forall i, o, \xi \tag{9.20}$$

$$\sum_h \text{wei}_h \cdot S_{ijho}(\xi) \leqslant \text{cap}_o \cdot Z_{ijo}(\xi), \quad \forall i, j, o, \xi \tag{9.21}$$

$$\sum_i \sum_o S_{ijho}(\xi) \leqslant D_{jh}(\xi), \quad \forall j, h, \xi \tag{9.22}$$

$$y_{jh}(\xi) = D_{jh}(\xi) - \sum_i \sum_o S_{ijho}(\xi), \quad \forall j, h, \xi \tag{9.23}$$

$$F_{ij}(\xi) = \begin{cases} T_{ij}, & E_{ij}(\xi) = 1 \\ +\infty, & E_{ij}(\xi) = 0 \end{cases}, \quad \forall i, j, \xi \tag{9.24}$$

$$Z_{ijo}(\xi) \begin{cases} \geqslant 0, & F_{ij}(\xi) \leqslant T \\ = 0, & F_{ij}(\xi) > T \end{cases}, \quad \forall i, j, o, \xi \tag{9.25}$$

$$V_{io} \text{ 为非负整数}, \quad \forall i, o \tag{9.26}$$

$$Z_{ijo}(\xi) \text{ 为非负整数}, \quad \forall i, j, o, \xi \tag{9.27}$$

$$S_{ijho}(\xi) \geqslant 0, \quad \forall i, j, h, o, \xi \tag{9.28}$$

从应急资源配置的及时性、有效性及经济性三个方面出发，设定目标函数。其中，式(9.16)为及时性目标，表示最小化资源配送和信息观测的总时间；式(9.17)为公平目标，表示最小化未满足需求；式(9.18)为经济性目标，表示最小化车辆选址和资源配送的总成本。这三个目标可以分为两类，其中，经济性目标和及时性目标表达应急资源配置的效率；公平性目标则表达应急资源配置的公平。

式(9.19)为车辆在出救点的最大规模约束；式(9.20)表示车辆投入使用量不超过保有量；式(9.21)为车辆对应急资源的最大承载重量约束；式(9.22)表示对应急资源的供应量不超过需求量；式(9.23)为未满足需求量的求解公式；式(9.24)为有效距离的表达式；式(9.25)为最大覆盖范围约束，其同时保证了配送路径的连通性，当有效距离大于阈值时，i 到 j 不安排车辆。式(9.26)～式(9.28)规定了决策变量的取值范围。

9.2.3　算法设计

定义 9.1　ξ 为自然状态(这里是指灾害情景)；$p_n(\xi)$ 为其后验分布；$L(\xi, a, n)$ 为行为 a(这里是指车辆运址、路径选择和资源配送决策)的损失函数；$E^{p_n(\xi)}(L)$ 为对 L 按后验概率 $p_n(\xi)$ 取数学期望，则时刻 n 行为 a 的后验期望损失为

$$\rho(p_n(\xi), a, n) = E^{p_n(\xi)}(L(\xi, a, n)) \tag{9.29}$$

通过将原模型的 $\overline{\omega}_1^{(n)}$ 稍微变形，易得 $\overline{\omega}_1^{(n)}$ 等价于

$$\overline{\omega}_1^{(n)} = \sum_{\xi} p_n(\xi) \cdot \Big(\sum_i \sum_j \sum_o T_{ij} \cdot g_o \cdot Z_{ijo}(\xi) + (n-1) \cdot \Gamma \Big)$$

$$= E^{p_n(\xi)} \Big(\sum_i \sum_j \sum_o T_{ij} \cdot g_o \cdot Z_{ijo}(\xi) + (n-1) \cdot \Gamma \Big) \qquad (9.30)$$

$$= E^{p_n(\xi)} \Big(L(\xi, Z_{ijo}(\xi), n) \Big)$$

同理，$\overline{\omega}_2^{(n)}$ 和 $\overline{\omega}_3^{(n)}$ 分别等价于

$$\overline{\omega}_2^{(n)} = E^{p_n(\xi)} \Big(L(\xi, S_{ijho}(\xi), n) \Big) \qquad (9.31)$$

$$\overline{\omega}_3^{(n)} = E^{p_n(\xi)} \Big(L(\xi, (V_{io}, Z_{ijo}(\xi)), n) \Big) \qquad (9.32)$$

可以看出，原模型的三个目标函数皆为不同种决策组合的后验期望损失。则在时刻 n，三个目标函数的贝叶斯风险可以分别表示为

$$r(\overline{\omega}_1^{(n)}) = \inf_{Z_{ijo}(\xi)} E^{p_n(\xi)} \Big(L(\xi, Z_{ijo}(\xi), n) \Big) \qquad (9.33)$$

$$r(\overline{\omega}_2^{(n)}) = \inf_{Y_{ijho}(\xi)} E^{p_n(\xi)} \Big(L(\xi, S_{ijho}(\xi), n) \Big) \qquad (9.34)$$

$$r(\overline{\omega}_3^{(n)}) = \inf_{(X_{io}, Z_{ijo}(\xi))} E^{p_n(\xi)} \Big(L(\xi, (V_{io}, Z_{ijo}(\xi)), n) \Big) \qquad (9.35)$$

定义 9.2　设 λ_1 和 λ_2 分别为单位配送时间的延误损失（以资金来衡量）和单位未满足需求的短缺损失（以资金来衡量），且其值已知，则在时刻 n 的加权贝叶斯风险为

$$r^{(n)} = \inf_{(V_{io}, Z_{ijo}(\xi), S_{ijho}(\xi))} \lambda_1 E^{p_n(\xi)} (L(\xi, Z_{ijo}(\xi), n)) + \lambda_2 E^{p_n(\xi)}$$

$$\Big(L(\xi, S_{ijho}(\xi), n) \Big) + E^{p_n(\xi)} \Big(L(\xi, (V_{io}, Z_{ijo}(\xi)), n) \Big)$$

$$\text{s. t. 式}(7.15)，式(7.19) \sim 式(7.32) \qquad (9.36)$$

通过式(9.36)，将原模型中三个不同量纲的目标函数用统一的量纲来衡量，实际上将多目标决策问题转化为单目标决策问题。

定理 9.1　设 $\Phi^{(n)}$ 为 $r^{(n)}$ 的最优解集；n_1 和 n_2 分别为某两个时刻；则当 $r^{(n_1)}$ 与 $r^{(n_2)}$ 作比较时，$r_{\text{real}}^{(n_1)} = r^{(n_2)}(\Phi^{(n_1)}) - \lambda_1 \cdot (n_2 - n_1) \cdot \Gamma$ 才是时刻 n_1 的实际贝叶斯风险。

证明：根据 9.2.2 部分假设(4)，更新后的灾害情景信息比更新前的灾害情景信息更加准确。时刻 n_1 的贝叶斯风险 $r^{(n_1)}$ 与时刻 n_2 的贝叶斯风险 $r^{(n_2)}$ 相比，时刻 n_2 的情景概率 $p_{n_2}(\xi)$ 比时刻 n_1 的情景概率 $p_{n_1}(\xi)$ 更符合现实，用 $p_{n_2}(\xi)$ 置换 $p_{n_1}(\xi)$ 得到的贝叶斯风险才是实际贝叶斯风险 $r_{\text{real}}^{(n_1)}$。设 $(X_{io})^*$、$(Z_{ijo}(\xi))^*$、$(S_{ijho}(\xi))^*$、$(y_{jh}(\xi))^*$ 为 $r^{(n_1)}$ 的最优解，则

$$r_{\text{real}}^{(n_1)} = \lambda_1 \cdot \Big(\sum_i \sum_j \sum_o \sum_{\xi} p_{n_2}(\xi) \cdot T_{ij} \cdot g_o \cdot (Z_{ijo}(\xi))^* + (n_1 - 1) \cdot \Gamma \Big)$$

$$+ \lambda_2 \cdot \left(\sum_j \sum_h \sum_\xi p_{n2}(\xi) \cdot y_{jh}(\xi) \right)^* + \sum_i \sum_o c_{io} \cdot (V_{io})^*$$
$$+ \sum_i \sum_j \sum_o \sum_\xi p_{n2}(\xi) \cdot T_{rj} \cdot f_o \cdot (Z_{ijo}(\xi))^*$$
$$= r^{(n2)}(\Phi^{(n1)}) - \lambda_1 \cdot (n_2 - n_1) \cdot \Gamma$$

证明完毕。

设 N 为最大观测时刻；n_1 和 n_2 分别为某两个时刻，则决定最优停止观测时刻的求解步骤如下。

步骤 1　初始化 n_1 和 n_2：置 $s_1 = 1$，$s_2 = 2$。

步骤 2　若 $n_2 > N$，停止运算，并返回 $r^{(n1)}$；

　　　　若 $n_2 \leqslant N$，比较 $r_{\text{real}}^{(n1)}$ 与 $r^{(n2)}$；

　　　　若 $r_{\text{real}}^{(n1)} \leqslant r^{(n2)}$，转到步骤 3；

　　　　若 $r_{\text{real}}^{(n1)} > r^{(n2)}$，转到步骤 4。

步骤 3　置 $n_2 = n_2 + 1$，转到步骤 2。

步骤 4　置 $n_1 = n_1 + 1$，$n_2 = n_1 + 1$，转到步骤 2。

由该求解步骤可以推断，原模型实际上为一个统计决策中的最优停止问题(optimal stopping problem)。模型求解涉及大规模、复杂的混合整数规划以及循环比较求解问题，一般数学规划软件难以在短时间内快速求解。Dash Optimization 公司开发的运筹学仿真软件 Xpress 对于求解大规模、复杂的混合整数规划具有很高的求解速度与精度。因其具有预解决(presolving)、割平面(cutting planes)、分支变量选择(branching variable selection)、节点预处理(node preprocessing)、启发式算法(heuristics)等多种先进算法技术，可以很好地克服用分支定界树法进行深层次搜索而引起的节点呈指数增长的问题，已被证明可以迅速有效地解决大规模、复杂的混合整数规划问题。因此，我们拟通过 Xpress 进行编程求解。

9.2.4　模型应用

1. 算例描述与求解

某地拟在 8 个候选地址中安排应急车辆，以服务附近 8 个居民区域。当暴雨灾害发生时，需要为灾区配送 3 种应急资源(药品、食物、帐篷)。该地有 3 种灾害情景(轻度、中度、重度)、3 种交通工具(轻型车、中型车、重型车)、有 5 个观测时刻。决策者可以在时刻 1 不观测降水量直接做出决策，亦可以在以后的每个时刻通过观测降水量来选择适当的时间做出较为准确的决策。后 4 个时刻观测到的降水量分别为 200 毫米、300 毫米、400 毫米、500 毫米。具体参数设置见表 9.6~表 9.11。另有，T 为 30 000 米；Γ 为 3600 秒；λ_1 为 0.2 元/秒；λ_2 为 50 元/件。

表 9.6　T_{ij} 参数设置　　　　　　　　单位：米

j	i							
	1	2	3	4	5	6	7	8
1	10 000	20 000	15 000	25 000	20 000	30 000	30 000	35 000
2	35 000	10 000	25 000	10 000	30 000	40 000	35 000	25 000
3	15 000	20 000	10 000	20 000	10 000	25 000	25 000	30 000
4	15 000	35 000	20 000	30 000	10 000	15 000	25 000	40 000
5	30 000	30 000	20 000	15 000	20 000	25 000	10 000	20 000
6	45 000	35 000	30 000	15 000	35 000	45 000	30 000	10 000
7	35 000	45 000	30 000	20 000	20 000	10 000	10 000	30 000
8	40 000	40 000	30 000	25 000	20 000	30 000	10 000	10 000

表 9.7　$d_{jh}(\xi)$ 参数设置　　　　　　　　单位：件

ξ	1			2			3		
j	h								
	1	2	3	1	2	3	1	2	3
1	24 000	8000	800	30 000	10 000	1000	36 000	12 000	1200
2	12 000	4000	400	15 000	5000	500	18 000	6000	600
3	43 200	14 400	1440	54 000	18 000	1800	64 800	21 600	2160
4	4800	1600	160	6000	2000	200	7200	2400	240
5	36 000	12 000	1200	45 000	15 000	1500	54 000	18 000	1800
6	12 000	4000	400	15 000	5000	500	18 000	6000	600
7	19 200	6400	640	24 000	8000	800	28 800	9600	960
8	16 800	5600	560	21 000	7000	700	25 200	8400	840

表 9.8　$E_{ij}(\xi)$ 参数设置

i	1			2			3			4			5			6			7			8		
j	ξ																							
	1	2	3	1	2	3	1	2	3	1	2	3	1	2	3	1	2	3	1	2	3	1	2	3
1	1	0	0	1	0	0	1	0	0	1	0	1	1	1	0	1	1	0	1	0	0	1	1	0
2	1	1	1	1	1	0	1	0	0	1	1	0	1	1	0	1	1	1	1	1	0	1	1	0
3	1	1	0	1	1	0	1	1	0	1	1	0	1	1	0	1	1	0	1	1	1	1	0	0
4	1	1	0	1	1	0	1	0	0	1	1	0	1	0	0	1	0	0	1	1	0	1	1	0
5	1	1	0	1	1	0	1	1	1	1	1	0	1	1	0	1	0	0	1	0	0	1	0	0
6	1	1	0	1	1	0	1	1	0	1	1	0	1	1	0	1	1	0	1	1	0	1	0	0
7	1	1	0	1	1	1	1	1	1	1	1	0	1	1	1	1	1	1	1	1	1	1	0	0
8	1	1	1	1	1	0	1	0	1	1	1	1	1	1	0	1	1	0	1	1	0	1	0	0

表 9.9　U_{ic}(辆)和 c_{io}(元)参数设置

i	o					
	1		2		3	
	U_{i1}	c_{i1}	U_{i2}	c_{i2}	U_{i3}	c_{i3}
1	15 800		9900		6 1000	
2	25 600		15 700		10 800	
3	20 700		12 800		8900	
4	30 500		18 600		12 700	
5	35 400		21 500		14 600	
6	25 600		15 700		10 800	
7	20 700		12 800		8900	
8	10 900		61 000		4 1100	

表 9.10　$p_\theta \mid \xi$ 参数设置

θ(降水量/毫米)	ξ		
	轻度	中度	重度
200	0.30	0.30	0.40
300	0.15	0.25	0.60
400	0.10	0.15	0.75
500	0.05	0.10	0.85

表 9.11　其他参数设置

	1	2	3
h	药品	食物	帐篷
o	轻型车	中型车	重型车
ξ	轻度	中度	重度
cap_o/千克	5000	10 000	20 000
g_o/(秒/米)	0.06	0.07	0.09
f_o/(元/米)	0.1	0.2	0.3
$p(\xi)$	0.25	0.5	0.25
wei_h/千克	2	5	100

　　在 CPU 为 2.5 吉赫、内存为 2GB 的笔记本电脑上，通过 Xpress 7.0 进行编程求解以及编写语句 setparam("XPRS_MIPRELSTOP", 0.005)设置所求解与最优边界的误差在 5‰以内，求得最优停止观测时刻为时刻 4，该时刻的贝叶斯风险为 966 964 元，各个目标的最优值分别如下：$\overline{\omega}_1^{(4)}=125\,007$ 秒；$\overline{\omega}_2^{(4)}=10\,872$ 件；$\overline{\omega}_3^{(4)}=398\,380$ 元。在求解速率上，Xpress 求解本模型花的时间非常少，整个过程只花了 9 秒钟时间。在求解精度上，由图 9.9 的最优解与最优界的差距可知，本模型的最优解与最优界十分接近(差值为 3.9‰<5‰)，说明该最

优解具有很高的精确性。

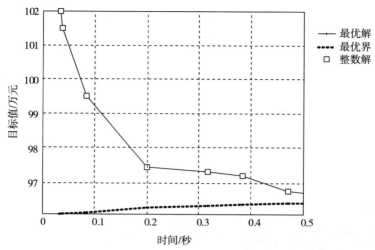

图 9.9　最后一次循环时最优解与最优界的差距

2. 两阶段随机规划的优势

图 9.10～图 9.12 分别描绘了在不同灾害情景下的车辆选址、路径选择决策(资源配送决策由于涉及的决策变量很多,鉴于篇幅限制无法详细列出,故略)。正如前面所述,由于车辆类型和数量的安排(即 X_{io} 的确定)发生在灾害发生之前,属于第一阶段决策,因此其取值不受灾害情景变化的影响,图 9.10～图 9.12 印证了这一事实,在三种灾害情景下的车辆选址决策是统一的。区别于 X_{io} 在不同灾害情景下的高度统一性,路径选择决策却依情景的变化而变化,图 9.10～图 9.12 描绘了这种变化,当灾害不断加重时,一方面由于灾区对应急资源的需求增大,在既有配送路径上的车辆数量也会增多;另一方面由于某些配送路径的有效性被破坏而失去了连通性,因此实际存在车辆流量的配送路径会减少。可见,本节提出的模型和解法可以灵活应对不同的灾害情景,以便决策者做出合理的决策,这也是两阶段随机规划的优势所在。

轻度灾害情景:

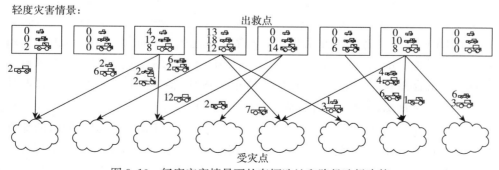

图 9.10　轻度灾害情景下的车辆选址和路径选择决策

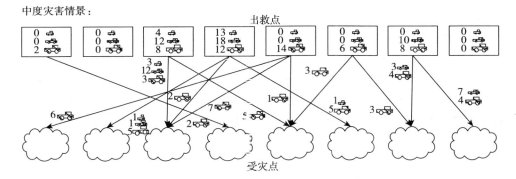

图 9.11　中度灾害情景下的车辆选址和路径选择决策

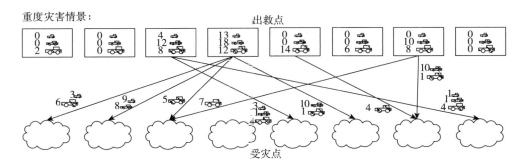

图 9.12　重度灾害情景下的车辆选址和路径选择决策

3. 灾情信息更新的优势

由于存在信息更新，越后面时刻的灾害情景信息越准确，由于本节只考虑 5 个时刻，因此，假设时刻 5 的灾害情景信息是最终正确的信息。如果决策者对降水量不进行任何观测，在时刻 1 直接做出决策，此时将求得的最优解集 $\Phi^{(1)}$ 运用正确的灾害情景发生概率（即 $p_5(\xi)$）计算得到实际贝叶斯风险 $r_{\text{real}}^{(1)}$ 为 1 075 940 元。而将本节的最优停止问题求得的最优解集 $\Phi^{(4)}$ 也运用正确的灾害情景发生概率计算得到实际贝叶斯风险 $r_{\text{real}}^{(4)}$ 为 1 066 870 元，两者的差值为 9070 元，原因在于：虽然信息更新导致应急资源配送的延迟，但是由于更新后的灾害情景信息具有更高的准确性，不仅足以弥补配送延迟造成的损失，还使总体损失降到最低，使得资源配送决策更为合理，信息更新的价值亦体现于此。

4. 求解速度与精度的悖反关系

众所周知，对于任意一款软件或一种算法，求解速度与精度总是呈悖反关系，即一方随着另一方的增大而减小。本节前面在求解算例时将所求解与最优界的最大误差设置在 5‰，使得 Xpress 求解模型只花了 9 秒钟时间。通过改变所求解与最优边界的最大误差值，可以得到 Xpress 求解本模型的速度变化趋势，如图 9.13 所示。随着误差的逐步减小，求解模型所花的时间也逐渐增多，但是花费时间的变化曲线总体上仍然处于令人满意的区间之内（在误差为极小的 2‰ 时，只花费 95 秒时间）。如果合理地调节误差的取值，既可以获得十分惊人的求解速度，又能保证较高的精度。因此，当面对现实中更为复杂的大规模应急资源配送问题时，一方面要合理调节误差的取值；另一方面要依靠 Xpress "反-分支定界树节点指数增长"的强大的算法技术，相信可以满足应急资源配送快速决策的要求。

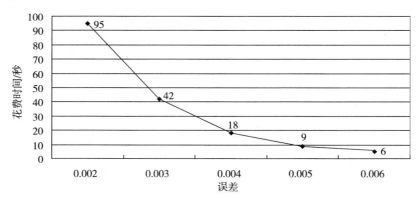

图 9.13　求解速度与精度的悖反关系

9.3　本章小结

本章建立了两个两阶段随机规划模型，进行出救点选址决策、应急资源库存决策和突发事件发生后应急资源的预分配决策。随机规划模型的第一阶段决策包括出救点的定位决策和应急资源库存决策；第二阶段决策是在各种灾害情景下应急资源的分配决策。本章从应急资源配送的及时性、有效性及经济性三个方面出发，考虑了资源配送的效率目标、公平目标和成本目标。本章的创新点包括以下三方面。

（1）考虑了应急资源配置的多个目标，设计了合理的多目标处理方法。应急资源的定位-分配模型包含了突发事件的事前决策和事后决策，因此具有多目标性。本章的两个模型从资源配送的及时性、有效性及经济性三个方面出发，综合考虑了应急资源配送的效率、公平和成本目标。其中，效率目标即最小化资源配送和信息观测的总时间；成本目标即最小化车辆选址和资源配送的总成本；而公平目标即最小化未满足需求。在两个模型中，本章分别使用基于加权排序法的 FGP、统一量纲等方式将多目标决策问题转化为单目标决策问题。

(2)考虑了灾情信息不断更新的特征。在本章建立的应急资源的定位-分配决策模型中，决策者在观测时刻通过观测某些反映灾情特征的信息来对目前所掌握的(不一定准确的)灾情信息进行更新和修正，并选择是继续等待，观测、更新信息，还是停止观测，并做出车辆路径选择和资源配送决策。其充分利用了观测信息的价值，可使总体损失降到最低，资源配送决策更为合理。

(3)设计了在存在信息更新的情况下，应急资源定位-分配模型的有效算法。通过将统计决策中的最优停止问题的求解方法与随机规划求解方法相结合，实现了对具有信息更新特征的随机规划模型的求解。

第四篇

应急资源配置决策研究展望

第 *10* 章

应急资源配置决策模型比较
分析与研究展望

▉ 10.1 各类应急资源配置决策模型比较分析

本书分别建立了应急资源配置的效率分析模型、应急资源配置的效率与公平分析模型两大类模型，具体共有15个模型，用于解决应急资源配置中的出救点定位、应急资源储备、应急资源预分配、应急资源分配、运输方式与车辆类型选择、效率与公平评价、决策时机选择等各类现实问题。各个模型的决策类型、路网结构、资源种类、需求信息特征、决策目标、求解算法等特征的比较汇总如表10.1所示。这些特征表达了模型的应用范围，可以更好地指导现实中的应急资源配置决策问题。

表 10.1 各类应急资源配置决策模型的特征

决策类型	模型代号	模型	路网结构	资源种类	需求信息特征	决策目标	求解算法
应急资源配置决策效率分析	4-1	简单路网单周期应急资源分配的贝叶斯序贯决策模型	简单路网；多出救点、单受灾点	单	随机需求信息动态更新	效率目标：系统损失最小、应急响应时间最短	贝叶斯分析、组合优化
	5-1	简单路网多周期应急资源分配的贝叶斯序贯决策模型	简单路网；多出救点、单受灾点	单	随机需求信息动态更新	效率目标：系统损失最小、应急响应时间最短	贝叶斯分析、组合优化
	6-1	基于多级分配网络的应急资源分配决策模型	复杂路网；多出救点、多受灾点、多中转点	单	静态需求信息	效率目标：系统损失最小	改进的粒子群算法

模型类型	模型代号	模型	路网结构	资源种类	需求信息特征	决策目标	求解算法
应急资源配置决策效率分析	6-2	基于多种运输方式的应急资源分配动态决策模型	复杂路网：多出救点、多受灾点	多	动态需求信息	效率目标：系统损失最小、总应急资源运输时间最短	基于矩阵编码的遗传算法
	7-1	基于动态需求的简单路网应急资源分配模型(1)	简单路网：单出救点、单受灾点	多	动态递推需求信息	效率目标：系统损失最小	组合优化
	7-2	基于动态需求的简单路网应急资源分配模型(2)	简单路网：单出救点、多受灾点	多	动态递推需求信息	效率目标：系统损失最小	组合优化
	7-3	基于动态需求的简单路网应急资源分配模型(3)	简单路网：多出救点、单受灾点	多	动态递推需求信息	效率目标：系统损失最小	组合优化
	7-4	基于动态需求的复杂路网应急资源分配模型(1)	复杂路网：多出救点、多受灾点	单	动态递推需求信息	效率目标：系统损失最小	组合优化
	7-5	基于动态需求的复杂路网应急资源分配模型(2)	复杂路网：多出救点、多受灾点	多	动态递推需求信息	效率目标：系统损失最小	组合优化
应急资源配置决策效率与公平分析	8-1	基本的应急资源分配效率模型	简单路网：单出救点、多受灾点	多	静态需求信息	效率目标：系统损失最小	贪婪算法
	8-2	具有非线性目标函数的应急资源分配效率模型	简单路网：单出救点、多受灾点	多	静态需求信息	效率目标：系统损失最小	非线性规划求解算法
	8-3 (8-4)	具有公平约束的应急资源分配效率模型	简单路网：单出救点、多受灾点	多	静态需求信息	效率目标：系统损失最小	贪婪算法
	8-5	应急资源分配的效率-公平均衡模型	简单路网：单出救点、多受灾点	多	静态需求信息	效率目标：系统损失最小 公平目标：加权的基尼系数最小	约束法

续表

模型类型	模型代号	模型	跨网结构	资源种类	需求信息特征	决策目标	求解算法
应急资源配置决策效率与公平分析	9-1	基于模糊目标规划的应急资源定位-分配随机规划模型	复杂路网：多出救点、多受灾点	多	随机信息	效率目标：总成本最小、应急资源配送的总时间最短 公平目标：未满足需求占总需求的比重最小	模糊目标规划
	9-2	基于灾情信息更新的应急资源选址-分配随机规划模型	复杂路网：多出救点、多受灾点	多	随机信息动态更新	效率目标：总成本最小、应急资源配送和信息观测的总时间最短 公平目标：未满足需求量最小	贝叶斯分析、随机规划求解算法

　　针对突发事件的突发性/紧急性、高度不确定性、影响社会性、扩散性等特征，本书建立的各类应急资源配置决策模型对 1.1.4 部分中提出的应急资源配置决策问题的建模和求解方法进行了探索。

　　(1)应急资源配置的快速有效决策问题。为了实现应急资源配置的快速决策，模型 4-1、模型 5-1、模型 6-2、模型 9-1、模型 9-2 等在决策目标中考虑应急响应时间最短。模型 6-1、模型 6-2 等设计了进化算法；模型 4-1、模型 5-1、模型 7-1、模型 7-2、模型 7-3、模型 7-4、模型 7-5 等设计了组合优化算法；模型 8-1、模型 8-3 等设计了贪婪算法，实现了模型的快速求解。模型 4-1、模型 5-1、模型 9-2 等建立了决策损失与时间之间的函数关系，将贝叶斯序贯决策方法与运筹优化方法结合起来建立了应急资源配置模型，分析了决策时间与决策损失之间的关系，通过选择最优决策时间来实现快速决策和有效决策之间的权衡。

　　(2)应急资源配置的不确定决策问题。模型 4-1、模型 5-1、模型 9-1、模型 9-2 等考虑受灾比例和应急资源需求的不确定性，建立了应急资源配置决策的随机规划模型；模型 4-1、模型 5-1、模型 9-2 等进而考虑受灾比例和应急资源需求这两类不确定信息的动态更新，将贝叶斯序贯决策方法与运筹优化方法结合起来，建立了应急资源配置决策模型，并给出了这类动态随机规划的求解算法。

　　(3)基于社会准则的应急资源配置决策问题。模型 9-1、模型 9-2 等考虑了应急资源配置的公平目标；模型 6-1 考虑了应急资源配置的公平约束；第 8 章则建立了一组应急资源配置的效率模型、具有公平约束的效率模型和效率-公平模型，对应急资源配置决策效率和公平之间的字反关系进行了比较全面的分析。

　　(4)动态、复杂的应急资源配置决策问题。模型 6-1、模型 6-2、模型 7-4、模型 7-5、模型 9-1、模型 9-2 等均为多出救点、多受灾点模型，均有较为复杂的路网结构，其中，模型 6-1 考虑了更加复杂的三级路网结构，体现了应急资源配置问题复杂的空间特性；模型 4-1、模型 5-1、模型 6-2、模型 7-1、模型 7-2、模型 7-3、模型 7-4、模型 7-5、模型 9-2 等考虑了应急资源的动态需求，其中，模型 4-1、模型 5-1、模型 9-2 等考虑了突发事件的演化和灾情信息的动态更新，体现了应急资源配置问题的动态特征。

10.2　各类应急资源配置决策模型在应急资源配置系统中的功能

　　本书建立的各类应急资源配置决策模型可以用于解决应急设施布局、资源储备、资源调度、效果评估、动态调整、信息处理、预案设计等一系列应急资源配置及其相关活动，如图 10.1 所示。

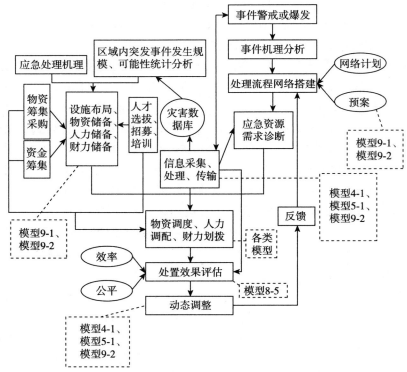

图 10.1　应急资源配置模型在应急资源配置系统中的功能

注：┌──┐表示本书所建模型

10.3　研究展望

针对现有研究存在的一些不足，未来可以在以下几个方面进行深入研究。

(1)建立跨学科的应急资源配置综合模拟模型。应急资源配置问题以及各类应急管理问题得到良好解决的前提是对灾害规律的科学认识，其涉及灾害学、管理学、信息科学、心理学、行为科学以及各类工程科学等自然科学和社会科学领域。因此，需要建立跨学科的综合模拟模型，包括使用气象或地质法则以及工程和社会行为模型获得一些技术细节，以把握自然现象和社会行为的一些重要维度，使得应急资源配置模型更加接近现实。

(2)应急资源配置模型的构建和实证分析应尽量使用真实的问题设置和真实的数据。Denizel 等(2003)发现，在应急管理的运筹学和管理科学研究中，管理工程类的研究仍然比较少，国内的研究中使用真实数据的研究也寥寥无几。因此，我们的研究需要真实的问题设置和真实的数据，使用新的解决方法得到一般性的结论，并力求对未来的研究具有启示作用。

(3)对应急资源配置的动态不确定决策模型进行更加深入的研究。目前，用于应急资源配置动态不确定决策建模的方法主要包括贝叶斯决策、局内决策、不完全信息动态博弈、马尔科夫决策、随机网络等。使用这些方法解决的问题往往是具有单维不确定信息、物资单一、路网结构简单(往往是单受灾点或单出救点)、约束条件少等特征的应急资源配置问题，但是求解起来却比较复杂。如何使用这些决策方法解决具有多维不确定信息、多物资、复杂网络、复杂约束的应急资源配置问题，并设计简单有效的算法是一个非常重要的研究方向。

(4)对应急资源配置的应用工具与软件进行研究和开发。应用工具与软件是连接理论和实践的有效载体，是管理科学与管理工程的有效结合。因此，应该充分利用和集成现有的软件技术、信息技术和理论模型，开发用于指导应急资源配置实践的应用工具和软件。

参考文献

安李璐. 2010. 灾后首批应急物资优化分配策略研究——以地震应急物流系统为例. 华南理工大学硕士学位论文.

白思俊. 1995. 多资源约束的网络计划的启发式优化方法. 系统工程理论与实践, (7): 42~47.

陈安, 赵燕. 2007. 我国应急管理的进展与趋势. 安全, (3): 1~4.

陈达强. 2010. 基于应急系统特性分析的应急物资分配优化决策模型研究. 浙江大学博士学位论文.

陈达强, 刘南. 2010. 带时变供应约束的多出救点选择多目标决策模型. 自然灾害学报, 19 (3): 94~99.

陈达强, 刘南, 缪亚萍. 2009. 基于成本修正的应急物流物资响应决策模型. 东南大学学报 (哲学社会科学版), 11(1): 67~71.

陈雷雷, 王海燕. 2010. 大规模突发事件中基于满意度的应急物资优化调度模型. 中国安全科学学报, 20(5): 46~52.

陈力, 陈文文, 张欣, 等. 2010. 无线网络中基于效用函数的资源分配方案. 北京邮电大学学报, 33(6): 58~63.

陈升, 杨永恒, 李明, 等. 2011. 灾民当前需求及重建意愿差异研究. 见: 赵昌文. 应急管理与灾后重建: 5·12汶川特大地震若干问题研究. 北京: 科学出版社: 438~519.

陈涛. 2009-07-14. 美国应急指挥体系简介. http://www.aqsc.cn/101813/101946/129026.html.

陈晓田. 2008-12-12. 非常规突发事件应急管理研究. 第三届应急管理国际会议.

陈志宗, 尤建新. 2006. 重大突发公共卫生事件应急救援设施选址的多目标决策模型. 管理科学, (4): 10~14.

崔军, 孟九峰. 2009. 我国应急财政管理相关问题研究. 财经问题研究, (3): 105~109.

戴更新, 达庆利. 2000. 多资源组合应急调度问题的研究. 系统工程理论与实践, (9): 52~55.

邓凌凌. 2005. 灾情评估基本步骤探讨. 中国减灾, (1): 41~42.

丁以中. 2003. 物流通道构建中节点和边的选择技术. 上海海运学院学报, 24(2): 97~102.

董文洪, 先锦, 沙基昌. 2008. 决策树方法的大规模资源分配问题. 火力与指挥控制, 33(6): 45~48.

范维澄. 2007. 国家突发公共事件应急管理中科学问题的思考和建议. 中国科学基金, (2): 71~76.

方磊. 2006. 基于偏好DEA的应急系统选址模型研究. 系统工程理论与实践, (8): 116~122.

方磊. 2008. 基于偏好DEA模型的应急资源优化配置. 系统工程理论与实践, (5): 98~104.

方涛. 2010. 震后应急物资配送中的模糊定位-路径问题研究. 西南交通大学硕士学位论文.

冯俏彬. 2010. 应急资金保障体系"四手联弹". 新理财(政府理财), (10): 74~75.

高淑萍, 刘三阳. 2003a. 基于联系数的多资源应急系统调度问题. 系统工程理论与实践, 6

(1)：113～122.

高淑萍，刘三阳．2003b. 应急系统调度问题的最优决策．系统工程与电子技术，25(10)：1222～1224.

葛洪磊，刘南．2012. 资源分配中的公平测度指标及其选择标准．统计与决策，(9)：50～53.

葛洪磊，刘南，张国川，等．2010. 基于受灾人员损失多受灾点、多商品应急物资分配模型．系统管理学报，19(5)：541～545.

郭凤延．2008-06-06. 不该消失的电波——从汶川地震看无线电报在应急通信系统的作用．http://www.qhrm.gov.cn/html/727/39167.html.

郭俊华，程琼．2009. 我国重大自然灾害的公共财政应急措施研究——以 5·12 汶川大地震为例．上海交通大学学报(哲学社会科学版)，17(3)：45～52.

郭研，李南，李兴森．2010. 多项目多资源均衡问题及其基于 Pareto 的向量评价微粒群算法．控制与决策，(5)：789～793.

郭子雪，齐美然．2010. 模糊环境下的应急物资储备库选址模型及算法．计算机应用研究，27(4)：1259～1262.

郭子雪，张强．2009. 模糊聚类分析在突发事件应急物资分类中应用．计算机工程与应用，45(35)：208～211.

国家减灾委员会-科学技术部抗震救灾专家组．2008. 汶川地震灾害综合分析与评估．北京：科学出版社．

韩景倜，池为叠，韩小妹．2009. 基于应急物流体的应急救援物资调度模型．系统仿真学报，21(18)：5828～5831.

韩强．2007. 一类应急物资调度的双层规划模型及其算法．中国管理科学，15(专辑)：716～719.

韩智勇，翁文国，张维，等．2009. 重大研究计划"非常规突发事件应急管理研究"的科学背景、目标与组织管理．中国科学基金，(4)：215～220.

何建敏，刘春林，尤海燕．2001. 应急系统多出救点的选择问题．系统工程理论与实践，(11)：89～93.

何婧，李仕明，刘樑．2011. 非常规突发事件在线信息处理：研究与发展——"2011 年突发事件应急管理国际论坛"综述．电子科技大学学报(社会科学版)，13(2)：42～44.

何鲜利．2009. 基于地震灾害突发事件的应急物流资源配置研究．燕山大学硕士学位论文．

胡继华，钟广鹏，严国灿．2012. 基于 GIS 的动态应急资源调度系统设计与实现．计算机应用研究，29(1)：200～203.

黄力菲，黄颖，李衍达．2001. 效用 max-min 公平准则及其在 ABR 业务中的应用．通信学报，22(7)：10～17.

计国君，朱彩虹．2007. 突发事件应急物流中资源配送优化问题研究．中国流通经济，(3)：18～21.

计雷，池宏，陈安，等．2006. 突发事件应急管理．北京：高等教育出版社．

姜金贵，梁静国．2009. 基于粒子群优化算法的应急资源调度研究．统计与决策，(2)：53～54.

姜玉宏，颜华，欧忠文，等.2007.应急物流中应急物资的管理研究.物流技术，26(6)：17～19.

蒋晓阳，陈伟鹏，方绍强，等.2010.应急飞行保障仿真与资源配置优化研究.计算机工程与设计，31(11)：2610～2613.

李进，张江华，朱道立.2011.灾害链中多资源应急调度模型与算法.系统工程理论与实践，31(3)：488～495.

李阳，李聚轩，腾立新.2005.大规模灾害救灾物流系统研究.资源与环境，23(7)：64～67.

李永强，聂高众，姜立新，等.2006.意大利地震紧急事务处置与应急响应系统.国际地震动态，(10)：33～38.

林岩，胡祥培，王旭茵.2004.物流系统优化中的定位-运输路线安排问题LRP研究评述.管理工程学报，(4)：45～49.

刘北林，马婷.2007.应急救灾物资紧急调度问题研究.哈尔滨商业大学学报(社会科学版)，(3)：3～5.

刘春林，何建敏，盛昭瀚.1999a.应急系统调度问题的模糊规划方法.系统工程学报，14(4)：351～355.

刘春林，何建敏，盛昭瀚.2000.多出救点应急系统最优方案的选取.管理工程学报，14(1)：13～17.

刘春林，何建敏，施建军.2001.一类应急物资调度的优化模型研究.中国管理科学，9(3)：29～36.

刘春林，沈厚才.2003.一类离散应急供应系统的两目标优化模型.中国管理科学，11(4)：27～31.

刘春林，盛昭瀚，何建敏.1999b.基于连续消耗应急系统的多出救点选择问题.管理工程学报，13(3)：13～16.

刘东圆，徐园，耿彦斌，等.2009.突发公共事件下应急救援设施选址模型与案例.交通标准化，(7)：81～85.

刘浩，关艳玲，赵文吉，等.2011.三维减灾系统中灾情数据管理与灾情信息集成显示技术研究.测绘科学，36(1)：87～89.

刘萌伟，黎夏.2010.基于Pareto多目标遗传算法的公共服务设施优化选址研究——以深圳市医院选址为例.热带地理，30(6)：650～655.

刘明，赵林度.2011.应急物资混合协同配送模式研究.控制与决策，26(1)：96～100.

刘学恒，汪传旭，许长延.2011.二级物资供应系统中不同应急调货策略的比较分析.工业工程，14(2)：12～16.

刘耀龙，许世远，王军，等.2008.国内外灾害数据信息共享现状研究.灾害学，23(3)：109～114.

刘志伟.2003.收入分配不公平程度测度方法综述.统计与信息论坛，18(5)：28～32.

马卫峰，杨赛霓，潘耀忠.2010.面向救灾物资需求特征的自然灾害应急响应.中国安全科学学报，20(10)：171～176.

缪成，许维胜，吴启迪.2006.大规模应急救援物资运输模型的构建与求解.系统工程，24

(11)：6～12.

聂高众，高建国，苏桂武，等.2001.地震应急救助需求的模型化处理——来自地震震例的经验分析.资源科学，32(1)：69～76.

潘墨涛.2009.美国的应急资金管理及其可借鉴之处.理论探索，(5)：111～115.

潘郁，余佳，达庆利.2007.基于粒子群算法的连续性消耗应急资源调度.系统工程学报，22(5)：556～560.

庞海云，刘南.2012a.基于不完全扑灭的多受灾点应急物资分配博弈模型.浙江大学学报(工学版)，46(11)：2068～2072.

庞海云，刘南.2012b.基于应急物资分配的城市安全防灾规划研究——由东日本大地震得到的启示.城市规划，36(11)：55～57.

庞海云，刘南，吴桥.2012.应急物资运输与分配决策模型及其改进粒子群优化算法.控制与决策，27(6)：871～874.

齐二石，田青，宋宁华.2003.物流系统规划设计方法综述.天津大学学报(社会科学版)，5(3)：225～228.

齐二石，王嵩.2008.城市应急管理体系的构建及系统分析研究.现代管理科学，(7)：3～5.

乔红波.2009.应急物资需求分类及需求量研究.北京交通大学硕士学位论文.

瞿音，袁鸿，张俊.2010.汶川县水磨镇应急救灾物资发放与监管的调查.中国西部科技，9(31)：48～50.

任秀，夏少刚.2009.基于遗传算法的人力资源优化配置模型.数学的实践与认识，39(19)：84～90.

盛世明.2004.浅谈不公平程度的度量方法.统计与决策，(2)：118～119.

石丽红，栗斌，张清浦.2007.防灾减灾系统灾情信息集成技术研究.地理信息世界，(2)：47～51.

史培军.1996.再论灾害研究的理论与实践.自然灾害学报，5(4)：6～17.

史培军.2002.三论灾害研究的理论与实践.自然灾害学报，11(3)：1～9.

史培军.2005.四论灾害研究的理论与实践.自然灾害学报，14(6)：1～7.

寿涌毅.2004.资源约束下多项目调度的迭代算法.浙江大学学报(工学版)，38(8)：1095～1099.

宋晓宇，刘春会，常春光.2010b.面向应急物资调度的一种灰色规划模型.计算机应用研究，27(4)：1259～1262.

宋晓宇，刘锋，常春光.2010a.基于广义粗糙集的应急物资调度模型.控制工程，17(1)：119～122.

孙敏，潘郁.2009.多资源复杂网络的应急调度研究.运筹与管理，18(6)：165～169.

孙颖，池宏，贾传亮.2007.多路径下应急资源调度的非线性混合整数规划模型.运筹与管理，16(5)：5～8.

孙勇.2011.基于网络模型的应急资源优化调配.计算机工程，37(1)：290～292.

孙云展，陈宏.2009.基于应急供应链的救灾物资管理流程的设计与实施——以汶川地震为例.物流科技，(8)：42～46.

唐华茂.2010.应急管理人才队伍建设研究.中国行政管理,(12):14~17.

唐珺珺.2006.城市应急管理体系框架模型的研究.同济大学硕士学位论文.

汪寿阳,赵秋红,夏国平.2000.集成物流管理系统中的定位-运输线路安排问题的研究.管理科学学报,3(2):69~75.

汪欲,何建敏.2002.应急系统中多资源出救方案的研究.东南大学学报(自然科学版),32(3):510~513.

王波.2010.基于均衡选择的应急物资调度决策模型研究.学理论,(17):40~43.

王丰,姜玉宏,王进.2007.应急物流.北京:中国物资出版社.

王海港.2005.收入分配不平等的概念及其度量综述.阴山学刊,18(5):98~105.

王宏伟.2010.突发事件应急管理基础.北京:中国石化出版社.

王晶红,胡小锋.2010-07-03.试析玉树地震72小时灾害报道与危机传播特点.http://media.people.com.cn/GB/22114/49489/196579/12081408.html.

王苏生,王岩.2008.基于公平优先原则的多受灾点应急资源配置算法.运筹与管理,17(3):16~21.

王苏生,王岩,孙健,等.2011.连续性条件下的多受灾点应急资源配置算法.系统管理学报,20(2):143~150.

王炜,刘茂,王丽.2010.基于马尔科夫决策过程的应急资源调度方案的动态优化.南开大学学报(自然科学版),43(3):18~25.

王新平,王海燕.2012.多疫区多周期应急物资协同优化调度.系统工程理论与实践,32(2):283~291.

魏国强.2009.再论需求周期性变化的应急资源选址与配置.统计与决策,(8):38~39.

魏国强,景琳.2010.多应急资源优化调度模型研究.统计与决策,(2):10~12.

魏国强,罗晓棠.2011.应急资源布局与调度的模糊决策模型.计算机工程,37(22):284~287.

夏萍,刘凯.2010.应急物流中基于PPSVM的应急物资分类研究.交通运输系统工程与信息,10(2):174~177.

徐玖平,李军.2005.多目标决策的理论与方法.北京:清华大学出版社.

许建国,池宏,祁明亮,等.2008.应急资源需求周期性变化的选址与资源配置模型.运筹与管理,17(1):11~17.

薛澜.2010.中国应急管理体系的演变.行政管理改革,(8):22~24.

杨保华,方志耕,刘思峰,等.2011.基于GERT网络的应急抢险过程资源优化配置模型研究.管理学报,8(12):1879~1883.

杨继君,吴启迪,程艳,等.2010.面向非常规突发事件的应对方案序贯决策.同济大学学报(自然科学版),38(4):619~624.

杨继君,许维胜,黄武军,等.2008.基于多灾点非合作博弈的资源调度建模与仿真.计算机应用,28(6):1620~1623.

杨琴,周国华,符蓉,等.2010.基于代理机制的应急救助资源动态调度.软科学,24(2):41~44.

姚国章 . 2009. 日本灾害管理体系：研究与借鉴 . 北京：北京大学出版社 .

姚杰，计雷，池宏 . 2005. 突发事件应急管理中的动态博弈分析 . 管理评论，17(3)：46～51.

叶永，刘南 . 2011. 城市安全规划之动态人群紧急疏散与车辆配置策略 . 城市规划，35(8)：20～26.

于辉，刘洋 . 2011. 应急物资的两阶段局内分配策略 . 系统工程理论与实践，31(3)：394～403.

袁艺 . 2010. 自然灾害灾情评估研究与实践进展 . 地球科学进展，25(1)：22～32.

曾敏刚 . 2009. 基于 LRP 模型的灾害应急物流研究 . 华中科技大学学报(社会科学版)，23(2)：42～45.

曾敏刚，崔增收，李双 . 2010. 一种多受灾点的灾害应急资源分配模型 . 工业工程，13(1)：85～89.

詹沙磊，刘南 . 2011. 基于模糊目标规划的应急物流多目标随机规划模型 . 中国机械工程，22(23)：2858～2862.

詹沙磊，刘南 . 2013. 基于灾情信息更新的应急物资配送多目标随机规划模型 . 系统工程理论与实践，33(1)：159～166.

张杰，王志勇，许维胜，等 . 2011. 面向突发事件的应急资源调度模型的构建和求解 . 计算机工程与应用，47(31)：220～223.

张婧，申世飞，杨锐 . 2007. 基于偏好序的多事故应急资源调配博弈模型 . 清华大学学报(自然科学版)，47(12)：2172～2175.

张黎勇 . 2009. 政府应急管理体系的建设与评估 . 合肥工业大学硕士学位论文 .

张玲，黄钧，韩继业 . 2010b. 应对自然灾害的应急资源布局模型与算法 . 系统工程理论与实践，30(9)：1615～1621.

张玲，王晶，黄钧 . 2010a. 不确定需求下应急资源配置的鲁棒优化方法 . 系统科学与数学，30(10)：1283～1292.

张维平 . 2006. 美国、加拿大、意大利应急管理现状和对中国的启示 . 中国公共安全(综合版)，(11)：143～151.

张旭凤 . 2007. 应急物资分类体系及采购战略分析 . 中国市场，(8)：110～111.

张学栋 . 2004-03-19. 应急管理需要各类专长人才 . 光明日报 .

章海峰 . 2006. 进口物资中转运输选址-分配问题 . 华中科技大学博士学位论文 .

赵林度，刘明，戴东甫 . 2008. 面向脉冲需求的应急资源调度问题研究 . 东南大学学报(自然科学版)，38(6)：1116～1120.

赵志彦 . 2009. 企业物流配送系统中若干定位-路径问题的建模与调度方法 . 天津大学博士学位论文 .

郑哲文，王丽姝，陈洁余 . 2009. 应急物资供应快速反应网的建立及评价 . 物流与采购研究，(2)：106～108.

钟平安，谢小燕，唐林 . 2010. 基于超额水量分配的水库群补偿调度模型 . 水利学报，41(12)：1446～1450.

周德群，张钦，陈超 . 2011. 应急时间不确定下应急资源调度模型研究 . 技术经济与管理研究，(5)：3~5.

Allison P D. 1978. Measures of inequality. American Sociological Review，43(6)：865~880.

Altay N，Green Ⅲ W G. 2006. OR/MS research in disaster operations management. European Journal of Operational Research，175：475~493.

Atkinson A B. 1970. On the measurement of inequality. Journal of Economic Theory，(2)：244~263.

Balcik B，Beamon B M，Smilowitz K. 2008. Last mile distribution in humanitarian relief. Journal of Intelligent Transportation Systems，12(2)：51~63.

Barbarosoglu G，Arda Y. 2004. A two-stage stochastic programming framework for transportation planning in disaster response. Journal of Operational Research Society，55：43~53.

Beraldi P，Bruni M E，Conforti D. 2004. Designing robust emergency medical service via stochastic programming. European Journal of Operational Research，158：183~193.

Berger J O. 1985. Statistical Decision Theory and Bayesian Analysis (2nd ed.). New York：Springer.

Berger J，Leong-Kon D. 1994. The resolution of an open-loop resource allocation problem using a neural network approach. 27th Annual Simulation Symposium：51~58.

Blau P M. 1977. A macrosociological theory of social structure. American Journal of Sociology，83：26~54.

Bodily S E. 1978. Police sector design incorporating preferences of interest groups of equality and efficiency. Management Science，24：1301~1313.

Brown J R. 1979. The sharing problem. Operations Research，27：324~340.

Brown J R. 1983. The flow circulation sharing problem. Mathematical Programming，25：199~227.

Chang M S，Tseng Y L，Chen J W. 2007. A scenario planning approach for the flood emergency logistics preparation problem under uncertainty. Transportation Research Part E：Logistics and Transportation Review，43(6)：737~754.

Chankong V，Haimes Y V. 1983. Multiobjective Decision Making：Theory and Methodology. Amsterdam：North-Holland.

Cooper L. 1963. Location-allocation problems. Operations Research，11：331~343.

Cooper L. 1964. Heuristic methods for location-allocation problems. SIAM Review，6(1)：37~53.

Curry G L，Skeith R W. 1969. A dynamic programming algorithm for facility location and allocation. American Institute of Industrial Engineers Transactions，1：133~138.

Dai J S，Wang S N，Yang X Y. 1994. Computerized support systems for emergency decision making. Annals of Operations Research，51：315~325.

Dai Y S，Xie M，Poh K L，et al. 2003. Optimal testing-resource allocation with genetic algorithm for modular software systems. Journal of Systems and Software，66：47~55.

Dalton H. 1920. The measurement of the inequality of incomes. Economic Journal，30：

348～361.

Dantzig G, Ramser J. 1959. The truck dispatching problem. Management Science, (6): 80～91.

Daskin M S. 1995. Network and Discrete Location: Models, Algorithms, and Applications. New York: John Wiley.

Demeulemeester E, Herroelen W. 1996. An efficient optimal solution procedure for resource constained project scheduling problem. European Journal of Operational Research, 90: 334～348.

Denizel M, Usdiken B, Tuncalp D. 2003. Drift or shift? Continuity, change, and international variation in knowledge production in OR/MS. Operations Research, 51(5): 711～720.

Dreznera T, Dreznera Z, Guyse J. 2009. Equitable service by a facility: minimizing the Gini coefficient. Computers & Operations Research, 36: 3240～3246.

Ehrgott M, Klamroth K, Schwehm C. 2004. An MCDM approach to portfolio optimization. European Journal of Operational Research, 155(3): 752～770.

Eiselt H A, Laporte G. 1995. Objectives in location problems. In: Drezner Z. Facility Location: A Survey of Applications and Methods. New York: Springer: 151～180.

Ernst A, Hiang H, Krishnamoorthy M. 2001. Mathematical programming approaches for solving task allocation problems. In: Proceedings of the 16th National Conference of Australian Society of Operations Research.

Fiedrich F, Gehbauer F, Rickers U. 2000. Optimized resource allocation for emergency response after earthquake disasters. Safety Science, 35: 41～57.

Gawande M. 1996. Workforce scheduling problems with side-constraints. Presented at INFORMS Meeting, Washington, DC.

Ge H L, Liu N. 2011. A relief resource allocation model with equity constraints. 2011 IEEE International Conference on Emergency Management and Management Sciences: 506～509.

Ge H L, Liu N. 2013a. Irreversible emergency material allocation model with disaster information update. Journal of Theoretical and Applied Information Technology, 49(2): 740～750.

Ge H L, Liu N. 2013b. Multi-period emergency supplies distribution model with disaster information update. Advances in Information Sciences and Service Sciences, 5(8): 454～464.

Geoffrion A M, Graves G W. 1974. Multicommodity distribution system design by benders decomposition. Management Science, 20: 822～844.

Ghomi S M T F, Ashjari B. 2002. A simulation model for multi-project resource allocation. International Journal of Project Management, 20: 127～130.

Haghani A, Oh S C. 1996. Formulation and solution of a multi-commodity, multi-modal network flow model for disaster relief operations. Transportation Research Part A: Policy and Practice, 30(3): 231～250.

Hakimi S L. 1964. Optimum locations of switching centers and the absolute centers and medians of a graph. Operations Research，12：450～459.

Harvey C M. 1985. Decision analysis models for social attitudes toward inequity. Management Science，31：1199～1212.

Hodgson M J，Rosing K E，Schmulevitz F. 1993. A Review of location-allocation applications literature. Studies in Locational Analysis，5：3～29.

Hokey M，Vaidyanathan J，Rajesh S. 1998. Combined location-routing problems：a synthesis and future research direction. European Journal of Operational Research，108：1～15.

Horner M W，Downs J A. 2007. Testing a flexible GIS-based network flow model for routing hurricane disaster relief goods. Transportation Research Record，20(22)：47～54.

Horner M W，Downs J A. 2010. Optimizing hurricane disaster relief goods distribution：model development and application with respect to planning strategies. Disasters，34（3）：821～844.

Horner M W，Widener M J. 2010. How do socioeconomic characteristics interact with equity and efficiency considerations? An analysis of hurricane disaster relief goods provision. *In*：Jiang B，Yao X. Geospatial Analysis and Modelling of Urban Structure and Dynamics. Dordrecht：Springer Science Business Media B. V. ：393～414.

Hou Y C，Chang Y H. 2004. A new efficient encoding mode of genetic algorithms for the generalized plant allocation problem. Journal of Information Science and Engineering，20：1019～1034.

Ibaraki T，Katoh N. 1988. Resource Allocation Problems，Algorithmic Approaches. Cambridge：MIT Press.

Jia H Z，Ordóñez F，Dessouky M M. 2007. Solution approaches for facility location of medical supplies for large-scale emergencies. Computers &. Industrial Engineering，52：257～276.

Johannesson M，Weinstein M C. 1993. On the decision rules of cost-effectiveness analysis. Journal of Health Economics，(12)：459～467.

Kalu I L，Paudyal G N，Gupta A D. 1995. Equity and efficiency issues in irrigation water distribution. Agricultural Water Management，28：335～348.

Katoh N，Ibaraki T. 1998. Resource allocation problems. *In*：Du D Z，Pardolos P M. Handbook of Combinatorial Optimization （ Vol. 2 ）. Dordrecht：Kluwer Academic Publishers：159～260.

Kawata Y. 1995. The great Hanshin-Awaji earthquake disaster，damage，social response and recovery. Journal of Natural Disaster Science，(17)：1～12.

King J H. 1989. Allocation of scarce resources in manufacturing facilities. AT&.T Technical Journal，68(3)：103～113.

Knott R. 1987. The logistics of bulk relief supplies. Disasters，11(2)：113～115.

Kolesar P，Walker W E. 1974. An algorithm for the dynamic relocation of fire companies. Operations Research，22：249～274.

Kouvelis P，Yu G. 1997. Robust Discrete Optimization and Its Applications. Dordrecht：Kluwer Academic Publishers.

Kuo W H, Liao W. 2007. Utility based resource allocation in wireless networks. IEEE Transactions on Wireless Communications, 6(10): 3600~3606.

Lemaitre M, Verfaillie G, Fargier H, et al. 2003. Equitable allocations of earth-observing satellites resources. 5th ONERA Aerospace Symposium, Toulouse, France.

Lin C M, Gen M. 2007. Multiobjective resource allocation problem by multistage decision-based hybrid genetic algorithm. Applied Mathematics and Computation, 187: 574~583.

Luss H. 1991. A nonlinear minimax allocation problem with multiple knapsack constraints. Operations Research Letters, 10(4): 183~187.

Luss H. 1992. Minimax resource allocation problems: optimization and parametric analysis. European Journal of Operational Research, 60(1): 76~86.

Luss H. 1999. On equitable resource allocation problems: a lexicographic minimax approach. Operations Research, 47: 361~378.

Luss H, Rosenwein M B, Wahls E T. 1990. Integration of planning and execution: final assembly sequencing. AT&T Technical Journal, 69(4): 99~109.

Mandell M B. 1991. Modeling effectiveness-equity trade-offs in public services delivery systems. Management Science, 37(4): 467~482.

Marsh M T, Schilling D A. 1994. Equity measurement in facility location analysis: a review and framework. European Journal of Operational Research, 74: 1~17.

Meketon M S. 1996. Crew planing models at CONRAIL. Presented at INFORMS Meeting, Washington, DC.

Mendelson H, Pliskin J S, Yechiali U. 1980. A stochastic allocation problem. Operations Research, 28: 687~693.

Mete H O, Zabinsky Z B. 2010. Stochastic optimization of medical supply location and distribution in disaster management. International Journal of Production Economics, 126: 76~84.

Miettinen K M. 1999. Nonlinear Multiobjective Optimization. Boston: Kluwer Academic Publishers.

Mjelde K M. 1983. Methods of Allocation of Limited Resources. New York: John Wiley.

Monden Y. 1998. Toyota Production System: An Integrated Approach to Just-in-Time. Norcross: Engineering&Management Press.

Munson B S, Kodialam M S. 1995. Workforce scheduling across multiple teams. Presented at INFORMS Meeting, Los Angeles.

Nagy G, Salhi S. 2007. Location-routing: issues, models and methods. European Journal of Operational Research, 177: 649~672.

National Hurricane Center. 2010-03-01. Easy to read HURDAT (1851~ 2009). http://www.nhc.noaa.gov/pastall.shtml#hurdat.

Ogryczak W. 1997. On the lexicographic minimax approach to location problems. European Journal of Operational Research, 100: 568~585.

Ogryczak W. 2000. Inequality measures and equitable approaches to location problems. European Journal of Operational Research, 122: 374~391.

Ogryczak W. 2006-05-06. Bicriteria models for fair resource allocation. http://staff. science. uva. nl/~ulle/COMSOC-2006/papers/5-ogryczak. pdf.

Ogryczak W. 2010. Bicriteria models for fair and efficient resource allocation. In: Bolc L, Makowski M, Wierzbicki A. SocInfo 2010, LNCS, No. 6430. Heidelberg: Springer: 140~159.

Özdamar L, Ekinci E, Küçükyazici B. 2004. Emergency logistics planning in natural disasters. Annals of Operations Research, 129 (1): 217~245.

Pauwels N, van de Walle B, Hardeman F, et al. 2000. The implications of irreversibility in emergency response decisions: a constraint satisfaction problem. Theory and Decision, 49 (1): 25~51.

Rahman S U, Smith D K. 2000. Use of location-allocation models in health service development planning in developing nations. European Journal of Operational Research, 123: 437~452.

Ramjerdi F. 2005-10-12. An evaluation of the performances of equity measures. ERSA conference papers, http://www-sre. wu-wien. ac. at/ersa/ersaconfs/ersa05/papers/232. pdf.

Rawls C G, Turnquist M A. 2010. Pre-positioning of emergency supplies for disaster response. Transportation Research Part B: Methodological, 44(4): 521~534.

Ray J. 1987. A Multi-Period Linear Programming Model for Optimally Scheduling the Distribution of Food-Aid in West Africa. Knoxville: University of Tennessee.

Rothschild M, Stiglitz J E. 1973. Some further results in the measurement of inequality. Journal of Economic Theory, 6: 188~204.

Sen A K. 1973. On Economic Inequality. Oxford: Clarendon Press.

Sheu J B. 2006. A novel dynamic resource allocation model for demand-responsive city logistics distribution operations. Transportation Research Part E: Logistics and Transportation Review, 42(6): 445~472.

Sheu J B. 2007a. Challenges of emergency logistics management. Transportation Research Part E: Logistics and Transportation Review, 43(6): 655~659.

Sheu J B. 2007b. An emergency logistics distribution approach for quick response to urgent relief demand in disasters. Transportation Research Part E: Logistics and Transportation Review, 43(7): 687~709.

Song G C, Li Y. 2005. Utility based resource allocation and scheduling in OFDM based wireless broadband net works. IEEE Communications Magazine, 43(12): 127~134.

Tagliarini G A, Christ J F, Page E W. 1991. Optimization using neural networks. IEEE Transactions on Computers, 40(4): 1347~1358.

Tzeng G H, Cheng H J, Huang T D. 2007. Multi-objective optimal planning for designing relief delivery systems. Transportation Research Part E: Logistics and Transportation Review, 43(6): 673~686.

Widener M J, Horner M W. 2011. A hierarchical approach to modeling hurricane disaster relief goods distribution. Journal of Transport Geography, 19: 821~828.

Ye Y, Liu N. 2011. A sequential approach for emergency logistics planning in natural disasters. Presented at the 8th International Conference on Service Systems and Service Management (ICSSSM 2011), Tianjin, June 25~27.

Ye Y, Liu N. 2014. Humanitarian logistics planning for natural disaster response with Bayesian information updates. Journal of Industry and Management Optimization, 10 (3): 665~689.

Yi W, Kumar A. 2007. Ant colony optimization for disaster relief operations. Transportation Research Part E: Logistics and Transportation Review, 43(6): 660~672.

Yi W, Özdamar L. 2007. A dynamic logistics coordination model for evacuation and support in disaster response activities. European Journal of Operational Research, 179 (3): 1177~1193.

Zhan S L, Liu N. 2014. Coordination of efficiency and equity for relief allocation with disaster scenario information updates. International Journal of System Science, 45(8): 1607~1621.